40 leçons pour découvrir le latin

par

Anne Quesemand
Agrégée de Lettres Classiques

précédé d'une Adresse aux anciens latinistes

par

Olivier Revault d'Allonnes
Professeur à l'Université de Paris I

5e édition
revue et corrigée

POCKET

SOMMAIRE*

* *Sommaire* : → **summarium**, *sommaire, abrégé* → **summa, ae** : *le sommet, l'essentiel.*

PRÉSENTATION

L'auteur de cette méthode est partie d'une double constatation :
– la plupart de ceux qui ont été amenés, de gré ou de force, à étudier le latin, pendant quelques mois ou quelques années, en gardent un souvenir à la fois horripilé et nostalgique, à l'instar* de Jacques Brel dans sa chanson **« Rosa, Rosa, Rosam... »** ;
– quant à tous ceux, maintenant les plus nombreux, qui n'ont jamais eu accès au latin, cette langue leur apparaît comme le symbole même d'une culture désuète à laquelle ils n'auraient pas droit.

Ce livre s'adresse à eux tous et se propose :

1) de permettre à ceux qui n'ont jamais étudié le latin, de s'initier à son maniement, et à ceux qui regrettent de l'avoir oublié, de rajeunir leurs connaissances ;

2) de familiariser le lecteur francophone avec les origines de sa propre langue. S'il est passionnant aujourd'hui de découvrir ou de redécouvrir le latin, c'est que son vocabulaire est à l'origine de 80 % du vocabulaire français (ou même « franglais », des **médias** aux **computers**) ;

3) de fournir des éléments de structure grammaticale et lexicale qui sont à la base d'autres langues européennes modernes. En effet, le latin est une langue morte, étudiée ici comme telle, sans qu'il soit question de vouloir la ressusciter par de faciles artifices anachroniques. Mais sa connaissance facilitera l'acquisition d'autres langues : car si le latin est nettement perceptible dans les langues romanes (catalan, espagnol, français, italien, portugais, roumain) il est également présent dans des langues germaniques (telles que l'anglais, l'allemand, le néerlandais, le yiddish), et il affleure encore sous le russe et autres langues du tronc commun indo-européen ;

4) d'offrir un entraînement à l'analyse et à la synthèse que peu de disciplines permettent aussi bien que le latin. On pourra ainsi remarquer que le mécanisme de cette langue ancienne se prête, par sa combinatoire de déclinaisons, conjugaisons, préfixes et suffixes aux jeux les plus modernes de nos ordinateurs ;

---

* Du latin **ad instar,** *équivalent à.*

5) de développer l'aptitude à prendre des décisions en situation d'ignorance partielle. C'est en effet à ce type de problème que sont confrontés constamment ceux qui doivent prendre une décision quant au sens d'un texte latin dont certains mots, certaines structures leur échappent. Fréquemment pratiqué, cet exercice développe chez le latiniste une stratégie d'association et de structuration ;

6) de faire acquérir le sens du relatif : on découvrira dans les textes latins que déjà « les jeunes n'avaient plus le goût du travail et de l'effort », que les individus malhonnêtes s'enrichissaient, que le travail était mal récompensé, que les plus vertueux mouraient dans la pauvreté, que les chefs étaient solitaires, que la pagaille s'instaurait à tous les échelons, que la circulation (à Rome) devenait impossible, et qu'on n'avait plus une minute à soi...

Pour atteindre ces objectifs, cet ouvrage, qui applique les principes de base de la série 40 LEÇONS (INITIATION) de la collection LANGUES POUR TOUS, comporte :

1) des unités simples et facilement assimilables, ne cumulant pas plusieurs difficultés mais assurant la maîtrise de tel mécanisme pris isolément ;

2) des remarques et explications qui, ajoutées aux traductions en français, permettent à chacun de trouver réponse aux questions qu'il se pose ;

3) une répétition systématique des points étudiés, assurant ainsi une assimilation complète.

A tous ceux enfin qu'intéresse la civilisation romaine, et à ce qui nous en est resté de plus présent : le concept même de citoyen, le droit, la noblesse de l'activité politique (la **res publica**, la chose publique), les racines de notre théâtre, nous conseillons de consulter l'ouvrage ***La vie quotidienne du citoyen romain sous la République***, où sont développés les points ici abordés très rapidement dans les parties C 4 de chaque leçon.

Nous remercions ***Florence Dupont***, l'auteur de cet ouvrage, d'avoir bien voulu nous prodiguer ses encouragements dans l'élaboration de celui-ci.
Nous tenons enfin à remercier les LANGUES POUR TOUS pour leur confiance, le service de fabrication des ÉDITIONS POCKET pour sa patience... à toute épreuve, et M. Laurent Berman pour la préparation du manuscrit.

A. Q.

Adresse aux anciens latinistes pour encourager les nouveaux

Boite en **um** (ou en homme ?) était le nom de la règle, assez compliquée et rebutante, au lycée de mon enfance. Jugez-en : cela voulait dire que les noms de la 3e déclinaison qui n'ont pas le même nombre de syllabes, autrement dit qui « boitent », au nominatif et au génitif singuliers, auront un génitif pluriel en **um**. Ainsi, **ratio** *(compte, raison)*, génitif **rationis**, fera **rationum** au génitif pluriel. En revanche, les mots qui ont le même nombre de syllabes, comme **civis** (*citoyen*, génitif : **civis**) et donc ne « boitent pas » donneront un génitif pluriel en **ium** (**civium**). Mais, catastrophe, cela se complique, car certains mots qui « devraient » boiter, comme **urbs** (*ville*, génitif : **urbis**) se permettent d'avoir leur génitif pluriel en **ium** (**urbium**). La règle « explique » cette audace en disant que ces mots-là sont les seuls à avoir deux consonnes avant la terminaison **is** du génitif singulier : on appellera cela la « double semelle » ; donc ils ne boitent plus et ont un génitif pluriel en **ium**. La règle devenait donc, **in extenso**, celle de « boite en **um** et de la double semelle », de sorte qu'il fallait, en plus de la règle de grammaire assez simple, se souvenir de cette histoire de la claudication (**claudus**, *boiteux*) et de son traitement orthopédique (mais ce dernier mot vient du grec). Je dois à la vérité d'avouer qu'aujourd'hui c'est à partir des formes latines que je me souviens du moyen réputé mnémotechnique (du grec, également).

Ici, rien de tel : on ne redouble pas ce qu'il y a à apprendre par une autre donnée arbitraire et inutile, au contraire : la méthode consiste à référer systématiquement ce qui est à acquérir à ce qui est déjà su. Ainsi pour le vocabulaire, une fois dépassé le niveau de **rosa**-*la rose*, on s'aperçoit tout de suite que l'on sait beaucoup plus de latin qu'on ne le croit. Ce savoir implicite est explicité, pour chacune des 40 leçons, par le 4e moment, dit d'étymologie et de civilisation. Il y a même des développements, comme pour le verbe être, qui parcourent brièvement la plupart des langues latines et qui font rêver : le patois des quelques rustres qui ont fondé Rome il y a trois mille sept cents ans est devenu, de Bucarest à Santiago du Chili et de Bruxelles à Abidjan un éventail de langues parlées par des centaines de millions de personnes, et qui sont la forme d'expression d'innombrables trésors culturels.

Tout cela pourrait rester encore austère ou rébarbatif si l'auteur de ce manuel, forte de son expérience pédagogique, n'avait pris soin d'organiser les leçons comme un jeu de construction, de sorte que chaque marche de l'escalier s'articule sur les précédentes et que les « révisions » se font d'elles-mêmes, tout en douceur. Il y a là une inventivité permanente et telle que si les francophones savent sans le savoir la moitié du latin, on leur en apporte ici l'autre moitié, ou presque.

On dira : « soit, mais le latin est une langue morte, à quoi bon l'apprendre puisqu'on n'a personne avec qui la parler, et puisque les textes de l'Antiquité ont été traduits depuis longtemps dans toutes les langues actuelles ? » Oui, le latin est une langue morte, et l'on n'entreprend pas ici d'ouvrir à certaines survivances religieuses ou universitaires, qui du reste tombent en désuétude. Ce manuel s'adresse à tous ceux qui, par curiosité ou par nostalgie, l'une et l'autre bien légitimes, veulent apprendre ou réapprendre le latin ; mais ils découvriront vite qu'en fait la méthode ici proposée permet à sa façon d'apprendre, ou plutôt de perfectionner la langue française, quelle que soit au départ la maîtrise qu'on en possède. Et cela pas seulement pour le vocabulaire : pour la syntaxe également, pour la « mentalité », cette chose insaisissable et pourtant omniprésente qu'est la façon de penser, de donner forme aux idées et de les articuler entre elles. La langue est la réalité immédiate de la pensée. Cet ouvrage applique concrètement, simplement, efficacement cette grande découverte des sciences humaines depuis plus d'un siècle : la linguistique est la voie royale pour la connaissance de l'homme, de ses sociétés, de leur histoire, de leurs conceptions du monde, et aussi de leurs rêveries.

Les deux premiers mots que l'on apprendra : **est via,** *« il y a une route »*, sont à la fois le programme et le symbole de ce manuel. Avançons sur cette route puisque, comme le dit Virgile (*Énéide*, X, vers 284) et comme le rappellent les pages roses du Petit Larousse : **audentes fortuna juvat,** *le sort favorise ceux qui osent.*

Olivier Revault d'Allonnes
Professeur à l'Université de Paris I

Description et conseils

La description et les conseils qui suivent vont vous permettre d'organiser votre travail de façon efficace.
L'ouvrage comprend :
• 40 leçons de 6 pages • 1 mémento • 1 lexique latin-français
• 1 index

Vous retrouverez dans toutes les leçons une **organisation identique** destinée à faciliter l'auto-apprentissage : elles comportent 3 parties, **A, B** et **C**, de 2 pages chacune.
Ainsi vous pourrez travailler au rythme qui vous conviendra.

Plan des leçons

■ Les parties **A** et **B** ont un schéma identique, et se subdivisent en 4 sections : **A 1** (et **B 1**), **A 2** (et **B 2**), **A 3** (et **B 3**), **A 4** (et **B 4**).

A 1/B 1 PRÉSENTATION

Cette 1re section vous apporte les matériaux de base nouveaux (grammaire, vocabulaire, prononciation) qu'il vous faudra connaître et savoir utiliser pour construire des phrases.

A 2/B 2 APPLICATION

A partir des éléments présentés en A 1/B 1 vous est proposée une série de phrases modèles (qu'il faudra par la suite vous entraîner à reconstruire par vous-même).

A 3/B 3 REMARQUES

Diverses remarques portant sur les phrases A 2/B 2 précisent tel ou tel point de grammaire, vocabulaire ou prononciation.

A 4/B 4 TRADUCTION

Cette dernière section apporte la traduction intégrale de A 2/B 2.

■ **La partie C** comporte 4 sections :

• **C 1** et **C 2** sont consacrées à des exercices (version, thème, analyse) suivis de leurs corrigés.

• **C 3** et **C 4** proposent des remarques générales et des notions d'étymologie, d'histoire et de civilisation.

■ **Le mémento** présente les conjugaisons et les chiffres.

■ **Le lexique** (Latin/Français) permet de rechercher tous mots rencontrés dans cet ouvrage.

■ **Les index** vous aident à retrouver toutes les notions (grammaticales ou autres) rencontrées dans les 40 leçons.

Conseils généraux

■ Travaillez régulièrement

Il est plus utile de travailler avec régularité, même pendant une durée limitée (1/2 heure, par ex.), que de vouloir absorber plusieurs leçons à la fois de façon discontinue.

■ Programmez l'effort

Vous devez travailler chaque leçon selon ses subdivisions : ainsi il ne faut pas passer en B sans avoir bien compris A. Il en va naturellement de même pour les leçons : n'abordez pas une leçon nouvelle sans avoir maîtrisé celle qui la précède.

■ Revenez en arrière

N'hésitez pas à reprendre les leçons déjà vues, à refaire plusieurs fois les exercices.

Méthode de travail

Pour les parties A et B

1. Après avoir pris connaissance de A 1 (ou B 1), lire plusieurs fois la série de phrases A 2 (ou B 2).
2. Reportez-vous aux remarques A 3 (ou B 3).
3. Revenez à A 2 (ou B 2) en essayant de traduire en français.
4. Vérifiez votre traduction en lisant A 4 (ou B 4).
5. Essayez de reconstituer les phrases de A 2 (ou B 2) en partant de 4 4 (ou B 4) (sans regarder A 2 [ou B 2]...).

Pour la partie C

- **C 1** : faites les exercices en utilisant les informations données en **A 1/A 2** et **B 1/B 2**, ou le lexique. Comparer avec **C 2.**
- Lisez et relisez **C 3/C 4**.

Version sonore : une cassette d'une heure trente vous permettra de vous entraîner à la compréhension, la répétition et la traduction à partir de phrases sélectionnées en **A 2** et **B 2**.

Liste des abréviations :

ab. ablatif	G., gén. génitif	p. page
ac., acc. accusatif	imp. imparfait	pl. pluriel
act. actif	ind. indicatif	+ que parf. plus-que-parfait
adj. adjectif	inf. infinitif	prés. présent
adv. adverbe	m., masc. masculin	prop. proposition
cf. confer	n. neutre	qqun quelqu'un
cl. classe	N. nominatif	sg., sing. singulier
conj. conjonction	N.B. nota bene	subj. subjonctif
D., dat. datif	parf. parfait	sub., subord. subordonnée
décl. déclinaison	part. participe	v. verbe
f., fém. féminin	pass. passif	V., voc. vocatif
fut. futur	p.p.p. part. passé passif	

A 1 PRÉSENTATION

■ L'article n'existe pas en latin :

via	*la route, une route*
vicus	*le village, un village*
templum	*le temple, un temple*

■ Il y a trois genres en latin : masculin, féminin, neutre.

Ex. avec l'adjectif *long* :

masculin (m.)	féminin (f.)	neutre (n.)
longus	**longa**	**longum**
long	*longue*	*long(ue)*

■ On note ainsi les trois genres de l'adjectif :

longus, a, um	*long(ue)*
romanus, a, um	*romain(e)*
gallicus, a, um	*gaulois(e)*

■ **Est** se traduit par : (*il* ou *elle*) *est* ou par *il y a*.

→ Contrairement à un usage tardif, qui a voulu que les adjectifs correspondant à des noms de peuples prennent la majuscule, *nous gardons*, dans cet ouvrage, les *minuscules pour ces adjectifs* : voir ci-contre A 3.

A 2 APPLICATION

1. **Est via.**
2. **Via longa.**
3. **Via longa est.**
4. **Est vicus.**
5. **Vicus gallicus.**
6. **Est gallicus vicus.**
7. **Est templum.**
8. **Templum romanum.**
9. **Templum romanum est.**

A 3 REMARQUES

■ Selon la convention de la prononciation dite « restituée », toutes les lettres se prononcent.

- le **e** muet n'existe pas : **e** se prononce [é] ;
- le **v** se prononce [woué], **via** [wouïa] ;
- le **s** se prononce toujours [ss], jamais [z] ; ainsi **rosa,** *la rose* [rossa] ;
- le **t** final se prononce [t] ; à l'intérieur d'un mot il se prononce également [t], jamais [s], **negotium** [négotioum] ;
- le **u** se prononce [ou], **vicus** [wouïkouss] ;
- le **c** et le **ch** se prononcent [k] ;
- le **g** se prononce [gu], **longum** [lonnguoum] ;
- pas de nasalisation : **templum** [tèmploum] (à la différence du français temps).

■ Les trois genres latins, masculin, féminin, neutre, ne recouvrent pas obligatoirement les deux genres français.

■ L'adjectif s'accorde en genre et en nombre avec le nom auquel il se rapporte.

■ **Est** (prononcer [èst]) est la 3e personne du singulier de l'indicatif présent de l'auxiliaire **esse,** *être.*

■ L'écriture latine s'effectuait toujours en majuscule : **VIA ROMANA** sera transcrit ici → **via romana**

A 4 TRADUCTION

1. Il y a une route.
2. Une longue route (la longue route).
3. La route est longue.
4. Il y a un village.
5. Un village gaulois (le village gaulois).
6. Il y a un village gaulois.
7. Il y a un temple.
8. Un temple romain (le temple romain).
9. Le temple est romain.

B 1 PRÉSENTATION

■ Le pluriel des noms se marque par une modification de la terminaison de ce nom :

villa	*la (une) propriété*	→	**villae**	*les (des) propriétés*
dominus	*le (un) maître*	→	**domini**	*les (des) maîtres*
periculum	*le (un danger)*	→	**pericula**	*les (des) dangers*

■ Il en va de même pour les adjectifs :

m. (masculin)	**magnus**	*grand*	→	**magni**	*grands*
f. (féminin)	**magna**	*grande*	→	**magnae**	*grandes*
n. (neutre)	**magnum**	*grand(e)*	→	**magna**	*grand(es)*

■ **Sunt** se traduit par (*ils* ou *elles*) *sont*, ou par *il y a* suivi du pluriel.

■

hortus	*le jardin*
oppidum	*la place forte*
bonus, a, um	*bon, bonne*
malus, a, um	*mauvais(e)*
rectus, a, um	*droit(e)*
novus, a, um	*nouveau, nouvelle*
antiquus, a, um	*ancien(ne)*

B 2 APPLICATION

1. **Sunt viae.**
2. **Via recta est.**
3. **Viae rectae sunt.**
4. **Hortus magnus est.**
5. **Sunt horti magni.**
6. **Oppidum antiquum est.**
7. **Oppida antiqua sunt.**
8. **Dominus bonus est.**
9. **Domini mali sunt.**
10. **Periculum est.**
11. **Sunt nova pericula.**
12. **Villa romana magna est.**
13. **Villae romanae magnae sunt.**

B 3 REMARQUES

■ **Prononciation :**

- **gn** se prononce [gu/n], **magnus** [magu-nous] ;
- le **h** ne se prononce ni ne s'expire : **hortus** [ortous] ;
- **qu** se prononce [k], **antiquus** [anntikouous] ;
- **ill** se prononce [il], **villa** [wouil-la].

→ Rappel : le **s** final se prononce toujours.

■ Noms et adjectifs changent de forme selon leur genre et leur nombre :
- l'élément variable, c'est la terminaison, ou **« désinence »** ;
- l'élément invariable, c'est la racine, ou **« radical »**.

On décompose ainsi **hortus** et **magna** :

hort- : radical
-us : désinence masculin singulier
magn- : radical
-a : désinence féminin singulier ou neutre pluriel

■ **Sunt** (prononcer [sounntt]) est la 3e personne du pluriel de l'auxiliaire **esse**, *être*.

B 4 TRADUCTION

1. Il y a des routes.
2. La route est droite.
3. Les routes sont droites.
4. Le jardin est grand.
5. Il y a de grandes jardins.
6. La place forte est ancienne.
7. Les places fortes sont anciennes.
8. Le maître est bon.
9. Les maîtres sont mauvais.
10. Il y a (un) danger.
11. Il y a de nouveaux dangers.
12. La propriété romaine est grande.
13. Les propriétés romaines sont grandes.

A. **Prononcez** : villae romanae ; magnum periculum ; vici sunt gallici.

B. **Traduisez du latin en français (version) :**
1. Via nova est.
2. Oppidum romanum est.
3. Pericula magna sunt.
4. Domini boni sunt.
5. Villa magna est.

C. **Traduisez du français en latin (thème) :**
1. Les propriétés sont romaines.
2. Le temple est ancien.
3. Les routes romaines sont droites.
4. Le jardin gaulois est grand.
5. Les places fortes sont nouvelles.
6. Le maître est mauvais.

C 2 CORRIGÉ

A. [Wouil-laé romanaé ; magu-noum périkouloum ; wouiki sounntt gal-liki].

B. **Version**
1. La route est nouvelle.
2. La place forte est romaine ; il y a une place forte romaine.
3. Les dangers sont grands ; il y a de grands dangers.
4. Les maîtres sont bons ; il y a de bons maîtres.
5. La propriété est grande.

C. **Thème**
1. Villae romanae sunt.
2. Templum antiquum est.
3. Romanae viae rectae sunt.
4. Gallicus hortus magnus est.
5. Oppida nova sunt.
6. Dominus malus est.

■ Ne confondez pas la désinence **-a** du féminin singulier (**via nova,** *la nouvelle route*) avec la désinence **-a** du neutre pluriel (**templa nova,** *les nouveaux temples*).

Le contexte, l'accord avec le verbe, la recherche dans le lexique permettent d'éviter la confusion.

■ Le verbe latin est souvent rejeté en fin de phrase. C'est surtout quand ils sont placés en tête de phrase que **est** ou **sunt** se traduisent par le *« gallicisme » il y a* :

Sunt magna pericula	*Il y a de grands dangers*
Pericula magna sunt	*Les dangers sont grands*

■ Le mot *« gallicisme »* vient du latin **gallicus,** *gaulois* : il désigne une tournure propre à la langue française, intraduisible au pied de la lettre.

De même un *« latinisme »*, du latin **latinus,** *latin*, un *« germanisme »*, du latin **germanus,** *germain*, désignent des tournures propres aux langues latine ou allemande.

C 4 VOCABULAIRE - ÉTYMOLOGIE*

■ Il est fondamental de bien comprendre la notion de **radical** ; elle aide d'ailleurs à cerner l'origine de nombreux mots français :

- Le radical latin **hort-** (de **hortus,** *jardin*) a donné le français : ***hort**-i-culture, i-culteur*...
- Le radical latin **magn-** (de **magnus,** *grand*) a donné le français : ***magn**-i-fique, **magn**-i-tude*. De même que **Carolus Magnus** *(Charles le Grand)* a donné *Charlemagne*.
- Le radical latin **domin-** (de **dominus,** *maître*) a donné le français : ***domin**-er, **domin**-ateur*, le prénom ***Domin**-ique*. La forme abrégée de ce radical, utilisée dans le latin clérical, est à l'origine du titre *« Dom »* que l'on a dans *Dom Juan*, ou *Dom Pérignon*.
- Le radical latin **rect-** (de **rectus,** *droit*) a donné le français : ***rect**-itude, **rect**-iligne, **rect**-eur, di-**rect**-eur, di-**rect**-ion*, etc.
- Le radical latin **oppid-** (de **oppidum,** *place forte*) se retrouve dans des toponymes** comme *Oppède*.
- Et c'est à la suite d'une évolution phonétique que le radical **pericul-** a donné le français : *péril, périlleux*.

* L'*étymologie* est l'étude de l'origine des mots, du grec **etumos,** *vrai* et **logos,** *étude* (m. à m. *étude du vrai*).

** Un *toponyme* est un nom de lieu, du grec **topos,** *lieu* et **onoma,** *nom*.

A 1 PRÉSENTATION

■ *Je suis* se dit **sum** [soumm]
Tu es **es** [èss]
moi **ego** [égo]
toi **tu** [tou]

■ Le pronom personnel n'est employé en latin que pour marquer une forte insistance :

Beatus sum je suis heureux
Ego beatus sum moi, je suis heureux
Docta es tu es savante
Tu docta es toi, tu es savante

■ **Julius** (m.) *Jules*
Julia (f.) *Julie*
puella (f.) *la jeune fille*
servus (m.) *l'esclave*
beatus, a, um *heureux, heureuse*
doctus, a, um *savant(e)*
parvus, a, um *petit(e)*

■ **Julius sum** : **Julius**, sujet de **sum** est au nominatif.

■ Le **J** est la graphie tardive du **I**. De même, le **U** et le **V** sont la même lettre notée **V** : ce que nous transcrivons **Julius** s'écrivait **IVLIVS** (cf. p. 12)
(pron. ioulicuss)

A 2 APPLICATION

1. Ego Julius sum.
2. Tu Julia es.
3. Julius doctus est.
4. Julia beata est.
5. Servus sum, dominus es.
6. Puella parva est, dominus magnus est.
7. Docta puella sum.
8. Dominus beatus es.

A 3 REMARQUES

■ Les *désinences* (ou terminaisons) des noms et adjectifs varient selon le genre ou le nombre ; elles varient aussi selon la fonction que ces noms et adjectifs occupent dans la phrase (sujet, complément d'objet, du nom, d'attribution, etc.).

L'ensemble des formes différentes que prennent les noms, pronoms ou adjectifs selon leur fonction s'appelle une *« déclinaison »*.

On peut dire que la déclinaison est l'équivalent, pour les noms, pronoms, adjectifs, de ce qu'est la *conjugaison* pour les verbes.

■ Chaque forme différente que prend ce nom, pronom ou adjectif dans la déclinaison s'appelle un *« cas »*.

■ Il y a six cas dans la déclinaison latine.

■ Le cas du sujet et de l'attribut du sujet est le *« nominatif »*.

Ex. : **Hortus magnus est** *le jardin est grand*

Hortus	fonction	: sujet
	cas	: nominatif (masculin singulier)
magnus	fonction	: attribut du sujet
	cas	: nominatif (masculin singulier).

Ex. : **Julia sum** : *Je suis Julie*

Julia	fonction	: attribut du sujet « je » (sous-entendu en latin)
	cas	: nominatif (féminin singulier).

■ Ne confondez pas la fonction et le cas : s'il est vrai que telle fonction entraîne nécessairement tel cas, l'inverse n'est pas vrai, et un cas peut recouvrir plusieurs fonctions : pour le nominatif, par exemple, le cas recouvre les fonctions de sujet ou d'attribut du sujet.

A 4 TRADUCTION

1. Moi, je suis Jules. C'est moi Jules.
2. Toi, tu es Julie. C'est toi Julie.
3. Jules est savant.
4. Julie est heureuse.
5. Je suis l'esclave, tu es le maître.
6. La jeune fille est petite, le maître est grand.
7. Je suis une jeune fille savante.
8. Tu es un maître heureux.

B 1 PRÉSENTATION

■ *Nous sommes* se dit	**sumus**	[soumouss]
Vous êtes	**estis**	[èsstiss]
Nous	**nos**	[noss]
Vous	**vos**	[voss]

■ Comme pour **ego** et **tu**, ces pronoms personnels marquent une forte insistance :

viri **sumus**	*nous sommes des hommes*
Nos viri **sumus**	*nous, nous sommes des hommes*
Feminae **estis**	*vous êtes des femmes*
Vos feminae **estis**	*vous, vous êtes des femmes*

■ On note toujours le genre des noms :

vir (m.)	*l'homme* (au sens <u>vir</u>il du terme)
femina (f.)	*la femme*
Marcus (m.)	*Marc*
Flavia (f.)	*Flavie*
faba (f.)	*la fève*
agricola (m.)	*le paysan, l'agriculteur*
nauta (m.)	*le marin*
Sequana (m.)	*la Seine*
malus (f.)	*le pommier*
Aegyptus (f.)	*l'Égypte*
aremoricus, a, um	*breton(ne)*

■ La conjonction de coordination *et* se traduit par **et** [ètt].

B 2 APPLICATION

1. **Viri romani sumus.**
2. **Agricolae estis.**
3. **Julius et Marcus docti sunt.**
4. **Julia et Flavia doctae feminae sunt.**
5. **Fabae parvae sunt.**
6. **Antiqua Aegyptus.**
7. **Sequana longus est.**
8. **Aremoricus nauta et gallicus agricola beati sunt.**
9. **Malus magna est.**

B 3 REMARQUES

■ Il y a en latin **cinq déclinaisons** (comme il y a cinq conjugaisons). Les noms que nous avons présentés jusqu'ici appartiennent aux 1re et 2e déclinaisons.

- La première déclinaison se caractérise par son nominatif singulier en **-a**, et comporte surtout des noms féminins.
  Exceptions : les noms de métiers ou de fleuves sont masculins :
  agricola beatus : *le paysan heureux.*
- La deuxième déclinaison se caractérise par son nominatif singulier en **-us** ou **-um**, et comporte surtout des masculins, et des neutres.
  Exceptions : les noms d'arbres, de plantes et de certains pays ou villes en **-us**, sont féminins : **malus magna :** *le grand pommier.*
- Les noms en **-um** sont toujours des noms neutres.

■ Les adjectifs en **-us** (masculin), **-a** (féminin), **-um** (neutre) se déclinent sur le modèle de la première déclinaison au féminin, de la deuxième au masculin et au neutre.

On les appelle les adjectifs de la 1re classe.

■ **Prononciation**

Le **y** se prononce [u] : **Aegyptus** [aéguptouss] (v. C 3).

B 4 TRADUCTION

1. Nous sommes des romains (m. à m. des hommes romains).
2. Vous êtes des paysans.
3. Jules et Marc sont savants.
4. Julie et Flavie sont des femmes savantes.
5. Les fèves sont petites.
6. L'Égypte ancienne.
7. La Seine est longue.
8. Le marin breton et le paysan gaulois sont heureux.
9. Le pommier est grand.

A. **Prononcez** : tu es Julius ; viri sumus ; Aegyptus nova.

B. **Version**

1. Marcus sum, vir romanus.
2. Flavia es, romana femina.
3. Aegyptus magna est.
4. Nos agricolae gallici sumus.
5. Parvae puellae estis.
6. Nautae docti sunt.

C. **Thème**

1. Moi, je suis un esclave romain.
2. Tu es une jeune fille heureuse.
3. Jules est le maître.
4. Nous sommes des marins bretons.
5. Vous êtes des petits paysans gaulois.

D. **Donnez la fonction et le cas des noms et adjectifs de la dernière phrase de la version** (6).

C 2 CORRIGÉ

A. Tou èss Ioulious ; Wouiri soumouss ; Aéguptouss nowoua.

B. **Version** :

1. Je suis Marc, un homme romain.
2. Tu es Flavie, une femme romaine.
3. L'Égypte est grande.
4. Nous, nous sommes des paysans gaulois.
5. Vous êtes de petites jeunes filles.
6. Les marins sont savants.

C. **Thème** :

1. Ego, romanus servus sum.
2. Beata puella es.
3. Julius dominus est.
4. Aremorici nautae sumus.
5. Parvi gallici agricolae estis.

D.

Nautae :	fonction	:	sujet de **sunt**
	cas	:	nominatif, masculin pluriel
docti :	fonction	:	attribut du sujet **nautae**
	cas	:	nominatif, masculin pluriel.

■ Le **i** latin note indifféremment la voyelle [i] ou la consonne [y] que l'on a dans « *yoyo* ». Le **j** est la graphie tardive de ce **i** consonne, et **Julius**, qui s'écrivait **Iulius**, se prononce [Iouliouss] cf. p. 18.

(L'écriture latine s'effectuait toujours en majuscule. Cf. p. 18.)

■ La conjugaison du présent de l'indicatif du verbe **esse**, *être*, fait clairement apparaître que le latin est le tronc commun des langues dites romanes : par-delà les évolutions phonétiques, les formes restent apparentées :

Latin	**esse**	**sum**	**es**	**est**	**sumus**	**estis**	**sunt**
Français	*être*	*suis*	*es*	*est*	*sommes*	*êtes*	*sont*
Espagnol	**ser** **estar**	**soy** **estoy**	**eres** **estas**	**es** **esta**	**somos** **estamos**	**sois** **estais**	**son** **estan**
Italien	**essere**	**sono**	**sei**	**è**	**siamo**	**siete**	**sono**
Portugais	**ser** **estar**	**sou** **estou**	**és** **estas**	**é** **esta**	**somos** **estamos**	**(sois)** **(estais)**	**sâo** **estao**
Roumain	**fi**	**sînt**	**eşti**	**este**	**sîntem**	**sînteţi**	**sînt**

■ On notera que l'accent circonflexe sur *être* et (vous) *êtes* français correspond à la chute du **s** latin, de la même façon que dans *hôpital*, venant de **hospes** l'*hôte*, qui nous a donné aussi *hospitalité*.

C 4 ÉTYMOLOGIE - CIVILISATION

■ C'est du radical latin **beat-** (**beatus** : *heureux*) que le français a tiré : *béat, béatitude, béatifier*, et... *Béatrice*.

■ Notre actuelle *Bretagne* était pour les Latins l'*Armorique* **(Aremorica)** ; l'*Angleterre* actuelle, ou *Grande-Bretagne*, était la *Bretagne* **(Britannia)**. Vers le VIe siècle de notre ère, les *Angles* **(Angli)**, peuple germanique, vinrent s'y installer.

■ On a pu noter l'homonymie* de **malus** (f.), *le pommier* et de **malus, a, um** (adj.), *mauvais(e)*. C'est probablement cette homonymie, devenue jeu de mots, qui est à l'origine du pommier du jardin d'Eden, et fait de la pomme le fruit défendu. En effet le texte biblique ne parle que de l'*arbre* de la connaissance, sans plus de précision horticole. La proximité phonétique en latin, entre le mal et la pomme fait donc croquer à Ève ce fruit plutôt que, par exemple, une figue...

* du grec **homos**, *semblable* et **onoma**, *nom*, ce qui a une même forme mais un sens différent.

A 1 PRÉSENTATION

■ La négation *ne... pas* se traduit par **non** [nonn] :

Flavia non sum *je ne suis pas Flavie*
ce n'est pas moi Flavie

■ La coordination négative *et ne... pas* ou *ni* se traduit par **nec** [nèk] :

Flavia nec Julia sum *je ne suis pas Flavie, ni Julie*

■ La répétition *ni... ni* se traduit par **nec... nec** :

Nec Flavia, nec Julia sum *je ne suis ni Flavie, ni Julie*

■ La conjonction de coordination *mais* se traduit par **sed** [sèdd] et marque une forte opposition *(mais au contraire)* :

Flavia non sum, sed Claudia *je ne suis pas Flavie, mais Claudia*

aqua (f.)	*l'eau*
toga (f.)	*la toge*
pallium (n.)	*le manteau*
otium (n.)	*le repos*
negotium (n.)	*le travail*
vinum (n.)	*le vin*
albus, a, um	*blanc(he)*
decorus, a, um	*convenable*
contrarius, a, um	*contraire, opposé(e)*
sanus, a, um	*sain(e), sensé(e)*

A 2 APPLICATION

1. **Julius non est, sed Fabius.**
2. **Nec Julius nec Fabius sani sunt.**
3. **Album pallium non est decorum.**
4. **Bona et mala contraria sunt.**
5. **Toga nec pallium alba sunt.**
6. **Otium et negotium contraria sunt.**
7. **Aqua nec vinum contraria sunt.**
8. **Nec Claudia nec Flavia es, sed Julia.**
9. **Albae togae decorae sunt, pallia non sunt.**

A 3 REMARQUES

■ Quand deux noms et adjectifs de personnes de genre différent s'accordent, le masculin l'emporte sur le féminin :

Vir et femina beati sunt *l'homme et la femme sont heureux*

■ Quand deux noms et adjectifs de choses de genre différent s'accordent, le masculin ou le neutre l'emportent sur le féminin :

Toga et pallium alba sunt *la toge et le manteau sont blancs*

• Attention : **toga** : nominatif féminin singulier (sujet)
alba : nominatif neutre pluriel (attribut).

■ Employés seuls, les adjectifs peuvent prendre valeur de noms : ce sont les adjectifs « substantivés », assez fréquents en latin. Au masculin ou au féminin, ils désignent des personnes :

Boni et mali *les bons et les méchants*

• Au neutre, ils désignent des choses, ou des abstractions :

Bonum et malum *le bien et le mal*
Bona et mala *les bonnes et les mauvaises choses*

A 4 TRADUCTION

1. Ce n'est pas Jules, mais Fabius.
2. Ni Jules ni Fabius ne sont sensés.
3. Le manteau blanc n'est pas convenable.
4. Les biens et les maux sont opposés.
5. La toge ni le manteau ne sont blancs.
6. Le repos et le travail sont opposés.
7. L'eau et le vin ne sont pas opposés.
8. Tu n'es ni Claudia ni Flavie, mais Julie.
9. Les toges blanches sont convenables, les manteaux ne le sont pas.

B 1 PRÉSENTATION

■ Certains noms et adjectifs masculins de la deuxième déclinaison ont un nominatif singulier en **-er**.

faber (m.)	*l'artisan, l'ouvrier*	(pluriel : **fabri**)
ager	*le champ*	(pl. : **agri**)
liber	*le livre*	(pl. : **libri**)
puer	*l'enfant*	(pl. : **pueri**)
aper	*le sanglier*	(pl. : **apri**)

dexter, dextra, dextrum	*situé(e) à droite, de droite*
sinister, tra, trum	*situé(e) à gauche, de gauche*
pulcher, chra, chrum	*beau, belle*
liber, libera, liberum	*libre*
miser, era, erum	*malheureux ; misérable*

■ **campus** (m.) *la plaine, la campagne*
cervisia (f.) *la bière*
tepidus, a, um *tiède*

■ La coordination de deux ou plusieurs mots peut se faire grâce à la particule **-que** [koué] attachée au dernier mot coordonné :

Aqua vinumque *l'eau et le vin*

B 2 APPLICATION

1. **Faber agricolaque liberi sunt.**
2. **Ager non sinister est, sed dexter.**
3. **Agri nec horti nec campi pulchri sunt.**
4. **Miseri servi non estis, sed liberi fabri.**
5. **Liber sinister est.**
6. **Libri non sinistri sunt, sed dextri.**
7. **Miserae puellae non liberae sunt.**
8. **Vinum cervisiaque tepida sunt.**
9. **Pueri puellaeque pulchri sunt.**
10. **Templum sinistrum est, via dextra.**

B 3 REMARQUES

■ Certains noms et adjectifs en **-er** de la deuxième déclinaison gardent le **-e** à toutes les formes de la déclinaison :

liber, libera, liberum *libre.*

D'autres le perdent :

pulcher, pulchra, pulchrum : *beau, belle*
liber : *le livre,* **libri** : *les livres*

• *C'est pourquoi l'on note toujours les trois genres de l'adjectif en précisant :* **pulcher, chra, chrum**
liber, a, um.

■ Ne confondez pas **liberi** *libres* (nominatif masc. plur.)
et **libri** *les livres* (nominatif masc. plur.)

■ Étymologie :

C'est de **campus,** *la plaine,* que vient le français *campagne, champagne, champ.*

Le latin **ager** (pl. **agri**) *champ,* est resté dans les termes *agriculteur, agricole...*

On retrouve le latin **aqua** *l'eau,* plus ou moins déformé, dans de nombreux toponymes (cf. déf. p. 17) désignant des villes d'eau : *Ax, Dax, Aix, Aigues-Mortes, Entraygues.*

B 4 TRADUCTION

1. L'artisan et le paysan sont libres.
2. Le champ n'est pas à gauche, mais à droite.
3. Les champs, les jardins ni les plaines ne sont beaux.
4. Vous n'êtes pas de malheureux esclaves, mais des artisans libres.
5. Le livre est à gauche.
6. Les livres ne sont pas à gauche, mais à droite.
7. Les misérables jeunes filles ne sont pas libres.
8. Le vin et la bière sont tièdes.
9. Les enfants et les jeunes filles sont beaux.
10. Le temple est à gauche, la route à droite.

A. **Prononcez** : Negotium ; pulcher servus ; album pallium ; aqua cervisiaque.

B. **Version**

1. Nec templum nec oppida nova sunt.
2. Vos non liberi viri estis, sed servi.
3. Pallia et togae alba sunt.
4. Julius et Fabius sumus, non pueri, sed viri.
5. Flavia sum, pulchra sanaque puella.

C. **Thème**

1. Les bières et l'eau ne sont pas tièdes.
2. Le travail n'est pas convenable.
3. Le champ de droite n'est pas grand.
4. Vous êtes des paysans libres et misérables.
5. Nous ne sommes pas des jeunes filles, mais des femmes.
6. Le bien et le mal s'opposent.

D. **Analysez**

1. liber. 2. alba. 3. libri. 4. liberi.

C 2 CORRIGÉ

A. [négotioum] [poulkèrr serwouss] [alboum pallioum] [akoua kérouissiakoué].

B. 1. Ni le temple ni la place forte ne sont nouveaux.
2. Vous, vous n'êtes pas des hommes libres, mais des esclaves.
3. Les manteaux et les toges sont blancs.
4. Nous sommes Jules et Fabius, non pas des enfants, mais des hommes.
5. Je suis Flavie, une jeune fille belle et sensée.

C. 1. Cervisiae nec aqua tepidae sunt.
2. Negotium non decorum est.
3. Dexter ager non magnus est.
4. Liberi miserique agricolae estis.
5. Non puellae sumus, sed feminae.
6. Bonum malumque contraria sunt.

D. **liber** : 1) nominatif masc. sing. de **liber** : *le livre*
2) nominatif masc. sing. de **liber, a, um** : *libre*
alba : 1) nom. fém. sing. de **albus, a, um** : *blanche*
2) nom. neut. plur. de **albus, a, um** : *blancs, blanches*
libri : nominatif pluriel de **liber** : *les livres*
liberi : nominatif masculin pluriel de **liber, a, um** : *libres.*

■ Les mots **album** et **decorum** sont passés tels quels du latin au français ; adjectifs neutres substantivés, ils désignent :

album : un livre blanc où l'on notait la liste des noms de ses amis : **album amicorum** ;
decorum : c'est ce qui convient, qui est bienséant dans telle ou telle (grande et solennelle) occasion.

■ Le radical **serv-** (de **servus**, l'*esclave*) se retrouve dans le français ***serv-****ir*, ***serv-****itude*, *as-****serv-****ir*. C'est ce radical à l'état pur, mais phonétiquement déformé, qui explique le *serf* du moyen âge, astreint au ***serv-****age*.

■ La société romaine, comme toutes les sociétés antiques, repose sur l'inégalité fondamentale qui sépare les hommes non libres *(les esclaves)* des hommes libres (privilégiés : *patriciens*, ou non privilégiés : clients, *plébéiens*, affranchis).

L'esclave est une chose. On est esclave de naissance, ou en tant que prisonnier de guerre vendu au profit du vainqueur, ou, plus rarement, par déchéance de ses droits de citoyen.

Traité de façon très différente selon les maîtres, l'esclave peut s'affranchir. Soit en rachetant sa liberté ; soit par volonté testamentaire du maître. Affranchi **(libertus)**, il reste sous la coupe de son maître-patron, mais travaille pour son propre compte.

■ Notre adjectif *sinistre* et son sens actuel s'expliquent par un aspect de la religion romaine : avant toute décision importante, les prêtres **(Augures)** prenaient les auspices (**avis specio** *j'observe les oiseaux*). Pour ce faire, ils délimitaient dans le ciel un rectangle, désigné à l'origine par le mot **templum**. Si les oiseaux entraient dans ce rectangle par la droite, c'était bon signe ; si en revanche le vol venait du côté *gauche* **(sinister)**, c'était un mauvais présage : d'où très tôt la confusion entre ce qui est situé à gauche, et ce qui est effrayant, funeste, menaçant...

La *dextérité*, ou *habileté* s'explique, elle, par le fait que la main droite **(dextra)** est souvent la plus agile, ou ... *adroite*, des deux mains.

■ Le *négoce* désigne aujourd'hui le commerce. Autrefois, la *négociation* était l'action de faire du commerce, avec l'ensemble des démarches, entretiens, allers et retours que suppose cette activité, qui ne laisse pas en repos : **nec otium** *(= non repos)* ; on notera donc que, pour les Romains, l'activité, le travail se définissent négativement, comme étant du « non-repos ».

A 1 PRÉSENTATION

■ L'**interpellation** et l'**apostrophe** se marquent en latin par des interjections :

eho !	*holà !*
age ! agite !	*allons ! allez !*
salve ! salvete !	*Salut !* (sing. et pluriel)
vale ! valete !	*Salut ! Adieu !*

■ Le nom et l'adjectif de la personne (ou de la chose) interpellée se mettent alors au cas spécifique de l'interpellation : le vocatif :

Ave amice care ! *Salut, cher ami !*

■ **Fabius, i** (m.)	*Fabius*
amicus (m.)	*l'ami*
filius (m.)	*le fils*
fortuna (f.)	*le sort, la chance, la (bonne ou mauvaise) fortune*
caelum (n.)	*le ciel* [kaéloumm]
atrium (n.)	*le foyer*
amicus, a, um	*ami(e), amical(e)*
carus, a, um	*cher, chère ; chéri(e)*
caeruleus, a, um	*bleu(e)* **ruber, bra, brum** *rouge*
jucundus, a, um	*aimable, agréable*
stultus, a, um	*stupide, idiot(e)*
quoque	*aussi*
Hercule ! *par Hercule !*	**edepol !** *par Pollux !*

B 2 APPLICATION

1. **Ave Maria !**
2. **Age Fabi !**
3. **Eho ! Serve miser !**
4. **Flavia ! cara amica !**
5. **O ! fortuna contraria !**
6. **Edepol ! amici ! stulti estis !**
7. **Vale, beate puer !**
8. **Valete, beati pueri !**
9. **Ah ! pulchrum caeruleum caelum !**
10. **O ! Atria cara ! Hercule ! rubrum vinum !**
11. **Agite puellae !**
12. **Tu quoque, mi fili !**

A 3 REMARQUES

■ Le deuxième cas de la déclinaison latine est le **« vocatif »**: comme l'indique le radical **voc-** (de **vocare :** *appeler*), c'est le cas de l'appel, de l'interjection ou apostrophe.

Il ne revêt une forme particulière que pour les noms et adjectifs en **-us** de la deuxième déclinaison. Dans les autres déclinaisons, et toujours au pluriel, le vocatif est semblable au nominatif.

	Singulier	Pluriel
Nominatif :	**amicus**	**amici**
Vocatif :	**amice !**	**amici !**

■ Les masculins en **-er** ont un vocatif semblable au nominatif :

Nominatif : **puer** *l'enfant* Vocatif : **puer !** *enfant !*

Exceptions :

• Le vocatif des noms en **-ius** est en **-i** pour les noms propres *latins*, ainsi que pour **filius** *(le fils)* et **genius** *(le génie)* :

Fili ! *Mon fils !* **Fabi !** *Fabius !*

• Mais il est en **-ie** pour les noms propres étrangers en **-ius**:

Darie ! *Darius !* (nominatif : **Darius**).

■ Récapitulatif :

	SING.			PLUR.		
	M	F	N	M	F	N
Nominatif (N)	**Domin-us** Puer	**Puell-a**	**Templ-um**	**Domin-i** Puer-i	**Puell-ae**	**Templ-a**
Vocatif (V)	**Domin-e** Puer	**Puell-a**	**Templ-um**	**Domin-i** Puer-i	**Puell-ae**	**Templ-a**

A 4 TRADUCTION

1. Salut, Marie !
2. Allez, Fabius !
3. Holà, misérable esclave !
4. Flavie ! Chère amie !
5. O ! sort contraire (funeste) !
6. Par Pollux ! Les amis ! Vous êtes stupides !
7. Adieu, heureux enfant !
8. Adieu, heureux enfants !
9. Ah ! le beau ciel bleu !
10. Oh ! chers foyers ! Par Hercule ! Du vin rouge !
11. Allez, les (jeunes) filles !
12. Toi aussi, mon fils !

B 1 PRÉSENTATION

■ L'interrogation « est-ce que » se pose en latin de différentes manières, selon la réponse attendue :

- **-ne ?** collé à la fin du mot sur lequel porte l'interrogation :

Q :	**Fabius esne ?**	*Es-tu Fabius ?*
R :	**Fabius sum**	*(Oui), je suis Fabius.*
R :	**Fabius non sum**	*Non, je ne suis pas Fabius.*

- **Num ?**

Q :	**Num stultus es ?**	*Est-ce que (par hasard) tu es idiot ?*
R :	**Minime, stultus non sum !**	*Non, je ne suis pas idiot.*

- **Nonne ?**

Q :	**Nonne ingeniosi sumus ?**	*Ne sommes-nous pas intelligents ?*
R :	**Certo, ingeniosi estis !**	*Certes oui, vous êtes intelligents !*

■

ingeniosus, a, um	*intelligent(e), astucieux(se)*
ater, atra, atrum	*noir(e)*
ita	*ainsi, c'est ainsi, oui*
certo	*certes, sûrement*
sane	*assurément*
fortasse	*peut-être*
minime	*pas du tout*
scilicet	*évidemment* [skilikètt]

B 2 APPLICATION

1. **Julius estne ?**
2. **Minime ! Fabius est !**
3. **Nonne puellae pulchrae sunt ?**
4. **Sane, pulchrae sunt.**
5. **Care Juli ! Num stultus es ?**
6. **Non stultus sum, amice, sed ingeniosus.**
7. **Nonne servus vir est ?**
8. **Scilicet, servus vir est !**
9. **Caelum atrumne est ?**
10. **Fortasse atrum, fortasse caeruleum.**
11. **Estisne Flavia et Julia ?**
12. **Certo, Flavia et Julia sumus.**

B 3 REMARQUES

■ **-ne** est une particule dite « enclitique » : elle se colle au mot sur lequel elle porte (voir étymologie et définition en C 4).

A une question posée à l'aide de cette particule, la réponse est indifféremment *oui* ou *non*. On peut la traduire par la formule neutre *est-ce que ?*

• **Num** insinue que la réponse attendue est *non*.

• **Nonne** est formé de l'enclitique **-ne**, portant sur la négation **non**, et signifie donc littéralement : *est-ce que... ne... pas* : la question portant sur une négation insinue que la réponse est *oui*, ou *si, bien sûr*.

■ Pour fournir une réponse, le latin se plaît à répéter le verbe de la phrase interrogative, précédé ou non d'un adverbe :

Q :	**Fabius estne ?**	*Est-ce Fabius ?*
R :	**Fabius est**	*Oui, c'est Fabius*
R :	**Fabius est**	*Oui (il en est ainsi), c'est Fabius*
R :	**Fabius non est**	*Non, ce n'est pas Fabius*
R :	**Minime**	*Non (pas du tout)*

■ Le latin ignore le vouvoiement (emploi dit de « politesse » de la 2e personne du pluriel).

B 4 TRADUCTION

1. Est-ce Jules ?
2. Pas du tout ! C'est Fabius !
3. Est-ce que les jeunes filles ne sont pas belles ?
4. Certes, elles sont belles.
5. Cher Jules ! Est-ce que par hasard tu es idiot ?
6. Je ne suis pas idiot, mon ami ! au contraire, je suis astucieux.
7. Est-ce que l'esclave n'est pas un homme ?
8. Évidemment, l'esclave est un homme !
9. Le ciel est-il noir ?
10. Il est peut-être noir, peut-être bleu.
11. Êtes-vous Flavie et Julie ?
12. Certes oui, nous sommes Flavie et Julie.

A. **Prononcez** : nonne ; ingeniosae puellae ; rubrum caeruleumque caelum.

B. **Traduisez et répondez en latin**

1. Ave ! jucunda fortuna !
2. Q : Num Julius stultus est ?
3. R : ....
4. Q : Nonne Flavia romana puella est ?
5. R : ....
6. Q : Domine ! Doctusne es ?
7. R_1 : ....
8. R_2 : ....

C. **Traduisez**

1. Adieu ! belle jeune fille, aimable Julie !
2. Allons, esclaves !
3. Allons, esclave !
4. Êtes-vous par hasard des enfants stupides ?
5. Non, nous ne sommes pas des enfants stupides, mais des hommes intelligents.
6. N'es-tu pas heureux, cher marin breton ?
7. Évidemment, je suis heureux, misérable paysan gaulois !

C 2 CORRIGÉ

A. [nonn-né] [innguéniossaé pouéllaé] [roubroumm kaérouléoummkoué kaéloumm].

B.
1. Salut ! heureux sort ! (heureux destin !).
2. Q : Est-ce que par hasard Jules est idiot ?
3. R : **Minime, Julius stultus non est** *(Pas du tout, Jules n'est pas idiot).*
4. Q : Flavie n'est-elle pas une jeune fille romaine ?
5. R : **Ita, Flavia romana puella est** *(Si, Flavie est une jeune fille romaine).*
6. Q : Maître ! Es-tu savant ?
7. R : **Sane doctus sum !** *(Certes, je suis savant !)*
8. R : **Doctus non sum** *(Non, je ne suis pas savant).*

C.
1. Vale ! pulchra puella, jucunda Julia !
2. Agite, servi !
3. Age, serve !
4. Num stulti pueri estis ?
5. Pueri stulti non sumus, sed ingeniosi viri.
6. Nonne beatus es, care aremorice nauta ?
7. Scilicet beatus sum, miser gallice agricola !

- **Vir** *l'homme*, au sens masculin du terme, a donné le français *viril*.
- **Puer** *(l'enfant)* a donné le français ***puer-****icultrice*, ainsi que la fièvre ***puer-****pérale* (liée à l'accouchement), ***puér****il*.

Mais ces termes, en latin, recouvrent des réalités très précises :

– L'homme **(vir)** se définit par l'âge, en raison de ses obligations civiles et militaires.

– La femme (**mulier**, plutôt que **femina**) se définit par son état-civil, sa fonction étant de se marier et de procréer.

On distingue ainsi, jusqu'à 7 ans, pour les deux sexes : **infans** (littéralement : *qui ne parle pas*) mot qui est à l'origine du français *enfant* puis, selon le sexe :

Femme **(mulier)**	Homme **(vir)**
puella } *la jeune fille* **virgo** } (→ fr. *vierge*) **uxor** : *l'épouse* **matrona** : *la mère de famille* (→ fr. *matrone*) **anus** : *la femme âgée*, qui ne peut plus enfanter	**puer** : de 7 à 17 ans **adulescens** : de 17 à 30 ans (littéralement : *en train de grandir* → fr. *adolescent*) **juvenis** : de 30 à 46 ans (littéralement : *jeune* → fr. *juvénile*) **senior** : de 46 à 60 ans (littéralement : *plus vieux* → fr. *sénile*, et *seigneur*) **senex** : de 60 à 80 ans (littéralement : *vieux* même racine, → *sénéchal*) **aetate provectus** : après 80 ans (littéralement : *hors d'âge*)

- **Fortuna** désigne le *hasard*, la *chance*, le *sort*, le *destin*, qui peuvent être heureux ou malheureux : c'est ce sens originel qui est resté dans « faire contre mauvaise fortune bon cœur ».

■ Le mot « enclitique » vient du grec **en-kliticos**, *qui s'appuie sur*, dérivé du verbe **klino**, *incliner, pencher* ; ce dernier donne le latin **clino**, *faire pencher* et nous a donné *incliner*, *enclin à* et *clinique* (< **clinicus**, *le lit du malade*, d'où le *clinicien*, celui qui se penche sur le lit du malade, c.à.d. le médecin).

La particule « enclitique » est donc « penchée » sur le mot sur lequel elle porte, au point de s'y coller. La particule enclitique n'est pas un mot : elle n'existe jamais de façon indépendante.

A 1 PRÉSENTATION

■ **Amo** : *j'aime* ; **amat** : *il (elle) aime* ; **amare** : *aimer*

Audio : *j'entends, j'écoute* ; **audit** : *il (elle) entend, écoute* ; **Audire** : *entendre, écouter*

■ Le complément d'objet direct (C.O.D.) se met à l'accusatif :

Julius amat Juliam *Jules aime Julie*
Julius : sujet : nominatif
Juliam : C.O.D. : accusatif.

■ Au neutre, la désinence de l'accusatif reste semblable à celle du nominatif :

consilium audit *il entend un conseil*

■ L'attribut du C.O.D. se met également à l'accusatif : **Pecunia viros beatos non facit** : (littéralement : l'argent ne fait pas les hommes heureux) *l'argent ne fait pas le bonheur.*

viros : C.O.D.
beatos : attribut du C.O.D.

■ **pecunia** (f.) *l'argent*
consilium (n.) *le conseil*
deus (m.) *le dieu*
dea (f.) *la déesse*
laetus, a, um *gai(e), joyeux(se)*
calidus, a, um *chaud(e)*
frigidus, a, um *froid(e)*

facio : *je fais* ; **facit** : *il (elle) fait* ; **facere** : *faire*

aut *ou, ou bien*

A 2 APPLICATION

1. **Julia amat Julium.**
2. **Vinum facit virum laetum.**
3. **Malum consilium non audio.**
4. **Romanus amat deum deamque.**
5. **Frigida cervisia facit agricolam beatum.**
6. **Vinum calidum aut frigidum, non tepidum amo.**
7. **Dea pecuniam non amat.**
8. **Fabius audit Flaviam Claudiamque.**
9. **Nonne audit Juliam ?**
10. **Bonà dea miserum puerum audit.**

A 3 REMARQUES

■ Le troisième cas de la déclinaison latine est l'« accusatif » (→ **accusare,** *accuser qqun, mettre en cause*) : il établit un rapport direct, immédiat entre un verbe et un nom, ou entre deux noms. C'est essentiellement le cas du complément d'objet direct.

■ Au singulier, il se caractérise par une désinence en **-m** :

	M	F	N
Accusatif (Ac.)	domin-**um** magn-**um** pulchr-**um**	puell-**am** magn-**am** pulchr-**am**	templ-**um** magn-**um** pulchr-**um**

■ Les verbes qui peuvent avoir un C.O.D. sont appelés verbes « transitifs ».
Ceux qui ne peuvent pas avoir de C.O.D. sont « intransitifs* ».

amo *j'aime (qqun)* → **amare** est transitif
venio *je viens* → **venire** est intransitif, car il ne peut avoir de C.O.D.

* « Transitif » vient de **transeo,** *je passe, je traverse* (cf. p. 80).

A 4 TRADUCTION

1. Julie aime Jules.
2. Le vin rend l'homme joyeux.
3. Je n'écoute pas un mauvais conseil.
4. Le Romain aime le dieu et la déesse.
5. La bière froide rend le paysan heureux.
6. J'aime le vin chaud ou froid, pas tiède.
7. La déesse n'aime pas l'argent.
8. Fabius entend Flavie et Claudia.
9. N'entend-il pas Julie ?
10. La bonne déesse écoute le malheureux enfant.

B 1 PRÉSENTATION

■ **Video**	**videt**	**videre**
je vois	*il (elle) voit*	*voir*
Doceo	**docet**	**docere**
j'enseigne	*il (elle) enseigne*	*enseigner*
Voco	**vocat**	**vocare**
j'appelle	*il (elle) appelle*	*appeler*
Rogo	**rogat**	**rogare**
je demande	*il (elle) demande*	*demander*

■ L'accusatif pluriel a une désinence en **-as** pour la 1re déclinaison, en **-os** pour la 2e (masc./fém.), en **-a** pour la 2e (neutres).

Video puellas et pueros et templa
Je vois des jeunes filles et des enfants et des temples

■ Règle du double accusatif :

Doceo pueros grammaticam *j'enseigne la grammaire aux enfants*
(m. à m. j'enseigne la grammaire ; j'instruis les enfants)
Rogo fabrum consilium *je demande conseil à l'artisan*
(m. à m. j'interroge l'artisan, je demande conseil)

■ **astrum** (n.)	*l'astre, l'étoile*
legatus (m.)	*l'envoyé, le légat, l'ambassadeur*
Gallia (f.)	*la Gaule*
Roma (f.)	*Rome*
castra (n. pl.)	*le camp*
totus, a, um	*tout entier(e)*
multi, ae, a	*nombreux(ses)*
sapientia (f.)	*la sagesse*
interrogo	*j'interroge, je demande*

B 2 APPLICATION

1. **Legatus vocat filios Marcum Fabiumque.**
2. **Marcus videt multa astra.**
3. **Interrogat deos consilia.**
4. **Deus docet Marcum sapientiam.**
5. **Fabius vocat et audit multos legatos.**
6. **Marcus amat puellas et astra.**
7. **Romanus legatus Galliam amat.**
8. **Gallicus agricola Romam non amat.**
9. **Videt castra romana tota.**
10. **Rogat astra consilium.**

B 3 REMARQUES

■ Récapitulatif des trois premiers cas :

	SING.			PLUR.		
	M	F	N	M	F	N
N	domin-**us** puer	puell-**a**	templ-**um**	domin-**i** puer-**i**	puell-**ae**	templ-**a**
V	domin-**e** puer	puell-**a**	templ-**um**	domin-**i** puer-**i**	puell-**ae**	templ-**a**
Ac	domin-**um** puer-**um**	puell-**am**	templ-**um**	domin-**os** puer-**os**	puell-**as**	templ-**a**

■ Il en va exactement de même pour les adjectifs de la 1re classe en **-us, a, um** ou **-er, a, um**.

■ Le double accusatif : certains verbes, signifiant généralement *« montrer »* ou *« demander »* se construisent avec deux compléments d'objets : l'un pour une personne, l'autre pour une chose. Pour le comprendre, il suffit de jouer du double sens transitif (cf. p. 33, 35) des verbes : *enseigner quelque chose/enseigner (à) instruire quelqu'un ; interroger* (→ **interrogare**) *quelqu'un/demander quelque chose.*

Donc **Rogo consilium** *je demande conseil*
Rogo dominum *j'interroge le maître*
Rogo dominum consilium *je demande conseil au maître*

■ Certains noms latins ne s'utilisent qu'au pluriel, ou ont un sens différent au singulier et au pluriel : **castra,** *le camp*, est un pluriel neutre. Le singulier **castrum** n'est utilisé que pour désigner une localité.

B 4 TRADUCTION

1. L'ambassadeur appelle ses fils Marc et Fabius.
2. Marcus voit de nombreuses étoiles.
3. Il demande des conseils aux dieux.
4. Le dieu enseigne à Marc la sagesse.
5. Fabius appelle et entend de nombreux ambassadeurs.
6. Marc aime les jeunes filles et les étoiles.
7. L'ambassadeur romain aime la Gaule.
8. Le paysan gaulois n'aime pas Rome.
9. Il voit le camp romain tout entier.
10. Il demande conseil aux astres.

A. **Prononcez** : Video pulchras deas. Audio Julium. Rogat deos.

B. **Version**
1. Julius non amat Flaviam, sed Juliam.
2. Romanus deus pulchra templa amat.
3. Video gallicos vicos.
4. Agricola rogat fabrum consilium.
5. Flaviam, Julium puerosque audio.
6. Julius docet puellas sapientiam.

C. **Thème**
1. L'artisan romain aime de nombreux dieux.
2. Julie voit les déesses blanches.
3. Elle voit le ciel tout entier, et les étoiles bleues.
4. Jules demande des conseils aux ambassadeurs romains.
5. L'ambassadeur enseigne la sagesse aux maîtres et aux esclaves.
6. J'entends des sangliers noirs ; ils sont nombreux.

D. **Analysez**
1. libera. 2. pueros. 3. astra.

C 2 CORRIGÉ

A. [wouidéo poulkrass déass] [aoudio Ioulioum] [roguatt déoss]

B. 1. Jules n'aime pas Flavie, mais Julie.
2. Le dieu romain aime les beaux temples.
3. Je vois les villages gaulois.
4. Le paysan demande conseil à l'artisan.
5. J'entends Flavie, Jules et les enfants.
6. Jules enseigne la sagesse aux jeunes filles.

C. 1. Romanus faber multos deos amat.
2. Julia albas deas videt.
3. Videt caelum totum et caerulea astra.
4. Julius rogat romanos legatos consilia.
5. Legatus docet dominos servosque sapientiam.
6. Audio atros apros ; multi sunt.

D. 1. **libera :**
a) Nominatif ou vocatif féminin singulier
b) Nominatif, vocatif accusatif neutre pluriel
de **liber, a, um :** *libre*
2. **pueros :** Accusatif pluriel de **puer** (m.) : *l'enfant.*
3. **astra :** Nominatif, vocatif ou accusatif pluriel de **astrum** (n.) : *l'étoile.*

■ On a pu remarquer que les noms et adjectifs neutres gardent la même désinence au nominatif, vocatif et accusatif. Cette règle des « trois cas semblables du neutre » est absolue, au singulier comme au pluriel, et pour toutes les déclinaisons.

■ Les noms propres, de personnes ou de lieux, se déclinent.

Roma magna est *Rome est grande*
Roma : fonction : sujet
cas : nominatif.

Amo Romam *j'aime Rome*
Romam : fonction : C.O.D.
cas : accusatif.

Athenae : *Athènes* est toujours au pluriel.

■ L'accusatif n'est pas que le cas du C.O.D. ; il est aussi celui de l'attribut du C.O.D. ; il est obligatoire après certaines prépositions ; il sert à marquer la durée. Il peut s'employer de façon exclamative :

Me miserum ! *Malheureux que je suis !*

C 4 VOCABULAIRE - ÉTYMOLOGIE

■ Parmi les noms qui ne s'emploient qu'au pluriel, il faut noter **liberi** (m. pl.) *les enfants*, à ne pas confondre avec **liberi**, *libres* (nominatif pluriel de l'adjectif **liber, a, um**) ni avec **libri** (m. pl.) : *les livres*.

Autres noms qui ne s'emploient qu'au pluriel :

nuptiae (f. pl.) *le mariage*
divitiae (f. pl.) *les richesses*
arma (n. pl.) *les armes*

Ont un sens différent au singulier et au pluriel :

fortuna (f.) : *le sort, le destin* ; **fortunae** (f. pl.) : *les richesses*
copia (f.) : *l'abondance* ; **copiae** (f. pl.) : *les troupes*
littera (f.) : *la lettre* (de l'alphabet) ;
litterae (f. pl.) : *la lettre* (missive), *la littérature*

■ C'est sur le radical ***fabr-*** (de **faber, fabri** : *l'artisan, l'ouvrier*) que sont formés les mots français ***fabr-****ique*, ***fabr-****iquer*, etc., mais aussi les noms propres comme *Fabre*, *Favre* ou *Faivre*. Le **b** entre deux voyelles ou devant un **r** évolue souvent en **v**, ce qui est à l'origine de nombreux *Lefèvre, Lefebvre* ou *Lefébure* : ces noms désignaient autrefois des artisans, des « fabricants ». De même *l'or-****fèvr-****e* est celui qui travaille l'or.

A 1 PRÉSENTATION

■ Le complément du nom se marque par le cas du génitif, dont la désinence, au singulier, est en **-ae** pour la 1re déclinaison, en **-i** pour la 2e :

Puell-ae liber	*le livre de la jeune fille*
Domin-i amicus	*l'ami du maître*
Cael-i astra	*les étoiles du ciel*

■ Les adjectifs obéissent à la même règle :

Puell-ae doct-ae liber	*le livre de la jeune fille savante*
Fabr-i miser-i amicus	*l'ami de l'artisan malheureux*
Cael-i obscur-i astra	*les étoiles du ciel sombre*

■ **lego** : *je lis* ; **legit** : *il lit* ; **legere** : *lire*

epistula, ae (f.)	*la lettre, la missive*
cena, ae (f.)	*le dîner*
nuntius, i (m.)	*le messager*
aurum, i (n.)	*l'or*
Vergilius, i (m.)	*Virgile*
augustus, a, um	*auguste, vénérable*
obscurus, a, um	*sombre, obscur(e)*

■ C'est la désinence du génitif qui est notée après le nominatif d'un nom, et avant l'initiale de son genre.

■ Le génitif complément de nom se place généralement devant le nom qu'il complète.

A 2 APPLICATION

1. **Domini cena bona est.**
2. **Voco deae nuntium.**
3. **Templi aurum augustum est.**
4. **Dominus servi liberos videt.**
5. **Vergilii librumne legit ?**
6. **Minime, legit Juliae epistulam.**
7. **Domini dei servi sunt.**
8. **Obscuri templi viam non video.**
9. **Puellae epistulae jucundae sunt.**
10. **Vergilius amat amici epistulas.**

A 3 REMARQUES

■ Le *« génitif »* tire son nom du latin **genus**, lui-même venu du grec **genos**, qui a donné le français *« gène »*, et qui marque l'origine, la naissance, l'appartenance à un *genre*. C'est d'ailleurs le génitif singulier d'un nom, et non le nominatif, qui est le signe distinctif d'une déclinaison : le radical se trouve en effet en retranchant la désinence du génitif singulier, alors que le nominatif peut en présenter une forme altérée.

Ex.				
	Nominatif :	**faber**	**puell-a**	**templ-um**
	Génitif :	**fabr-i**	**puell-ae**	**templ-i**
	Radical :	**fabr-**	**puell-**	**templ-**

• Donc, la mention des nominatif et génitif singuliers d'un nom suivi de l'initiale de son genre, constitue en quelque sorte la « carte d'identité » de ce nom : son appartenance à telle ou telle déclinaison et son radical.

On notera donc désormais : **caelum, i** (n.) *le ciel*
rosa, ae (f.) *la rose*
puer, i (m.) *l'enfant*

■ Ne confondez pas le génitif masculin singulier et le nominatif masculin pluriel : **domini** peut être l'un ou l'autre. Il en va de même pour le féminin : **puellae** peut être un nominatif pluriel ou un génitif singulier.

Seul le contexte (en particulier l'accord avec le verbe) permet d'éviter la confusion.

A 4 TRADUCTION

1. Le dîner du maître est bon.
2. J'appelle le messager de la déesse.
3. L'or du temple est sacré.
4. Le maître voit les enfants de l'esclave.
5. Lit-il le livre de Virgile ?
6. Non, il lit la lettre de Pierre ou de Julie.
7. Les maîtres sont les esclaves du dieu.
8. Je ne vois pas la route du temple obscur.
9. Les lettres de la jeune fille sont aimables.
10. Virgile aime les lettres de (son) ami.

B1 PRÉSENTATION

■ Le génitif pluriel se marque par la désinence **-arum** pour la première déclinaison, **-orum** pour la 2e.

romanarum puellarum balneum	*le bain des jeunes filles romaines*
gallicorum puerorum ludus	*le jeu des enfants gaulois*
augustorum templorum via	*la route des temples sacrés*

■ **poeta, ae** (m.)	*le poète*
ludus, i (m.)	*le jeu, l'école*
locus, i, m (m.)	*le lieu*
pugna, ae (f.)	*le combat*
balneum, i (n.)	*le bain*
mirus, a, um	*étonnant(e)*
litterae, arum (f. plur.)	*la lettre, la littérature*
epulae, arum (f. plur.)	*le festin, le banquet*

pugno	*je combats*	**pugnat**	*il (elle) combat*	**pugnare**	*combattre*
deleo	*je détruis*	**delet**	*il (elle) détruit*	**delere**	*détruire*
adjuvo	*j'aide*	**adjuvat**	*il (elle) aide*	**adjuvare**	*aider*

nam *car, en effet*
enim *car, en effet,* toujours placé après le 1er mot de la phrase.

B2 APPLICATION

1. **Fortuna adjuvat deorum amicos.**
2. **Fortuna mala agricolarum miserorum hortos delet.**
3. **Dea pugnam bonorum malorumque videt.**
4. **Videtne puerorum ludum ?**
5. **Non videt ; ludorum enim locus obscurus est.**
6. **Nonne pugnat malorum virorum amicos ?**
7. **Certo ; nam malos viros non amat.**
8. **Gallicarum puellarum ludi miri sunt.**
9. **Romanorum balneorum aqua tepida est.**
10. **Dei augustorum locorum domini sunt.**
11. **Dominorum epulae mirae sunt.**
12. **Legatorum litteras lego.**

B 3 REMARQUES

■ Récapitulatif des désinences du génitif des 1re et 2e déclinaisons :

SING.			PLUR.		
M	F	N	M	F	N
-i	**-ae**	**-i**	**-orum**	**-arum**	**-orum**

■ On note les noms qui n'existent qu'au pluriel avec leur génitif :

Athenae, arum (f. pl.) *Athènes*
castra, castrorum (n. pl.) *le camp*

■ **locus, i** (m.) *le lieu* a deux pluriels de sens différents :

– **loci, orum** (m. pl.) *lieux isolés, emplacements*
– **loca, orum** (n. pl.) *pays, contrée*

■ Ne confondez pas la désinence du génitif pluriel **-orum**, **-arum** avec celle de l'accusatif singulier masculin ou féminin, ou du nominatif, vocatif, accusatif neutre de la 2e déclinaison :

decorum pallium : N, V ou Acc. singulier
decororum palliorum : G. pluriel.

B 4 TRADUCTION

1. La chance aide les amis des dieux.
2. La malchance (le mauvais sort) détruit les jardins des malheureux paysans.
3. La déesse voit le combat des bons et des méchants.
4. Voit-elle le jeu des enfants ?
5. Non, car le lieu de (leurs) jeux est obscur.
6. Ne combat-elle pas les amis des méchants ?
7. Si ; en effet, elle n'aime pas les méchants.
8. Les jeux des jeunes Gauloises sont étonnants.
9. L'eau des bains romains est tiède.
10. Les dieux sont les maîtres des lieux sacrés.
11. Le festin des maîtres est étonnant.
12. Je lis la lettre des ambassadeurs.

A. **Analysez les mots suivants** :
puellae magnas augusta

B. **Version**
1. Fortuna deorum dearumque nuntios adjuvat.
2. Antiquorum poetarum libros lego.
3. Domini liberi servi sumus.
4. Julius Marcusque servorum boni domini sunt.
5. Julia Julii amicum non amat.

C. **Thème**
1. Marc aime le dîner et le vin des maîtres.
2. L'esclave malheureux voit les nombreuses étoiles du ciel.
3. L'enfant n'aime ni les jeux ni les bains des Romains.
4. L'eau, la bière et le vin des paysans gaulois sont-ils bons ?
5. Oui, car le sort aide les hommes de la Gaule.
6. Un destin sinistre détruit la route des temples nouveaux.

C 2 CORRIGÉ

A. **puellae** : 1) génitif singulier de **puella, ae** (f.), *la jeune fille*
2) nominatif pluriel de **puella, ae** (f.), *la jeune fille*

magnas : accusatif féminin pluriel de **magnus, a, um,** *grand(e)*

augusta : 1) nominatif ou vocatif féminin singulier de **augustus, a, um,** *sacré(e)*
2) nominatif, vocatif ou accusatif neutre pluriel de **augustus, a, um,** *sacré(e)*

B. 1. Le destin aide les messagers des dieux et des déesses.
2. Je lis les livres des poètes anciens.
3. Nous sommes les esclaves d'un maître libre.
4. Jules et Marc sont les bons maîtres des esclaves.
5. Julie n'aime pas l'ami de Jules.

C. 1. Marcus dominorum cenam vinumque amat.
2. Miser servus caeli multa astra videt.
3. Puer nec ludos nec balnea Romanorum amat.
4. Suntne agricolarum gallicorum aqua, cervisia vinumque bona ?
5. Sane sunt ; fortuna enim Galliae viros adjuvat.
6. Sinistra fortuna novorum templorum viam delet.

■ Le génitif complément de nom peut avoir d'autres valeurs que celle de possession.

Il peut marquer,

- la mesure :
  fossa quindecim cubitorum *un fossé de quinze coudées*
  cubitus, i, m *le coude, la coudée ;*
- la qualité :
  vir jucundae naturae *un homme d'un aimable naturel ;*
- le tout dont on prend une partie :
  partes Galliae *les parties de la Gaule*

Dans ce dernier cas, il s'agit d'un génitif « partitif* », tout comme dans **satis vini :** *assez de vin.*

■ Employé après l'auxiliaire **esse,** *être*, comme attribut, il peut être traduit par *c'est le propre de, il appartient à, c'est le rôle de* :

Est poetarum scribere *c'est le rôle des poètes que d'écrire ;*
il appartient aux poètes d'écrire

■ Un même génitif complément de nom peut avoir une valeur objective ou subjective :

metus Romanorum *la crainte des Romains*
« la crainte que ressentent les Romains » (subjectif)
« la crainte que suscitent les Romains » (objectif).

C 4 VOCABULAIRE - ÉTYMOLOGIE - CIVILISATION

■ L'adjectif **augustus, a, um**, vénérable, sacré, auguste, a été appliqué aux chefs glorieux et vénérés de Rome, et en particulier à *Octave*, qui, après *César*, devient maître de Rome, accumulant titres et pouvoir entre 36 et 27 (avant notre ère) : lorsqu'en −27 le Sénat lui permet de porter le titre d'**« Augustus »**, dont il se pare comme d'un nom, c'est la fin de la République romaine, le point de départ de l'Empire. Bientôt un mois lui sera consacré, qui portera son nom : **augustus**, devenu, après évolution phonétique, le mois d'*août* (de la même façon que le mois de *juillet* était le mois consacré à **Julius** (César).

■ **Pugna, ae** (f.) le combat à mains nues, est lié à **pugnus, i** (m.) *le poing* (ainsi s'explique le **g** final en français). De ce radical **pugn-** sont aussi tirés les mots *pugnace, pugnacité...*

---

* Un mot est « partitif » (du latin **pars, partis** *la partie*) quand il sert à désigner une partie d'un ensemble : ex. dans *un partie de la Gaule*, *de* est un partitif qui en latin, se traduit par un génitif.

A 1 PRÉSENTATION

■ Le complément d'attribution se marque par le cas du **datif**, dont la désinence, au singulier, est en **-ae** pour la 1re déclinaison, en **-o** pour la 2e :

puell-ae *à (pour la) jeune fille*
popul-o *au (pour le) peuple*
templ-o *au (pour le) temple*

■ Latinisme : le latin dit *« un livre est à Pierre »* plutôt que *« Pierre a un livre »* :

Liber est Petro *Pierre a un livre*

do	*je donne*	**narro**	*je raconte*	**monstro**	*je montre*
dat	*il (elle) donne*	**narrat**	*il (elle) raconte*	**monstrat**	*il (elle) montre*
dare	*donner*	**narrare**	*raconter*	**monstrare**.	*montrer*

rosa, ae (f.) *la rose*
historia, ae (f.) *l'histoire*
victoria, ae (f.) *la victoire*
populus, i (m.) *le peuple*
donum, i (n.) *le don, le cadeau*
praemium, i (n.) *la récompense*

■ La conjonction *ou, ou bien* peut aussi se traduire par **vel** [wouèl], qui peut prendre la nuance de *ou plutôt.*

Le latin aime les balancements : *ou... ou...* se marque par la répétition **aut... aut...** ou **vel... vel**.

A 2 APPLICATION

1. **Dominus servo praemium dat.**
2. **Aut deo aut deae puella rosas dat.**
3. **Vergilius populo romano historiam narrat.**
4. **Vergilio sunt servi multi.**
5. **Pulchrae rosae Flaviae sunt.**
6. **Flavia templi novi viam Fabio monstrat.**
7. **Fortuna vel Fabio vel Marco victoriam dat.**
8. **Do donum, vel praemium, puero.**
9. **Claudiae horti rosas monstro.**

A 3 REMARQUES

■ L'origine du mot **« datif »** est dans le verbe **dare** : *donner, attribuer*, de là dérive aussi **« donum »**, *le don*, qui « donne » aussi le français *donation, dation*, etc.

C'est le cas du complément d'attribution (<**ad-tribuere,** *attribuer*).

M		F	N
Domin-o	**puer-o**	**puell-ae**	**templ-o**

• Par extension, le datif indique aussi l'intérêt, ou le désavantage, et la possession : « quelque chose » est (attribué) « à quelqu'un », plutôt que « quelqu'un a quelque chose ».

■ L'utilisation du verbe **habere,** *avoir*, marque une insistance : **habeo librum** *je possède* (je suis propriétaire d') *un livre*

Le verbe **habere**, n'est pas en latin un auxiliaire, comme *avoir* l'est en français.

■ Rappel : l'ordre des mots n'est pas fixe, et l'on dira indifféremment :

liber est Petro
Petro est liber } *Pierre a un livre*

A 4 TRADUCTION

1. Le maître donne une récompense à l'esclave.
2. La jeune fille donne des roses ou au dieu ou à la déesse.
3. Virgile raconte une histoire au peuple romain.
4. Virgile a beaucoup d'esclaves (m. à m. : de nombreux esclaves sont à Virgile).
5. Flavie a de belles roses (m. à m. : de belles roses sont à Flavie).
6. Flavie montre la route du nouveau temple à Fabius.
7. Le sort donne la victoire ou à Fabius ou à Marc.
8. Je donne un cadeau, ou plutôt une récompense, à l'enfant.
9. Je montre les roses du jardin à Claudia.

B 1 PRÉSENTATION

■ La désinence **-is** est commune à tous les datifs pluriels, aux 1re et 2e déclinaisons.

puell-is	*aux* (pour les) *jeunes filles*
popul-is	*aux* (pour les) *peuples*
templ-is	*aux* (pour les) *temples*

■ Certains verbes entraînent obligatoirement une construction avec le datif :

pareo + datif	*j'obéis à*
studeo + datif	*je m'applique à, j'étudie* (quelque chose)

■ Le double datif se trouve avec certains verbes, comme **esse,** *être* ; **dare,** *donner* ; **mittere,** *envoyer* ; **venire,** *venir*.

Sum auxilio Fabio *j'apporte du secours à Fabius* (m. à m. : *je suis à secours à Fabius*).

natura, ae (f.)	*la nature, le naturel*
spina, ae (f.)	*l'épine*
cura, ae (f.)	*le soin, le souci*
capra, ae (f.)	*la chèvre*
equus, i (m.)	*le cheval*
caseus, i (m.)	*le fromage*
gaudium, i (n.)	*la joie*
auxilium, i (n.)	*l'aide, le secours*
saepe	*souvent*
mitto, mittit	*j'envoie, il (elle) envoie*
venio, venit	*je viens, il (elle) vient*

B 2 APPLICATION

1. **Natura dat rosis spinas.**
2. **Legatus mittit litteras Romanis.**
3. **Puer paret malis consiliis.**
4. **Fabius studet romanis litteris.**
5. **Capra dat agricolis caseum.**
6. **Rosae sunt Flaviae gaudio.**
7. **Fabius est curae domino.**
8. **Equus est auxilio viris.**
9. **Marcus saepe venit auxilio puellis.**
10. **Caprae et equi multi sunt dominis.**

B 3 REMARQUES

■ Récapitulatif des désinences du datif des 1re et 2e déclinaisons :

SING.			PLUR.		
M	F	N	M	F	N
-o	**-ae**	**-o**	**-is**	**-is**	**-is**

■ Le double datif. Dans cette construction, qui n'existe qu'avec certains verbes, on a un premier datif de destination, qu'on peut appeler « final » (à quelle fin l'action s'accomplit-elle ?) et un deuxième datif d'intérêt (dans l'intérêt de qui cette action s'accomplit-elle ?).

Venio auxilio *je viens en aide* (afin d'aider) : datif final
Venio Fabio *je viens pour Fabius* : datif d'intérêt
→**Venio auxilio Fabio** *je viens en aide à Fabius*

■ Étymologie : **capra** a donné le français *caprin, capricorne* : il est resté tel quel à *Capri*, l'île aux chèvres. Cela nous vaut aussi le *cabri*, la *cabriole*, *se cabrer* (suite en C 4).

B 4 TRADUCTION

1. La nature donne des épines aux roses.
2. L'ambassadeur envoie une lettre aux Romains.
3. L'enfant obéit aux mauvais conseils.
4. Fabius étudie la littérature romaine (m. à m. : Fabius s'applique aux lettres romaines).
5. La chèvre donne du fromage aux paysans.
6. Les roses font plaisir à Flavie (m. à m. : les roses sont à plaisir à Flavie).
7. Fabius donne du souci à son maître (m. à m. : Fabius est à souci au (à son maître).
8. Le cheval apporte une aide aux hommes (m. à m. : le cheval est à l'aide aux hommes).
9. Marcus vient souvent au secours des jeunes filles (m. à m. : au secours aux jeunes filles).
10. Les maîtres ont beaucoup de chèvres et de chevaux (m. à m. : de nombreux chevaux et chèvres sont aux maîtres)

A. **Version**

1. Deus populo romano victoriam dat.
2. Aut viris aut pueris historiam narro.
3. Fabio sunt multi libri.
4. Caprae equique agricolis curae sunt.
5. Rosae puellae gaudio sunt.

B. **Thème**

1. J'obéis aux conseils de la déesse, ou plutôt de la nature.
2. Virgile raconte aux Romains l'histoire des dieux.
3. Le vin rouge et le fromage font plaisir à Jules.
4. Les roses de la victoire appartiennent (sont à) Julie.
5. J'étudie la littérature ancienne et l'histoire romaine.

C. **Appliquez à la dernière phrase de la version la méthode d'analyse indiquée en C 3.**

C2 CORRIGÉ

A. **Version**

1. Le dieu donne la victoire au peuple romain.
2. Je raconte une histoire ou aux hommes ou aux enfants.
3. Fabius a beaucoup de livres.
4. Les chèvres et les chevaux donnent du souci aux paysans.
5. Les roses font plaisir à la jeune fille.

B. **Thème**

1. Pareo deae, vel naturae, consiliis.
2. Vergilius Romanis deorum historiam narrat.
3. Julio sunt gaudio vinum rubrum et caseum.
4. Victoriae rosae Juliae sunt.
5. Studeo antiquis litteris et romanae historiae.

C. **Analyse**

1) Le verbe est **sunt :** 3e personne du pluriel.

2) On cherche un sujet, qui devra donc être au nominatif pluriel.

3) **rosae** ou **puellae** peuvent tous deux être un nominatif pluriel.

4) **gaudio** est un datif singulier. Avec le verbe **esse,** on sait que peut exister la tournure du double datif. Or **rosae** et **puellae** peuvent aussi être un datif ou un génitif singulier.

5) Grammaticalement, il est tout aussi correct de traduire *les jeunes filles font plaisir aux roses* que *les roses font plaisir aux jeunes filles.* Au simple bon sens alors d'intervenir.

■ Certaines désinences sont communes à plusieurs cas :

-ae : nominatif ou vocatif féminin pluriel
génitif féminin singulier, datif féminin singulier.

-i : nominatif ou vocatif masculin pluriel
génitif masculin ou neutre singulier.

C'est la logique et l'analyse qui permettent de ne pas confondre ; ainsi, devant une phrase latine, il importera en premier lieu de chercher le verbe. Ex. :

Pulchrae puellae Fabius horti viam monstrat.

1) Le verbe est **monstrat**. Il est à la 3e personne du singulier.
2) Donc son sujet est au singulier : on cherche alors un nominatif singulier : c'est **Fabius**, nominatif donc sujet du verbe.
3) On cherche ensuite un C.O.D., donc un accusatif ; c'est **viam**, seule forme d'accusatif.
4) **Horti** peut être soit un nominatif pluriel, soit un génitif singulier. Il ne peut être un nominatif pluriel (donc sujet) puisque le verbe est au singulier : c'est donc un génitif singulier, complément du nom le plus proche : **viam** *(la route du jardin)*.
5) **Pulchrae puellae** : ce peut être soit un nominatif féminin pluriel, soit un génitif ou un datif singulier. Même raisonnement que précédemment : ce ne peut être un nominatif pluriel, puisque le verbe est au singulier ; cela pourrait être un génitif singulier, mais alors il serait complément du nom **Fabius**, or *Fabius de la belle jeune fille* n'est guère satisfaisant. Tandis qu'avec le verbe **monstrare,** *montrer*, on s'attend à un complément d'attribution: *(montrer à quelqu'un)* : il s'agit donc d'un datif singulier, complément d'attribution : *Fabius montre à la belle jeune fille la route du jardin.*

C 4 VOCABULAIRE - ÉTYMOLOGIE - CIVILISATION

■ **Spina** a donné le français *épine*, par chute du **s**. Ce **s** est d'ailleurs resté dans *cérébro-**spinal***, comme il est resté en espagnol : **espina**. Il est tombé aussi dans les toponymes liés à la présence d'épineux : ***Épinal***, dont les habitants sont les ***Spina**liens*, ou encore *Épinay*, *Épenède* ou *Épenoy* ; mais il est resté à *Espinasse*.
Enfin, la blanche épine, ou **alba spina** nous a donné *aubépine*.

■ **Capra** (suite B 3) : donne aussi par dérivation phonétique, la *chèvre* (espagnol ou italien : **cabra**) ; et les nombreux toponymes liés à la présence de chèvres : *Cabrerets*, tout comme *Chevreuse*.

VIII ■ Galli sunt in campo.

A 1 PRÉSENTATION

■ Divers compléments circonstanciels se marquent par le cas de l'ablatif, dont la désinence, au singulier, est en **-a** pour la 1re déclinaison, en **-o** pour la 2e :

via (par, sur) *la route*
auro (en) *or*
templo (dans, hors du) *temple*

■ Des prépositions introduisent la plupart du temps ces compléments circonstanciels :

in : *dans*
ex ou **e** : *de, hors de, à partir de, en* (matière)
ab ou **a** : *de, loin de, à partir de*
cum (suivi d'un nom de personne) : *avec*
sine : *sans*

■ Le complément de moyen s'exprime par l'ablatif seul, sans préposition :

pugno *avec le poing, au moyen du poing* (→ **pugnus, i** (m.) *le poing*)

statua, ae (f.) *la statue*
Gallus, i (m.) *le Gaulois* (nom propre)

angustus, a, um	*étroit(e)*
latus, a, um	*large*
ambulo, ambulat, ambulare	*je me promène, il se promène, se promener*
surgo, surgit	*je sors de, je surgis ; il sort de, il surgit de*
capio, capit, capere	*je prends, il prend, prendre*
accipio, accipit, accipere	*je reçois, il reçoit, recevoir*

A 2 APPLICATION

1. **Gallus in angusta via est.**
2. **E campo lato surgit.**
3. **A Marco Fabius consilium capit.**
4. **Fabius cum Flavia in horto ambulat.**
5. **Marcus accipit litteras a Fabio.**
6. **Sine cura puellae sunt.**
7. **Ex auro deae statua est.**
8. **Pugno pugnat.**
9. **E Marci consilio sapientiam capio.**

A 3 REMARQUES

■ Le mot *« ablatif »* vient de **ablatus**, participe passé du verbe **aufero** qui signifie *enlever* (dans lequel on reconnaît le préfixe **ab**, qui marque la séparation, l'éloignement) et qui a donné le français *« ablation »*. C'est essentiellement le cas de l'origine, de l'éloignement, du lieu, du moyen, de la manière (cf. p. 147).

■ Il s'emploie obligatoirement après certaines prépositions : **ex, ab, cum, sine.**

■ Les prépositions **ab** et **ex** perdent leur consonne quand elles précèdent un mot commençant par une consonne :

a populo *par le peuple*
ab ovo *à partir de l'œuf (au départ)*
a contrario *à partir du contraire*
e Gallia *en provenance de la Gaule*
ex abrupto *d'une façon brusque, abrupte*

■ C'est souvent à partir de l'ablatif neutre singulier de l'adjectif que se forment les adverbes de manière ou interrogatifs :

- **subito** : *subitement* → abl. (n. sg.) de **subitus, a, um** : *subit, soudain* (m. à m. : de manière subite).
- **quomodo ?** : *comment ?*
  (m. à m. **quo modo,** *de quelle manière ?*
  modus, i (m.) = *le mode, la manière*)

A 4 TRADUCTION

1. Le Gaulois est sur une route étroite.
2. Il surgit d'une large plaine.
3. Fabius prend conseil (auprès) de Marc.
4. Fabius se promène avec Flavie dans le jardin.
5. Marc reçoit une lettre de Fabius.
6. Les jeunes filles sont insouciantes (sans souci).
7. La statue de la déesse est en or.
8. Il combat au poing (avec le poing).
9. Je tire (de la) sagesse du conseil de Marc.

B 1 PRÉSENTATION

■ La désinence **-is** est commune à tous les ablatifs pluriels, 1re et 2e déclinaisons.

a puell-is pulchr-is	*par de belles jeunes filles*
cum magn-is vir-is	*avec de grandes hommes*
ex obscur-is templ-is	*hors des temples obscurs*

■ L'ablatif absolu :

Litteris missis, Fabius requiescit : *la lettre* (ayant été) *envoyée, Fabius se repose.*

Fabio puero, Romani Galliam capiunt : *Fabius* (étant) *enfant, les Romains prennent la Gaule :*
– *alors que Fabius est enfant,*
– *durant l'enfance de Fabius.*

■

silva, ae (f.)	*la forêt, le bois*
familia, ae (f.)	*la famille*
saeculum, i (n.)	*le siècle*
missus, a, um	*envoyé(e)* : participe passé de **mittere,** *envoyer*
desertus, a, um	*désert(e)* : p.p. de **deserere,** *abandonner*
captus, a, um	*pris(e)* : p.p. de **capere,** *prendre*
absum ab + ablatif	*je suis loin de*
de + ablatif	*de, du haut de, au sujet de*
requiesco, requiescit, requiescere	*je me repose, il se repose, se reposer*
factus, a, um	*fait(e)* : participe passé de **facere,** *faire*

B 2 APPLICATION

1. **Romanae puellae absunt ab agris.**
2. **Fabius Marcusque ab antiquis familiis sunt.**
3. **Equus ex obscuris silvis surgit.**
4. **De antiquis saeculis Vergilius historiam narrat.**
5. **Loco deserto, Fabius ambulat.**
6. **Equis captis, dominus venit.**
7. **Marco et Flavia pueris, familia saepe in silvis ambulat.**
8. **Legato misso, requiesco.**
9. **De viris magnis historiam lego.**
10. **Caseo facto, agricola requiescit.**

B 3 REMARQUES

■ Récapitulatif des désinences de l'ablatif des 1re et 2e déclinaisons :

SING.			PLUR.		
M	F	N	M	F	N
-o	**-a**	**-o**	**-is**	**-is**	**-is**

■ L'ablatif absolu. *Absolu* vient du latin **absolutus** : détaché. Construction très fréquente, l'ablatif absolu est une proposition indépendante, détachée du reste de la phrase. Elle se caractérise par l'absence de mot subordonnant, un sujet à l'ablatif, un verbe à l'ablatif du participe passé :

Negotio facto, requiesco *le travail fait, je me repose*
Negotio : sujet
Facto : verbe.

- On traduit l'ablatif absolu soit par :
  - un participe, renforcé ou non, par *une fois, aussitôt* :
    une fois le travail fait, je me repose ;
  - une subordonnée introduite par une conjonction qui peut donner telle ou telle nuance (de temps, de cause...) à la phrase :
    lorsque j'ai fait mon travail, je me repose
    parce que j'ai fait mon travail, je me repose

B 4 TRADUCTION

1. Les jeunes filles romaines ne sont pas aux champs (sont absentes des...).
2. Fabius et Marc sont (issus) de vieilles familles.
3. Le cheval surgit des bois obscurs.
4. Virgile raconte l'histoire (à propos) des siècles anciens.
5. Le lieu étant désert, Fabius se promène.
6. Les chevaux (ayant été) capturés, le maître vient.
7. Marc et Flavie étant enfants, la famille se promène souvent dans les bois.
8. L'ambassadeur ayant été envoyé, je me repose.
9. Je lis l'histoire (au sujet) des grands hommes.
10. Une fois le fromage fait, l'agriculteur se repose.

A. **Analyse**

Donnez le cas et la fonction des noms et adjectifs de la phrase suivante, et traduisez :

Via deserta, romanus agricola pugnis pugnat cum Gallo.

B. **Version**

1. Flavia in silva deserta ambulat.
2. Obscuro caelo, viam non video.
3. In angustis viis venit Galli equus.

C. **Thème**

1. Les travaux faits, je sors du temple avec (mes) amis.
2. Le cheval ayant été pris, Marc reçoit une récompense.
3. Les statues ayant été faites en or, le temple est beau.
4. La lettre ayant été envoyée, Flavie sort de la salle de bains.

C 2 CORRIGÉ

A. **Analyse**

Via deserta : ablatif absolu.
Via : abl. (sg.) de **via, ae** (f.) : *la route*
deserta : abl. (f. sg.) de **desertus, a, um** : *désert*

romanus : adj. nominatif (m. sg.) : *romain*, épithète de **agricola**

agricola : nom, nom. (sg.) de **agricola, ae** (m.) : *le paysan*, sujet de **pugnat**

pugnis : dat. ou abl. plur. de **pugnus, i** (m.) : *le poing* ; le datif étant le cas du complément d'attribution, inutile dans le contexte, on lui préférera l'ablatif, complément de moyen : *au moyen de ses poings*

Gallo : est à l'abl. (puisque précédé de la préposition **cum**) ; abl. (sg.) de **Gallus, i** (m.) *le Gaulois*

Traduction : *La route étant déserte, le paysan romain se bat aux poings avec un Gaulois.*

B. **Version**

1. Flavie se promène dans la forêt déserte.
2. Le ciel étant obscur, je ne vois pas la route.
3. Le cheval du Gaulois va sur des routes étroites.

C. **Thème**

1. Negotiis factis, e templo cum amicis surgo.
2. Equo capto, Marcus praemium accipit.
3. Statuis ex auro factis, templum pulchrum est.
4. Litteris missis, Flavia e balneo surgit.

■ Récapitulatif des deux premières déclinaisons :

• 1re déclinaison (génitif singulier en **-ae**).

	SINGULIER	PLURIEL
N. (nominatif)	**Puell-a**, *la jeune fille*	**Puell-ae**
V. (vocatif)	**Puell-a**	**Puell-ae**
Acc. (accusatif)	**Puell-am**	**Puell-as**
G. (génitif)	**Puell-ae**	**Puell-arum**
D. (datif)	**Puell-ae**	**Puell-is**
Ab. (ablatif)	**Puell-a**	**Puell-is**

• 2e déclinaison (génitif singulier en **-i**).

	SINGULIER		PLURIEL	
N.	**Domin-us**, *le maître*	**Templ-um**, *le temple*	**Domin-i**	**Templ-a**
V.	**Domin-e**	**Templ-um**	**Domin-i**	**Templ-a**
Acc.	**Domin-um**	**Templ-um**	**Domin-os**	**Templ-a**
G.	**Domin-i**	**Templ-i**	**Domin-orum**	**Templ-orum**
D.	**Domin-o**	**Templ-o**	**Domin-is**	**Templ-is**
Ab.	**Domin-o**	**Templ-o**	**Domin-is**	**Templ-is**

■ On notera que les datifs et ablatifs ont souvent la même désinence : c'est le contexte (la construction d'un verbe ou d'une préposition, la logique de la phrase) qui permet de déterminer, souvent par élimination, à quel cas, quel genre, quel nombre, voire à quelle nature de mot on a affaire.

Ex. : **pugno** peut être aussi bien la 1re pers. du verbe **pugnare,** *combattre*, que le dat. ou l'ab. sing. du nom **pugnus, i** (m.), *le poing*.

C 4 ÉTYMOLOGIE - CIVILISATION

■ La racine **equ-** de **equus,** *cheval*, nous a donné l'*équitation* ; le mot *cheval*, lui, vient également du latin **caballus**, à proprement parler *rosse*, terme populaire qui a peu à peu supplanté le classique **equus**. Le même **caballus** est à l'origine de nos *cavale, cavalier, cavalerie* et *caballe*.

■ La racine **cas-** de **caseus,** *fromage*, est restée dans le français *caséine*, dans l'espagnol **queso**, dans l'italien **cacio**, où il côtoie le **formaggio**. Le français *fromage* vient d'un autre mot latin **forma** *la forme*, c'est-à-dire le moule dans lequel on faisait les fromages. On retrouve d'ailleurs cette étymologie dans la *fourme*, et le **formaggio** italien. Mais la racine **cas-** s'est en revanche implantée dans l'allemand **Käse** ou l'anglais **cheese**.

IX ■ Vergilii librum amo.

A 1 PRÉSENTATION

■ **amo** *j'aime* — **amas** *tu aimes* — **amat** *il (elle) aime*

deleo *je détruis* — **deles** *tu détruis* — **delet** *il (elle) détruit*

lego *je lis* — **legis** *tu lis* — **legit** *il (elle) lit*

■ **audio** *j'entends* — **audis** *tu entends* — **audit** *il (elle) entend*

capio *je prends* — **capis** *tu prends* — **capit** *il (elle) prend*

■ Les infinitifs correspondants sont :

amare	*aimer*	(1re conjugaison)
delere	*détruire*	(2e conjugaison)
legere	*lire*	(3e conjugaison)
audire	*entendre*	(4e conjugaison)
capere	*prendre*	(3e conjugaison mixte)

■ On note les verbes ainsi :

amo, **as, are**	*aimer*
cogito, **as, are**	*penser*
habeo, **es, ere**	*avoir, posséder*
video, **es, ere**	*voir*
antepono, **is, ere** (+ datif)	*préférer (à)*

■

fabula, ae (f.)	*la fable, la fiction, la pièce de théâtre*
comoedia, ae (f.)	*la comédie*
theatrum, i (n.)	*le théâtre*
ergo	*donc*

A 2 APPLICATION

1. Legis Vergilii librum.
2. Amo Vergilii librum ; narrat enim antiquam historiam.
3. Ego antiquis historiis fabulas antepono.
4. Audisne in theatro Plauti comoediam ?
5. Audio et video comoedias multas.
6. Populus romanus amat et videt et audit et legit fabulas.
7. Populus pecuniam non habet.
8. Pecuniam non habeo.
9. Cogitas ergo es.
10. A poeta consilium capis.

A 3 REMARQUES

■ Pour les verbes comme pour les noms, il importe de savoir isoler radical et désinences (ou terminaisons).

A l'indicatif présent actif, les désinences des verbes sont

- **-o** (ou **m**) pour la 1re personne du singulier
- **-s** pour la 2e personne du singulier
- **-t** pour la 3e personne du singulier

■ Rappel : le pronom personnel n'est utilisé que pour marquer une insistance. Ce sont les désinences qui, à elles seules, servent à marquer la personne :

amas	*tu aimes*
tu, amas	*toi, tu aimes*

■ Il y a 5 conjugaisons en latin. Pour les distinguer, on note toujours les 1re et 2e personnes du singulier, suivies de l'infinitif.

1re conjugaison	**amo, as, are**	le **a** fait partie du radical
2 e conjugaison	**deleo, es, ere**	le **e** fait partie du radical
4 e conjugaison	**audio, is, ire**	le **i** fait partie du radical
3 e conjugaison	**lego, is, ere**	le radical se termine par une consonne
3 e mixte	**capio, is, ere**	le **i** n'est qu'une voyelle de liaison, il ne fait pas partie du radical, et, bien qu'il soit présent à la 1re personne, l'infinitif est en **-ere**, comme dans la 3e conjugaison :

cette conjugaison est donc un « mixte » de la 3e et de la 4e.

A 4 TRADUCTION

1. Tu lis un livre de Virgile.
2. J'aime le livre de Virgile, car il raconte l'histoire ancienne.
3. Moi je préfère les pièces de théâtre aux histoires anciennes.
4. Est-ce que tu entends la comédie de Plaute, au théâtre ?
5. Je vois et j'entends beaucoup de comédies.
6. Le peuple romain aime, voit, écoute et lit les pièces de théâtre.
7. Le peuple ne possède pas d'argent.
8. Je n'ai pas d'argent.
9. Tu penses donc tu existes.
10. Tu prends conseil (auprès) du poète.

B1 PRÉSENTATION

■ **amamus**	**delemus**	**legimus**
nous aimons	*nous détruisons*	*nous lisons*
amatis	**deletis**	**legitis**
vous aimez	*vous détruisez*	*vous lisez*
amant	**delent**	**legunt**
ils (elles) aiment	*ils (elles) détruisent*	*ils (elles) lisent*

audimus	*nous entendons*	**capimus**	*nous prenons*
auditis	*vous entendez*	**capitis**	*vous prenez*
audiunt	*ils (elles) entendent*	**capiunt**	*ils (elles) prennent*

■ **voco, as, are**	(1re conj.) :	*appeler, faire venir, nommer*
dico, is, ere	(3e conj.) :	*dire*
scribo, is, ere	(3e conj.) :	*écrire*
credo, is, ere	(3e conj.) :	*croire, faire confiance*
scio, is, ire	(3e conj.) :	*savoir*

■ **lingua, ae** (f.)	*la langue*
verbum, i (n.)	*le mot, le nom*
Latium, i (n.)	*Le Latium*
latinus, a, um	*latin(e)*
graecus, a, um	*grec (grecque)*
hebraïcus, a, um	*hébraïque, hébreu(e)*
britannicus, a, um	*britannique*
germanicus, a, um	*germain(e)*
solus, a, um	*seul(e)*
non solum... sed etiam	*non seulement... mais encore*
falsus, a, um	*faux, fausse ; mensonger(ère)*

B2 APPLICATION

1. **Vergilius et poetae multi Romae historiam scribunt.**
2. **Poetasne legitis, amici cari ?**
3. **Legimus amamusque ; nam latinam linguam scimus.**
4. **Graecamne etiam scitis ?**
5. **Non solum graecam et latinam, sed etiam gallicam et britannicam et germanicam et hebraïcam legimus.**
6. **Dicitis falsa. Falsa verba non credimus.**
7. **Romanorum linguam vocamus latinam.**
8. **Soline Romani in lingua latina scribunt ?**
9. **Non solum Romani sed etiam populi multi scribunt.**

B 3 REMARQUES

■ Les désinences du pluriel, à l'indicatif présent actif sont :

-mus	pour la	1re personne du pluriel
-tis	pour la	2e personne du pluriel
-nt	pour la	3e personne du pluriel.

Ce sont ces désinences, plus ou moins altérées par les lois phonétiques, qui expliquent les terminaisons des verbes français réguliers.

amo	*j'aime*	
amas	*tu aimes*	
amat	*il aime* →	mais **facit** *il fait*
amamus	*nous aimons*	
amatis	*vous aimez*	(**ts** → *z*)
amant	*ils aiment*	

L'infinitif présent actif est toujours en **-re**.

■ Il y a trois radicaux pour les verbes latins, d'où dérivent tous les temps ; le radical du présent
le radical du parfait
le radical du supin.

B 4 TRADUCTION

1. Virgile et de nombreux poètes écrivent l'histoire de Rome.
2. Lisez-vous les poètes, chers amis ?
3. Nous (les) lisons et (les) aimons ; car nous savons le latin.
4. Savez-vous aussi le grec ? (la langue grecque).
5. Nous lisons non seulement le grec et le latin, mais encore, le gaulois, le britannique, le germanique et l'hébreu.
6. Vous dites des mensonges. Nous ne croyons pas les mensonges. (m. à m. les paroles mensongères)
7. Nous appelons la langue des Romains le latin (la langue latine).
8. Est-ce que seuls les Romains écrivent en latin ?
9. Non seulement les Romains, mais encore de nombreux peuples écrivent (en latin).

A. **Version**

1. Saecula Romam non delent.
2. Vergilii libros amatis.
3. Non solum Vergilii libros, sed etiam Plauti fabulas legimus.
4. Fabius historiae anteponit comoediam.
5. Scis germanicam linguam.
6. Scribo lingua hebraïca.

B. **Thème**

1. Au théâtre, je vois et j'entends une pièce.
2. Entends-tu le cheval sur la route ?
3. Il sort de la forêt et détruit les champs.
4. Nous savons le latin.
5. Vous dites des mensonges (des mots mensongers).
6. Ils pensent donc ils sont.

C. **Conjugez** :

cogito, as, are	*penser*	(1re conjugaison)
habeo, es, ere	*posséder*	(2e conjugaison)
credo, is, ere	*croire*	(3e conjugaison)
facio, is, ere	*faire*	(3e mixte)
venio, is, ire	*venir*	(4e conjugaison)

C 2 CORRIGÉ

A. **Version**

1. Les siècles ne détruisent pas Rome.
2. Vous aimez les livres de Virgile.
3. Nous lisons non seulement les livres de Virgile, mais encore les pièces de Plaute.
4. Fabius préfère la comédie à l'histoire.
5. Tu sais l'allemand. (m. à m. la langue germanique)
6. J'écris en hébreu.

B. **Thème**

1. In theatro fabulam video audioque.
2. Audisne equum in via ?
3. E silva surgit et agros delet.
4. Scimus linguam latinam.
5. Falsa verba dicitis.
6. Cogitant ergo sunt.

C.

cogito	**habeo**	**credo**	**facio**	**venio**
cogitas	**habes**	**credis**	**facis**	**venis**
cogitat	**habet**	**credit**	**facit**	**venit**
cogitamus	**habemus**	**credimus**	**facimus**	**venimus**
cogitatis	**habetis**	**creditis**	**facitis**	**venitis**
cogitant	**habent**	**credunt**	**faciunt**	**veniunt**

■ Pour comprendre et retenir les conjugaisons, il importe de bien distinguer le radical, la désinence et la voyelle de liaison.

Parfois la désinence s'ajoute directement au radical :

ama-s *tu aimes*
dele-nt *ils détruisent*
audi-t *il entend*

Parfois elle s'accroche au radical par l'intermédiaire d'une voyelle de liaison :

leg-i-s *tu lis*
audi-u-nt *ils entendent*
leg-i-tis *vous lisez*

■ La principale difficulté tient à ce que le **i** fait parfois partie du radical (**audi-o**), parfois est une voyelle de liaison (**cap-i-o**). C'est pourquoi l'on donne toujours l'infinitif dans la « carte d'identité » d'un verbe : si celui-ci est en **-ire**, on sait qu'il s'agit de la 4ᵉ déclinaison (**audire**) ; s'il est en **-ere**, on sait qu'il s'agit de la 3ᵉ (**legere**) ou de la 3ᵉ mixte (**capere**).

C 4 ÉTYMOLOGIE - CIVILISATION

■ Divers peuples occupent l'actuelle Italie au moment de la fondation légendaire de Rome, en – 753. Les *Italiotes*, venus d'Europe centrale, les *Étrusques*, les *Sabins*, les *Latins*, les *Grecs*...

■ **Origine légendaire de Rome :** d'après la légende, racontée par le poète **Virgile** (– 70– 19 av. J.-C.) dans son œuvre ***L'Énéide***, **Énée**, prince troyen, fils du mortel **Anchise** et de la déesse **Aphrodite** (**Venus** pour les Romains), prit la mer pour chercher une nouvelle patrie à la fin de la guerre de Troie, qui vit la défaite et l'anéantissement de la ville. Après plusieurs tentatives, il s'arrêta en Italie, au bord du Tibre, y épousa **Lavinia**, fille du roi **Latinus**. **Énée** donna à son peuple le nom de « latin », et à son territoire celui de **Latium**.

■ Après sa mort, son fils **Ascagne** (ou **Iule**) fonda la ville d'**Albe**, (la ville *blanche*) métropole du Latium, et inaugura une dynastie de dix rois, jusqu'aux frères rivaux **Numitor** et **Amulius**.

■ On situe généralement cette épopée entre les XIIᵉ et VIIIᵉ siècles avant J.-C.

■ **Jules** (**Julius** ou **Iulius**) **César**, de la famille **Julia** prétendait descendre de **Iule**, donc d'**Enée**, donc de **Vénus.**

(à suivre p. 71)

A1 PRÉSENTATION

■ Les prépositions latines entraînent parfois **un seul cas** (**cum**, *avec* est toujours suivi de l'ablatif) parfois **deux cas** (**in**, peut être suivi soit de l'ablatif soit de l'accusatif).

ad (+ accusatif)	*vers, pour, jusqu'à*
inter (+ accusatif)	*entre, parmi*
prae (+ ablatif)	*devant, en comparaison de*
super (+ ablatif)	*au sujet de*
super (+ accusatif)	*sur, au-dessus de*

■ Placées devant un verbe ou un nom, elles deviennent préfixes.

absum (ab + ablatif)	*je suis loin de, je suis absent*
desum (+ datif)	*je manque à*
adsum in	*je suis présent, je suis là*
(+ datif)	*j'assiste*
intersum (+ datif)	*je suis parmi, je participe*
supersum (+ datif)	*je suis au-dessus, je survis à*
praesum (+ datif)	*je commande à, je dirige*

■ **patria, ae** (f.)	*la patrie*
provincia, ae (f.)	*la province, le département*
animus, i (m.)	*l'esprit, le courage*
bellum, i (n.)	*la guerre*
Olympia, ae (f.)	*Olympie*
Olympia, orum (n. pl.)	*les Jeux Olympiques*
Romulus, i (m.)	*Romulus*
Remus, i (m.)	*Rémus*
Titus, i (m.)	*Titus*

A2 APPLICATION

1. **Fabius legatos ad Titum mittit.**
2. **Inter Romulum et Remum bellum est.**
3. **Super Romuli historia Vergilius scribit.**
4. **Titus abest a patria : adest in provincia.**
5. **Animus deest Tito.**
6. **Galli Olympiis non intersunt.**
7. **Titus et Fabius praesunt romanae provinciae.**
8. **Bello gallico non superestis.**
9. **Animo ades pugnis.**
10. **Romulus Remo superest.**

A 3 REMARQUES

■ Les prépositions latines peuvent se combiner avec des verbes, dont elles deviennent le préfixe (*pré* = **prae,** *devant* ; **fixus** = *posé, fixé*). On parle alors de verbes composés. Les composés de l'auxiliaire **esse,** *être*, se conjuguent comme le verbe originel :

Je suis loin de, etc.	*nous sommes loin de*, etc.
absum	**absumus**
abes	**abestis**
abest	**absunt**

■ Ces verbes se construisent avec ou sans préposition :
absum a patria (ab + ablatif) *je suis absent de la patrie*
intersum ludo (datif seul) *je participe au jeu*

■ On indique toujours la construction qu'entraîne tel ou tel verbe :
supersum (+ datif) : *je survis* **à**

■ Le cas que commande un verbe n'est pas forcément le même que celui qu'entraîne la préposition seule :
de préposition entraîne l'ablatif :
de bello gallico scribo *j'écris au sujet de la guerre des Gaules*
Mais : **deesse amicitiae** (datif) : *manquer à l'amitié*

■ **Interest** employé de façon impersonnelle signifie : *il importe de...*
interest perseverare *il importe d'être constant.*

A 4 TRADUCTION

1. Fabius envoie des ambassadeurs à (chez, auprès de) Titus.
2. Il y a la guerre entre Romulus et Rémus.
3. Virgile écrit à propos de l'histoire de Romulus.
4. Titus est loin de la patrie : il est (présent) en province.
5. Le courage manque à Titus.
6. Les Gaulois ne participent pas aux Jeux Olympiques.
7. Titus et Fabius dirigent (président à) la province romaine.
8. Vous ne survivez pas à la guerre des Gaules (la guerre gauloise).
9. Par l'esprit, tu assistes aux combats.
10. Romulus survit à Rémus.

B 1 PRÉSENTATION

■ Les composés de **esse : posse,** *pouvoir*, et **prodesse** (+ dat.), *être utile à* ont une conjugaison irrégulière :

pos-sum *je peux*	**pro-sum** *je suis utile à*
pot-es	**prod-es**
pot-est	**prod-est**
pos-sumus	**pro-sumus**
pot-estis	**prod-estis**
pos-sunt	**pro-sunt**

■ Le verbe peut avoir un verbe pour C.O.D. :
possum videre *je peux voir*
cupio scire *je désire savoir*

■ Certains verbes peuvent avoir comme C.O.D. une proposition entière, que l'on appelle proposition infinitive :
Dico vitam jucundam esse *je dis que la vie est agréable*

■

vita, ae (f.)	*la vie*
disciplina, ae (f.)	*l'étude, l'apprentissage, la discipline*
discipulus, i (m.)	*l'élève, le disciple*
magister, tri (m.)	*le maître, l'enseignant*
humanus, a, um	*humain(e)*
erro, as, are	*se tromper, s'égarer, errer*
laboro, as, are	*travailler*
incipio, is, ere	*commencer*
cupio, is, ere	*désirer*
etiam	*aussi, même*

B 2 APPLICATION

1. **Possumus errare.**
2. **Credo magistros etiam errare.**
3. **Disciplui latinae linguae disciplinam incipere cupiunt .**
4. **Potestis, sine cura nec magistro, laborare.**
5. **Humana vita sine magistris incipere non potest.**
6. **Prosuntne magistri discipulis ?**
7. **Credo magistros discipulis prodesse.**
8. **Non credo : scio discipulum solum laborare posse.**
9. **Disciplina prodest humanae vitae.**
10. **Non erras : scis vitam disciplinam esse.**

B 3 REMARQUES

■ L'irrégularité des conjugaisons de **posse,** *pouvoir,* et de **prodesse,** *être utile,* a des raisons phonétiques :
- devant une voyelle, le radical est **pot-**(**pot-es**) ou **prod-**(**prod-es**)
- devant une consonne, le radical est **pos-**(pos-**sum**) ou **pro-**(**pro-**sum)

■ Comme en français, le verbe latin peut être sujet, attribut ou C.O.D. d'un autre verbe :

Errare humanum est	*se tromper est humain*	(**errare** sujet de **est**)
Amare est cupire	*aimer, c'est désirer*	(**cupire** attribut de **amare**)
Cupio legere	*je désire lire*	(**legere** C.O.D. de **cupio**)

■ La proposition infinitive, très fréquente en latin, s'emploie après des verbes exprimant une déclaration, une connaissance, une opinion. La subordonnée, au lieu d'être introduite par une conjonction (comme en français : *je crois* **que** *la vie est belle*) est directement C.O.D. du verbe : il n'y a pas de mot subordonnant, le sujet de la subordonnée est à l'accusatif, et le verbe à l infinitif.

La traduction en mot à mot en explique le mécanisme :
Credo vitam esse jucundam *je crois la vie être agréable*

■ On trouvera fréquemment cette construction après les verbes **dico, credo, scio, cupio, puto, video, audio...**

B 4 TRADUCTION

1. Nous pouvons nous tromper.
2. Je crois que les maîtres aussi se trompent.
3. Les disciples désirent commencer l'apprentissage du latin.
4. Vous pouvez travailler, sans souci ni maître.
5. La vie humaine ne peut commencer sans maîtres.
6. Est-ce que les maîtres sont utiles aux élèves ?
7. Je crois qu'ils (les maîtres) le sont.
8. Je ne (le) crois pas : je sais qu'un élève peut travailler seul.
9. L'étude est utile à la vie humaine.
10. Tu n'as pas tort (tu ne te trompes pas) : tu sais que la vie est un apprentissage.

A. **Version**

1. Galli bello supersunt.
2. Potestis historiam in lingua latina legere.
3. Dicimus discipulos sine magistro laborare.
4. Magister disciplinae prodest.
5. Scisne bellum inter Gallos Romanosque esse ?
6. Credo Romam Galliamque bellis superesse.

B. **Thème**

1. Je commence à savoir lire le latin (la langue latine).
2. Tu peux même raconter une histoire.
3. Titus n'assiste pas à la guerre : manque-t-il de courage ? (m. à m. : le courage manque-t-il à Titus ?)
4. Nous savons que Titus est absent de la province.
5. Vous dites que les Jeux Olympiques sont utiles à la patrie.
6. Les Jeux Olympiques survivent à l'histoire ancienne.

C. **Analysez dans les phrases de version :**

1. **historiam** 2. **discipulos**

C2 CORRIGÉ

A. **Version**

1. Les Gaulois survivent à la guerre.
2. Vous pouvez lire une histoire en latin.
3. Nous disons que les disciples travaillent sans maître.
4. Un maître est utile à l'apprentissage.
5. Sais-tu qu'il y a une guerre entre les Gaulois et les Romains ?
6. Je crois que Rome et la Gaule survivent aux guerres.

B. **Thème**

1. Incipio linguam latinam legere scire.
2. Potes etiam historiam narrare.
3. Titus bello non adest. Deestne animus Tito ?
4. Scimus Titum a provincia abesse.
5. Dicitis Olympia patriae prodesse.
6. Olympia antiquae historiae supersunt.

C. **Analyse**

1. **historiam :** — accusatif singulier de **historia, ae** (f.) : *l'histoire*
   — C.O.D. du verbe legere.
2. **discipulos :** — accusatif pluriel de **discipulus, i,** (m.) : *le disciple*
   — sujet du verbe laborare, dans la proposition infinitive voulue par le verbe principal **dicimus** (**dicere,** *dire* est un verbe déclaratif).

■ Les prépositions devenant préfixes forment des verbes composés aux multiples nuances de sens.
Inter + **esse** → **interesse** (m. à m. *être entre*).

- Peut avoir un sens physique :
  « être dans l'intervalle », d'où *« séparer » :*
  Rhodanus inter Galliam et Italiam interest :
  le Rhône sépare la Gaule de l'Italie.
- Il peut avoir aussi le sens de *« faire la différence »* :
  sapientia interest inter stultos et ingeniosos :
  la sagesse fait la différence entre les imbéciles et les malins.
- Il peut aussi signifier *être parmi* (toujours + datif dans ce cas) ou *importer à…, être de l'intérêt de… :* **mihi interest** *il m'importe.*
- Cette grande variété de sens se retrouve dans de nombreux verbes latins.

■ Les préfixes français viennent souvent du latin :
inter est présent dans ***inter****-valle,* ***inter****-section,* ***inter****-vention,* ***inter****-esser…*
ab donne au français le préfixe privatif que l'on a dans ***ab****-sence,* ***ab****-lation,* ***ab****-roger,* ***ab****-scons,* ***ab****-strait,* ***ab****-solu…*

C4 ÉTYMOLOGIE - CIVILISATION

■ Les deux formes **pos-** ou **pot-** du radical de **posse,** *pouvoir,* ont donné ***pos****-sible* ou ***pot****-entiel* et ***pot****-entat, omni-***pot***-ent.*
■ Le mot *sinécure* est la transcription de l'expression **sine cura :** *sans souci,* et désigne donc tout poste ou fonction n'exigeant que peu de dépense intellectuelle ou manuelle.
■ **Origine légendaire de Rome** (suite) : les deux héritiers du trône, **Numitor** et **Amulius** (cf. p. 65) se battent. Amulius renversa Numitor, dont il tua le fils, et voua la fille, **Rhea Silvia,** au culte de la déesse **Vesta** (déesse de la chasteté dont les prêtresses, les *« Vestales »* devaient rester vierges). Mais le Dieu de la guerre, **Mars,** « visita » Rhea Silvia, qui donna naissance à deux jumeaux, **Romulus** et **Remus.**
Furieux, Amulius ordonna de jeter les nouveau-nés dans les eaux du **Tibre** en crue. Mais le Tibre rejeta les enfants au pied du mont **Palatin.** Là, une louve leur offrit ses mamelles. Témoin du prodige, un berger recueillit les enfants, les fit élever par sa femme.
A 18 ans, Romulus et Rémus ont la révélation de leur naissance. Ils massacrent Amulius et rétablissent Numitor sur le trône.

(A suivre p. 89)

A1 PRÉSENTATION

■ La question *où ?* se traduit par **ubi ?** (sans mouvement).
Le relatif *(là) où,* par **ubi.**

Ubi es ?	*où es-tu ?*
Hic sum, ubi sumus	*je suis ici, où nous sommes*
Adsum in cubiculo	*je suis* (présent) *dans la chambre*
Ades Romae	*tu es* (présent) *à Rome*

■ **scaena, ae** (f.)	*la scène* (partie du théâtre)
statua, ae (f.)	*la statue*
incola, ae (m.)	*l'habitant*
cubiculum, i (n.)	*la chambre à coucher*
forum, i, (n.)	*la place publique, le « forum »*
Athenae, arum (f. pl.)	*Athènes*
Syracusae, arum (f. pl.)	*Syracuse.*
Sicilia, ae, (f.)	*la Sicile*
medius, a, um	*qui est au milieu, intermédiaire, central(e)*
apud (+ acc.)	*chez, près de*
sto, as, are	*se tenir debout, se dresser, être là*
soleo, es, ere	*avoir coutume de*
incolo, is, ere (+ acc.)	*habiter, vivre à*
clamo, as, are	*crier, déclamer*
hic	*ici* (sans mouvement)
ibi	*là* (sans mouvement)

A2 APPLICATION

1. **Ubi stant statuae ?**
2. **Statuae in horto stant, apud viam.**
3. **In cubiculo adsunt Titus et Flavia, ubi adesse solent.**
4. **Ubi sunt Romani ?**
5. **Romani sunt aut Romae, aut in provincia.**
6. **Romamne incolitis ?**
7. **Incolimus Syracusas, in Sicilia, apud filium.**
8. **Ubi sunt Syracusarum incolae ?**
9. **In theatro adsunt, aut in foro.**
10. **In medio foro video Marcum.**
11. **In media scaena adest Fabius. Ibi clamat.**

A 3 REMARQUES

■ **Ubi**, comme *où* en français peut être interrogatif ou relatif : *où ?* et *(là) où*.

Question ou réponse, il désigne toujours le lieu où l'on se trouve, sans mouvement.

En effet, le complément circonstanciel de lieu se construit différemment, en latin, selon que la question posée implique ou non un mouvement.

Ubi = *où* sans mouvement : question de localisation, de situation.

La réponse se donne à l'ablatif, avec ou sans préposition.

Sumus in theatro *nous sommes au théâtre*

■ Toutefois, certaines prépositions entraînant l'accusatif peuvent répondre à la question **ubi** :

sumus in horto, apud Marcum *nous sommes dans le jardin, chez Marc.*

■ Si le complément est un nom de ville, et pour certains mots particuliers (**domus** : *la maison*, **rus** : *la campagne*), le complément circonstanciel se met non pas à l'ablatif précédé de la préposition **in**, mais à un ancien cas, le locatif (→ **loc-us** : le lieu), qui a une désinence en :

-ae pour la première déclinaison : **Sum Lutetiae** *je suis à Lutèce*
-i pour la deuxième déclinaison: **Sum Lugduni** *je suis à Lyon*

■ Certains noms de ville n'existent qu'au pluriel : **Athenae, arum** : *Athènes* ; **Syracusae, arum** : *Syracuse*.

A 4 TRADUCTION

1. Où se dressent les statues ?
2. Les statues se dressent dans le jardin, près de la rue.
3. Titus et Flavie sont dans la chambre, où ils ont coutume d'être.
4. Où sont les Romains ?
5. Les Romains sont soit à Rome, soit en province.
6. Habitez-vous Rome ?
7. Nous habitons Syracuse, en Sicile, chez (notre) fils.
8. Où sont les habitants de Syracuse ?
9. Ils sont au théâtre, ou bien sur la place.
10. Au milieu du forum, je vois Marc.
11. Fabius est au milieu de la scène. Là il crie.

B 1 PRÉSENTATION

■ La question *où ?* (avec mouvement vers) se traduit par **quo ?**
Le relatif *(là vers) où* se traduit par **quo**.

Eo in cubiculum *je vais dans la chambre*
Eo Romam *je vais à Rome*

In (+ acc.)	*vers*
ad (+ acc.)	*vers, contre* (avec mouvement)
	près de, chez (avec ou sans mouvement)
usque... ad	*jusque, jusqu'à...*

eo, is, ire	*aller*
ineo, is, ire	*entrer dans, pénétrer*
vado, is, ere	*s'en aller, aller, partir*
navigo, as, are	*naviguer vers, aller (en bateau) à*
duco, is, ere	*conduire*
adduco, is, ere	*conduire vers, amener, apporter*
Rhodanus, i (m.)	*le Rhône*
Nemausum, i (n.)	*Nîmes*
Graecia, ae (f.)	*la Grèce*
insula, ae (f.)	*l'île*
Lutetia, ae (f.)	*Lutèce*
paene (adv.)	*presque*

B 2 APPLICATION

1. **Quo it Marcus ?**
2. **Marcus it in hortum, apud viam.**
3. **In cubiculum eunt Titus et Flavia, quo venire solent.**
4. **Venimus Lutetiam, apud filios.**
5. **Non initis viam rectam.**
6. **Romani Rhodani aquam usque ad Nemausum adducunt.**
7. **Insulae incolae vadunt quo fortuna vocat.**
8. **In Graeciam, paene insulam, navigant multi nautae.**
9. **Graecia theatri patria est ; nam incolae saepe in theatrum eunt.**
10. **Init Fabius (in) scaenam. Vocat.**

B 3 REMARQUES

■ **Quo**, comme *où* en français, peut être interrogatif ou relatif.

- Question ou réponse, il désigne toujours le lieu où l on va, vers lequel on se dirige, avec mouvement.
- La réponse se donne à l'accusatif, avec une préposition (sauf pour les noms de villes et **domus, rus**, qui se mettent à l'accusatif sans préposition).

■ Certaines prépositions peuvent se construire soit avec l'ablatif soit avec l'accusatif :

in (+ ablatif) : *dans* (sans mouvement), *en*
Sumus in Gallia *nous sommes en Gaule*

in (+ accusatif) : *dans, vers, en* (avec mouvement)
Imus in Galliam *nous allons en Gaule*

sub (+ ablatif) : *sous* (sans mouvement)
(+ accusatif) : *sous* (avec mouvement)
Sub terra sumus *nous sommes sous terre*
Sub terram imus *nous allons sous terre*

■ On emploie **ad** ou **apud** (toujours suivis de l'accusatif, avec ou sans mouvement) de préférence à **in** pour marquer un voisinage, ou s'il s'agit d'une personne :

adsum apud Marcum *je suis chez Marc*
Galli sunt ad rivum *les Gaulois sont près de la rive*

B 4 TRADUCTION

1. Où va Marc ?
2. Marc va dans le jardin, près de la route.
3. Titus et Flavie vont dans la chambre où ils ont coutume de venir.
4. Nous venons à Lutèce, chez (nos) fils.
5. Vous ne prenez pas (vous n'entrez pas) la bonne route.
6. Les Romains conduisent l'eau du Rhône jusqu'à Nîmes.
7. Les habitants de l'île s'en vont où le sort les appelle.
8. De nombreux marins naviguent vers la Grèce, (qui est), presque une île.
9. La Grèce est la patrie du théâtre : les habitants vont souvent au théâtre.
10. Fabius entre en scène. Il appelle.

A. **Version**

1. Ubi estis ?
2. In Graecia, Athenis sumus.
3. Quo itis ?
4. In Italiam, Romam imus.
5. Duco Fabium in Titi hortum, quo venit etiam Julius.
6. Es in medio foro, ubi superest antiqua Roma.
7. Romani multi incolunt Nemausum, apud Rhodanum.
8. Nautae solent usque ad insulas navigare.

B. **Thème**

1. Où est Jules ?
2. Jules est dans son bain ou dans sa chambre.
3. Vas-tu à Lutèce ?
4. Non, je vais à Nîmes, chez (mes) amis.
5. La route ne mène pas vers le Rhône.
6. Je crois que Jules n'est pas là.
7. Il est au théâtre, où Fabius entre en scène.

C. **Analyse**

Justifiez les choix des compléments circonstanciels de la dernière phrase de thème.

C2 CORRIGÉ

A. **Version**

1. Où êtes-vous ?
2. Nous sommes en Grèce, à Athènes.
3. Où allez-vous ?
4. Nous allons en Italie, à Rome.
5. Je mène Fabius dans le jardin de Titus, où vient aussi Jules.
6. Tu es au milieu du forum, où survit la Rome antique.
7. De nombreux Romains habitent Nîmes, près du Rhône.
8. Les marins ont coutume de naviguer jusqu'aux îles.

B. **Thème**

1. Ubi est Julius ?
2. Julius est in balneo, aut in cubiculo.
3. Lutetiamne is ?
4. Non eo Lutetiam, eo Nemausum, apud amicos.
5. Via ad Rhodanum non ducit.
6. Credo Julium ibi non adesse.
7. In theatro adest, ubi Fabius in scaenam init.

C. **Analyse :**

in theatro : in + ablatif puisque le verbe **adesse** signifie *être là,* sans mouvement ;
in scaenam : in + acc. puisque *Fabius se dirige vers la scène.*

■ Certains adjectifs, comme **medius, a, um** ont plusieurs sens : **medius, a, um** peut signifier : *central(e), qui est au milieu* : **medius locus mundi** *le milieu du monde* (le lieu central du monde).

Ou bien : *qui constitue le milieu d'un objet* :

in media insula *au milieu de l'île*

(Noter que, selon le contexte, on peut aussi traduire : dans l'île du milieu.)

C'est le contexte qui aide à choisir le sens approprié.

■ **ineo** est composé de **eo,** *je vais* et de la préposition **in,** *dans*

adduco est composé de **duco,** *je mène* et de la préposition **ad,** *vers*

On retrouve ces préfixes en français dans ***in**-gérer,* ***in**-haler,* ***in**-scrire...* ***ad**-dition,* ***ad**-hérer,* etc.

■ Conjugaison de **ire** *aller* (radical : **i-**) :

SING.		PLUR.	
eo	*je vais*	**imus**	*nous allons*
is	*tu vas*	**itis**	*vous allez*
it	*il va*	**eunt**	*ils vont*

C 4 ÉTYMOLOGIE - CIVILISATION

■ *Aqueduc* est la transposition de **aquam ducere** : *conduire l'eau* ; le célèbre aqueduc du *Pont du Gard* était destiné à *Nîmes*, ville de la Gaule narbonnaise.

■ Une *péninsule* est une *« presqu'île »* : **paene insula**. Le français *île* dérive du latin **insula**, dont le **s** central est resté d'abord dans *isle*, toujours attesté dans la toponymie, puis a laissé sa trace sous la forme de l'accent circonflexe de l'île.

En revanche la forme classique est restée, sans évolution phonétique notable dans *insulaire* : habitant d'une *île*.

■ Le terme de **provincia**, qui a donné province, désigne à l'origine le domaine sur lequel un magistrat exerce son autorité. A partir de – 227, alors que s'étend la conquête romaine, la *province* est une possession romaine hors de l'Italie.

- En – 120, les Romains prennent la Gaule narbonnaise (fondant *Narbonne*) qui correspond à tout le sud méditerranéen de la France. Cette province devint la **provincia romana** par excellence, et c'est de là que la *Provence* tire son nom.
- La *Gaule cisalpine* (en deçà des Alpes, vu de Rome) fut conquise en – 81, et la *Gaule transalpine* (au-delà des Alpes), en – 51, par J. César.

A 1 PRÉSENTATION

■ La question *d'où ?* se traduit par **unde ?**
Le relatif *(là) d'où* **unde.**

inde.. unde	*là... d'où*
unde venis ?	*d'où viens-tu ?*
venio ex Gallia	*je viens de Gaule*
redeo Roma	*je reviens de Rome*

■

exeo, is, ire	*sortir (de)*
redeo, is, ire	*revenir (de)*
reduco, is, ere	*ramener (de), rapporter (de)*
refero, refers, referre (cf. conj. p. 145)	*rapporter*
educo, is, ire	*sortir (de), évacuer*
revoco, as, are	*rappeler (de)*
taceo, es, ere	*se taire*

■

porta, ae (f.)	*la porte (de la ville)*
taberna, ae (f.)	*la boutique, l'échoppe, l'auberge, la taverne, la loge (de théâtre)*
cloaca, ae (f.)	*l'égout*
unguentum, i (f.)	*le parfum, l'onguent*
italicus, a, um	*italique, d'Italie*
purus, a, um	*pur(e), propre*
pollutus, a, um	*souillé(e), sale, impur(e)*
inde	*de là*

A 2 APPLICATION

1. **Unde venit Marcus ?**
2. **Marcus ex horto venit, apud viam.**
3. **E cubiculo veniunt Titus et Flavia, unde exire solent.**
4. **Redimus Lutetia, a filia.**
5. **Ex italicae portae tabernis, unguenta nova referimus.**
6. **E silva servos dominus educit.**
7. **Romani adducunt puram aquam de Rhodano ad Nemausum.**
8. **Inde, reducunt pollutam aquam usque ad cloacas.**
9. **Populus revocat Fabium de taberna.**
10. **Exit Fabius. Tacet.**

A 3 REMARQUES

■ A la question **unde ?** *d'où ?*, portant sur l'origine, le point de départ, le retour, le latin répond par **ab** (ou **a** devant consonne), ou **ex** (**e** devant consonne) + ablatif.

venio a filio *je viens de chez mon fils*
redeo ex Italia *je reviens d'Italie*
(**ab** est employé devant un nom de personne).

Et par l'ablatif seul s'il s'agit d'un nom de ville (+ **domus, rus, humus**).

Redeo Roma *je reviens de Rome*

- On notera que l'éloignement, l'absence, la privation se marquent par les mêmes prépositions ou suffixes **ab (a)** ou **ex (e)**.

■ Le latin dit **a dextra** *à droite* (du côté droit)
a sinistra *à gauche* (du côté gauche).

■ Rappel : il y a 6 « cas » en latin (v. définition, p. 19)

1. le *nominatif* (p. 19) : cas du sujet et de l'attribut
2. le *vocatif* (p. 31) : cas de l'interjection, de l'apostrophe
3. l'*accusatif* (p. 37) : cas du complément d'objet direct (C.O.D.)
4. le *génitif* (p. 43) : cas de l'origine, de l'appartenance
5. le *datif* (p. 49) : cas du complément d'attribution
6. l'*ablatif* (p. 53) : cas du lieu, du moyen, de la manière

A 4 TRADUCTION

1. D'où vient Marc ?
2. Marc vient du jardin, près de la route.
3. Titus et Flavie viennent de la chambre, d'où ils ont coutume de sortir.
4. Nous revenons de Lutèce, de chez notre fille.
5. Des boutiques de la porte d'Italie, nous rapportons des parfums nouveaux.
6. Le maître fait sortir les esclaves de la forêt.
7. Les Romains amènent l'eau propre, du Rhône jusqu'à Nîmes.
8. De là, ils ramènent l'eau sale jusqu'aux égouts.
9. Le peuple rappelle Fabius de sa loge.
10. Fabius sort. Il se tait.

B 1 PRÉSENTATION

■ La question *par où ?* se traduit par **qua ?**
Le relatif *(là) par où se traduit par* **qua.**

qua transis ?	*par où passes-tu ?*
per Galliam transeo	*je passe par la Gaule*
Italica porta transeo	*je passe par la porte d'Italie*

per + accusatif	*par, à travers, par-dessus* (avec ou sans mouvement)
trans + accusatif	*au-delà de, par-delà, de l'autre côté de*

transeo, is, ire	*traverser, passer par*
pereo, is, ire	*passer au-delà, périr, mourir*
traduco, is, ere	*faire passer, conduire au-delà de, traduire*
perduco, is, ere	*conduire jusqu'à, prolonger*
plaudo, is, ere	*applaudir*
mundus, i (m.)	*le monde, l'univers*
gloria, ae (f.)	*la gloire*
vadum, i (n.)	*le gué*
naufragium, ii (n.)	*le naufrage*
sacer, cra, crum	sacré(e)
sic	*ainsi*

B 2 APPLICATION

1. **Qua transit Marcus ?**
2. **Marcus per hortum transit, trans viam.**
3. **Titus et Flavia per cubiculum transeunt, qua amicos traducunt.**
4. **Transitisne ex Italia in Siciliam per Galliam ?**
5. **Julius transit Rhodanum vado : perire naufragio non potest.**
6. **Romani aquam de Rhodano ad Nemausum per provinciam perducunt.**
7. **Fabius scaenam transit. Populus non plaudit.**
8. **Sic transit gloria mundi.**

B 3 REMARQUES

■ A la question **qua ?** *par où ?* le latin répond par **per** + accusatif : *par, à travers.*

Les noms de routes ou de portes se mettent à l'ablatif seul :

transeo	**via sacra**	*je passe par*	*la Voie Sacrée*
	italica porta		*la porte d'Italie*

Ce qui s'explique par une légitime confusion entre compléments circonstanciels de lieu et de moyen que l'on retrouve dans **vado,** *je passe par le gué* (lieu et moyen à la fois).

■ La préposition **trans**, *de l'autre côté*, perd souvent ses deux dernières consonnes lorsqu'elle devient préfixe.

trans-eo	*je traverse.*
Trans-mitto	*je transmets, j'envoie à*
tra-duco	*je fais traverser, je mène de l'autre côté*
tra-do	*je transmets, je remets à.*

■ La préposition **per** *au-delà*, a aussi le sens de *jusqu'au bout, complètement.*

Per forum *à travers tout le forum, de long en large*

■ Pour les Romains la mort est un passage dans l'au-delà :

per-ire *aller au-delà*, c.à.d. *périr*

B 4 TRADUCTION

1. Par où passe Marc ?
2. Marc passe par le jardin, de l'autre côté de la route.
3. Titus et Flavie passent par la chambre, par où ils font passer (leurs) amis.
4. Passez-vous d'Italie en Sicile par la Gaule ?
5. Jules traverse le Rhône à gué : il ne peut périr d'un naufrage.
6. Les Romains conduisent l'eau du Rhône à Nîmes à travers la province.
7. Fabius traverse la scène. Le peuple n'applaudit pas.
8. Ainsi passe la gloire du monde.

A. **Version**
1. Unde venimus ?
2. Venimus e Sicilia, Syracusis.
3. Qua e Gallia reditis ?
4. E Gallia per provinciam romanam redimus.
5. Unde unguenta reducis ?
6. Unguenta reduco e Viae Sacrae taberna.
7. Qua redis ?
8. Redeo porta italica, per hortos.

B. **Thème**
1. D'où viennent les enfants ?
2. Les enfants viennent du jardin.
3. De Gaule en Italie, par où passes-tu ?
4. Je passe par la province, au-delà du Rhône.
5. Par où les Romains font-ils passer les eaux sales ?
6. Les Romains font passer les eaux sales par les égoûts.

C. **Analyse**
Justifiez : **Syracusis**

C 2 CORRIGÉ

A. **Version**
1. D'où venons-nous ?
2. Nous venons de Sicile, de Syracuse.
3. Par où revenez-vous de Gaule ?
4. Nous revenons de Gaule par la Provence (la province romaine).
5. D'où rapportes-tu tes parfums ?
6. Je rapporte mes parfums d'une boutique de la Voie Sacrée.
7. Par où reviens-tu ?
8. Je reviens par la porte d'Italie (en passant) par les jardins.

B. **Thème**
1. Unde veniunt pueri ?
2. Pueri ex horto veniunt.
3. E Gallia in Italiam, qua transis ?
4. Transeo per provinciam, trans Rhodanum.
5. Qua Romani pollutas aquas educunt ?
6. Romani aquas pollutas cloacis educunt.

C. **Analyse**
– **Syracusis** : ablatif sans préposition puisqu'il s'agit d'un nom de ville.
ablatif pluriel puisque **Syracusae, arum** est toujours au pluriel.

■ Les différents compléments circonstanciels de lieu ont souvent un sens plus large, plus abstrait que la stricte détermination locale.

Les prépositions **ex (e), ab (a),** *de*, qui gouvernent toujours l'ablatif, peuvent entrer dans la composition des verbes, qui prennent alors un sens d'origine, d'éloignement :

ex-eo	*je sors de*
ab-eo	*je m'éloigne, je quitte*
ab-duco	*j'emmène, je sépare, je détache, je détourne*
de-duco	*je fais descendre, je sépare, je déduis*

■ Il en va de même pour les prépositions **per** et **trans**, qui entraînent toujours l'accusatif, et qui entrent dans la composition de verbes prenant alors un sens de traversée, de passage, ou de ***per**-fection* :

trans-eo	*je traverse, je passe au-delà, je passe outre*
tra-duco	*je fais traverser, je traduis*
per-eo	*je passe de l'autre côté, je meurs*
per-duco	*je conduis d'un point à un autre, je prolonge*

On retrouve ces préfixes en français *(**ex**-il, **ab**-duction, **de**-duction, **trans**-ition, **trans**-itif, **tra**-duction, **per**-fection...)*

Il importe de ne pas confondre le préfixe **a** ou **ab** de privation *(**ab**-duction)* avec le préfixe **ad** de direction *(**ad**-duction)*.

C 4 ÉTYMOLOGIE - CIVILISATION

■ Le **forum** est le cœur de la ville romaine. A l'origine c'est la place publique, la place du marché, le marché lui-même (**forum piscarium** : le marché aux poissons). Puis le forum symbolise la vie publique, les affaires publiques, la vie politique. A Rome, on y trouve des sanctuaires, des temples, mais aussi le Sénat, la prison. On y rend la justice, on y harangue le peuple.

En Province, le mot **forum**, accompagné d'un qualificatif, désigne de nombreuses villes ou bourgs. Ainsi le **Forum Julii** (forum de Jules), ou **forojuliensis colonia** (colonie du forum julien) nous a donné *Fréjus*.

■ Ce sont les *Étrusques* qui introduisent à Rome une architecture orientale très élaborée, en particulier la voûte en plein cintre, qui est utilisée à des fins pratiques : égouts, aqueducs... et font de Rome avec son **Cloaca Maxima** *(Grand Égout)* une ville moderne, dès le ve siècle avant J.-C.

A 1 PRÉSENTATION

■ Autres prépositions latines toujours suivies de l'accusatif :

adversus	*en face de, contre*
ante	*devant, avant*
post	*derrière, après*
circa, circum	*autour de*
juxta	*à côté de*

• Les prépositions ci-dessus peuvent être employées comme adverbes, c'est-à-dire sans complément.

■

fluo, is, ere	*couler*
circumfluo, is, ere	*couler autour de, entourer (en coulant)*
pono, is, ere	*poser*
depono, is, ere	*déposer*
certo, as, are	*lutter, se battre*
positus, a, um	*posé(e), situé(e)* (p.p. de **pono**)
arena, ae (f.)	*le sable*
lupus, i, (m.)	*le loup*
lupa, ae (f.)	*la louve*
fluvius, ii (m.)	*le cours d'eau*
Palatium, ii (n.)	*le mont Palatin*
Capitolium, ii (n.)	*le mont Capitole*

A 2 APPLICATION

1. **Lupus ambulat circum.**
2. **Lupa ambulat circum Palatium.**
3. **Fluvius deponit Romulum Remumque ante Palatium.**
4. **Rhodanus circumfluit insulas multas.**
5. **Palatium non juxta Rhodanum positum est, sed in Latio, adversus Capitolium.**
6. **Etiam scimus Sequanam Lutetiam circumfluere.**
7. **Aqua fluit circum Romulum.**
8. **Pueri adversus fluvii aquas certare non possunt.**
9. **Statua lupae sacrae ante Palatium posita est.**

A 3 REMARQUES

■ Les prépositions latines, très nombreuses, et de sens très nuancés, sont souvent à l'origine des adverbes. (**ad-verbum**, *à côté du mot*).

- L'adverbe n'a pas de complément :
  circum *autour, aux alentours*
  circum stant *ils se tiennent (là) autour*
- Devenu préposition, il entraîne un complément (**prae-positio**, *position devant*) à tel ou tel cas :
  circum lupum stant *ils se tiennent autour du loup*
- Ces pré-positions à leur tour peuvent devenir préfixes, d'un verbe (ou d'un nom) qu'on appelle alors composé : ce verbe se construit de façon transitive ou non :
  circumstant lupum ils entourent *le loup* (**lupum** C.O.D.).

  Un verbe « de base » peut prendre ainsi de nombreux sens :
  mitto *j'envoie*
  committo (**cum-**mitto) *je confie, j'engage*
  transmitto (**trans-**mitto) *je transmets*
  admitto (**ad-**mitto) *je laisse entrer, je permets, j'admets*

■ Notons que le mot *circonstanciel* vient précisément de **circum-stare** : les circonstances sont les données qui « entourent » une action : lieu, temps, cause, moyen, etc.

A 4 TRADUCTION

1. Un loup se promène aux alentours.
2. Une louve se promène autour du mont Palatin.
3. Le cours d'eau dépose Romulus et Remus devant le Palatin.
4. Le Rhône (coule autour de) entoure de nombreuses îles.
5. Le Palatin n'est pas situé près du Rhône, mais dans le Latium, en face du Capitole.
6. Nous savons aussi que la Seine entoure Lutèce.
7. L'eau coule autour de Romulus.
8. Les enfants ne peuvent lutter contre les eaux du cours d'eau.
9. Une statue de la louve sacrée (est située) se trouve devant le Palatin.

B1 PRÉSENTATION

■ Autres prépositions entraînant l'ablatif :

prae *devant, en comparaison de,*
pro *devant, au lieu de, pour*

■ **patriae causa**	*pour la patrie*
dei gratia	*pour l'amour du dieu*
magistri loco	*à la place du maître*
■ **praepono, is, ere**	*faire passer devant, à la place de, préposer* + dat.
imprimo, is, ere	*tracer, imprimer*
propono, is, ere	*placer devant, présenter, proposer*
causa, ae (f.)	*la cause, l'origine, la raison*
gratia, ae (f.)	*la faveur, l'obligeance, le bienfait, la grâce*
aratrum, i (n.)	*la charrue*
sulcus, i (m.)	*le sillon*
gladius, i (m.)	*le glaive, l'épée*
ira, ae (f.)	*la colère*
occido, is, ere	*tuer*
primus, a, um	*premier(ère)*
ultimus, a, um	*dernier(ère)*
quadratus, a, um	*carré(e)*
Aventinus, i (m.) ou **Aventinum, i** (n.)	*le Mont Aventin*

B2 APPLICATION

1. **Prae Remo, Romulus beatus est.**
2. **Fortuna praeponit Romulum Remo.**
3. **Romulus sulcum aratro imprimit pro agricolis.**
4. **Remus transit sulcum, Romulo non paret.**
5. **Deorum gratia, et irae causa, Romulus Remum occidit.**
6. **Romulus Remum gladio occidit.**
7. **Primum sulcum proponit pro sacro loco.**
8. **Dei loco, ultimum verbum dicit.**
9. **Romuli gratia, non in Aventino sed in Palatio Roma Quadrata posita est.**

B 3 REMARQUES

■ Les prépositions **prae** et **pro**, qui entraînent l'ablatif, entrent elles aussi fréquemment dans la composition de verbes ou de noms. On les retrouve en français : *pré-* **(prae)** ou *pro-*, et ont une grande variété de sens.

Elles ne fonctionnent jamais comme adverbe.

■ De nombreux adverbes de manière sont formés à partir de l'ablatif neutre singulier d'adjectifs : il faut comprendre **raro,** *rarement* comme « de façon rare » : ablatif neutre singulier de **rarus, a, um** *rare.*

■ Certains noms, utilisés à l'ablatif singulier fonctionnent eux, comme des prépositions : **causa, gratia** ou **loco** sont les ablatifs singuliers. Ils entraînent alors le génitif, et celui-ci est placé avant :

domini loco *à la place du maître*

■ Les prépositions monosyllabiques qui introduisent un complément formé de deux mots accordés s'intercalent souvent entre ces deux mots : **medio in foro** *au milieu du forum*
magna cum cura *avec un grand soin*

■ Le complément de moyen s'exprime par l'ablatif sans préposition : **gladio occidit** *il tue avec une épée.*

B 4 TRADUCTION

1. En regard de Rémus, Romulus est heureux.
2. Le sort préfère Romulus à Rémus.
3. Romulus trace un sillon avec (sa) charrue, devant les paysans.
4. Rémus franchit le sillon, il n'obéit pas à Romulus.
5. Pour la grâce des dieux et par (à cause de la) colère, Romulus tue Rémus.
6. Romulus tue Rémus avec une (son) épée.
7. Il présente le premier sillon comme un lieu sacré.
8. A la place du dieu, il dit le dernier mot.
9. Grâce à Romulus, ce n'est pas sur l'Aventin, mais sur le Palatin qu'est située la Roma Quadrata (« Rome carrée »).

A. **Version**

1. Ante Palatium, Romulus adversus Remum pugnat.
2. Juxta silvam fluvius insulam circumfluit.
3. Agricolae sulcos imprimunt post Romulum.
4. Dei Palatium Aventino praeponunt.
5. Romulus gladio Remum occidit.
6. Aratro Romam primam Romulus imprimit.
7. Deae gratia statua lupae in arena stat.

B. **Thème**

1. Comparé à Romulus, Rémus n'est pas heureux.
2. Il propose une épée à la place d'une charrue.
3. Des loups se promènent aux alentours.
4. Les Romains ne mettent pas les dernières choses avant les premières (la charrue avant les boeufs).
5. Grâce à la louve, les loups ne prennent pas Romulus.
6. Grâce aux dieux, le cours d'eau dépose les enfants à côté du Palatin.
7. Romulus est-il le premier Romain, à la place de Rémus ?

C 2 CORRIGÉ

A. **Version**

1. Devant le mont Palatin, Romulus se bat contre Rémus.
2. A côté de la forêt, le cours d'eau entoure une île.
3. Les paysans tracent des sillons derrière Romulus.
4. Les dieux préfèrent le Palatin à l'Aventin.
5. Romulus tue Rémus de son glaive.
6. Avec (sa) charrue, Romulus trace la Rome primitive (première).
7. En faveur de la déesse, une statue de la louve se dresse dans le sable.

B. **Thème**

1. Prae Romulo, Remus non beatus est.
2. Proponit gladium pro aratro.
3. Lupi circum ambulant.
4. Romani ultima primis non praeponunt.
5. Lupae gratia, lupi Romulum non capiunt.
6. Deorum gratia, fluvius pueros juxta Palatium deponit.
7. Romulusne est primus Romanus pro Remo ?

■ Les verbes composés ont souvent une double construction : pour **praepono** + C.O.D. + compl. d'attribution, donc + acc. + datif : Il faut comprendre :
poser quelque chose (C.O.D. : acc.) *devant quelque chose* (datif d'attribution)

praeponere ultima, *placer les choses dernières* (**ultima** est le neutre pluriel de l'adjectif substantivé **ultimus, a, um**) ;
praeponere primis, *placer avant les choses premières.*

Donc : **primis ultima praeponere,** *placer avant les premières les dernières (choses)* est l'équivalent du proverbe *Mettre la charrue avant les bœufs.*

■ **« Ad augusta per angusta »** est le mot de passe des conjurés dans *Hernani* de V. Hugo ; reposant sur la proximité phonétique, le jeu de mots **augusta/angusta**, cette expression qui signifie : (Arrivons) « *A des triomphes* (des choses augustes, grandioses) *par l'intermédiaire de chemins étroits, donc difficiles* (des choses étroites) », permet de mesurer la densité de la langue latine : en quatre mots est donné à entendre ce que le français exprime en une longue phrase.

C 4 ÉTYMOLOGIE - CIVILISATION

■ **Lupa,** *la louve*, désigne chez les Romains une femme débauchée, une prostituée (d'où le *lupanar*...). La louve romaine, nourricière des jumeaux, fut en tout cas divinisée, sous le nom de **Luperca**. Des fêtes associent à son culte le dieu **Pan**.

■ **Origine légendaire de Rome** (suite) :
Après leur victoire sur **Amulius, Romulus** et **Rémus** décident de fonder une ville, et choisissent le *Palatin* où le *Tibre* les avait déposés. Pour savoir lequel des deux frères sera roi, ils s'en remettent aux dieux, en consultant le vol des oiseaux (cf. p. 29).
Romulus est désigné. Il trace alors, avec sa charrue, le sillon qui marquera l'emplacement du fossé destiné à entourer les futurs murs, et interdit qu'on le franchisse.
Mais **Rémus**, par bravade, franchit le sillon. Insulté, **Romulus** lui fend le crâne.
Rome est née. On appelle **« Roma quadrata »** cet emplacement « au carré » de la ville primitive.
On date de – 753 la fondation légendaire de Rome, et c'est à partir de cette date que les historiens comptent le temps romain : **« ab urbe condita »**, depuis la fondation de la ville.

XIV ■ Finis terrae et mare mediterraneum.

A 1 PRÉSENTATION

■ La 3e déclinaison se caractérise par son gén. singulier en **-is**.

civis (nom.), civ-**is** (gén.) m. *le citoyen*
imber (nom.), imbr-**is** (gén.) f. *la pluie*
mare (nom.), mar-**is** (gén.) n. *la mer*

■ Cette déclinaison a ses désinences propres qui sont au singulier :

	MASC./FÉM.	NEUTRE
N/V	variable	variable
Acc.	**-em**	variable
G.	**-is**	**-is**
D.	**-i**	**-i**
Abl.	**-e** (ou **-i**)	**-i**

■ On notera ainsi les noms de la 3e déclinaison :

finis, is (m.) *la fin, la limite* (3e déclinaison)
collis, is (m.) *la colline* (3e décl.)
animal, is (n.) *l'animal* (3e décl.)
Tiberis, is (m.) *le Tibre* (3e décl.)
clades, is (f.) *le désastre* (3e décl.)
navis, is (f.) *le navire, le bateau* (3e décl.)
Hispania, ae (f.) *l'Espagne* (1re déclinaison)
terra, ae (f.) *la terre, le monde* (1re déclinaison)
Minerva, ae (f.) *Minerve*
dedico, as, are (+ dat.) *dédier à, consacrer à*
mediterraneus, a, um *méditerranéen(ne)*

A 2 APPLICATION

1. **Collem circumfluit Tiberis.**
2. **In mari mediterraneo navigat navis.**
3. **Finis terrae non solum in Gallia sed etiam in Hispania est.**
4. **Animali Romani templum dedicant in colle Capitolio.**
5. **Navis cladem et naufragium Vergilius narrat.**
6. **Romanus civis scit Capitolium collem esse.**
7. **Sub imbre videmus mare et terram.**
8. **Tiberis aquae Romulum et Remum ad collem ducunt.**
9. **Romani templum in colle Minervae dedicant.**

XIV ■ Le Finistère et la mer Méditerranée.

A 3 REMARQUES

■ 3e déclinaison (cf. Exercices C 1) :
- C'est en retranchant la désinence en **-is** du génitif singulier que l'on obtient le radical du nom (cf. p. 43) :
- les nominatifs sing. peuvent prendre des formes variables ;
- les nominatifs et vocatifs sont toujours semblables ;
- l'ablatif singulier est en **-e** au masculin et féminin, en **-i** au neutre (en règle générale).

Exceptions : Certains noms, tels **tussis, is** (f.), *la toux* ; **sitis, is** (f.), *la soif* ; **Tiberis, is** (m.), *le Tibre*, ont l'accusatif en **-im**, et l'ablatif en **-i**. La règle concerne beaucoup de noms géographiques ou d'origine grecque.

Video Tiberim *je vois le Tibre*

■ Les parisyllabiques : le mot « parisyllabique » vient de l'adjectif **par,** *égal* ; les noms et adjectifs qui ont le même nombre de syllabes au nominatif et au génitif sont appelés des parisyllabiques ;
- les noms neutres en **-al, -ar**, sont parisyllabiques malgré les apparences **(animal, animalis ; exemplar, exemplaris ; tribunal, tribunalis)** parce que ce sont d'anciens mots en **-ale, are**, d'où le **e** final est tombé.
  Ne confondez pas les formes des 1re, 2e et 3e délinaisons :
  Romani navis *les Romains du navire* ou *le navire du Romain*

A 4 TRADUCTION

1. Le Tibre entoure la colline.
2. Le bateau navigue sur la mer méditerranée.
3. La limite de la terre se trouve non seulement en Gaule, mais aussi en Espagne.
4. Les Romains dédient un temple à un animal sur la colline (du) Capitole.
5. Virgile raconte le désastre et le naufrage du bateau.
6. Le citoyen romain sait que le Capitole est une colline.
7. Sous la pluie nous voyons la mer et la terre.
8. Les eaux du Tibre mènent Romulus et Remus jusqu'à la colline.
9. Les Romains dédient le temple de (sur) la colline à Minerve.

XIV ■ De Finibus bonorum et malorum Cicero scribit.

B 1 PRÉSENTATION

■ Les désinences des noms « parisyllabiques » de la 3ᵉ déclinaison au pluriel sont :

	MASC./FÉM.	NEUTRE
N/V	**-es**	**-ia**
Acc.	**-es**	**-ia**
G.	**-ium**	**-ium**
D.	**-ibus**	**-ibus**
Abl.	**-ibus**	**-ibus**

• **romanorum civium naves** *les bateaux des citoyens romains*

Exceptions : les noms parisyllabiques suivants ont un génitif pluriel en **-um** :

mater, tris (f.)	*la mère*	**matrum**
pater, tris (m.)	*le père*	**patrum**
frater, tris (m.)	*le frère*	**fratrum**
juvenis, is (m.)	*le jeune homme*	**juvenum**
senex, senis (m.)	*le vieillard*	**senum**
canis, is (m.)	*le chien*	**canum**

■ **vis** (f.) *la force* **vires** *les forces* (cf. C 3)
M.T. Cicero, onis (m.) *Cicéron*
quasi *comme*
septem (indéclinable) *sept*

B 2 APPLICATION

1. **Canes et lupi et lupae animalia sunt.**
2. **Dico lupam quasi matrem fratribus Romulo Remoque esse.**
3. **Consilia patrum prosunt juvenibus.**
4. **Vires desunt senibus.**
5. **Romanarum navium nautae navigant ad fines marium.**
6. **Canes juvenis non audio.**
7. **De civibus romanis Cicero multa scribit.**
8. **Cives romani sciunt septem colles circum Romam esse.**
9. **Fabio et Marco juvenibus, patres in Hispania pugnant.**
10. **Sine finibus maria nautae graeci transeunt.**

B 3 REMARQUES

■ Certains mots de la 3e déclinaison ont un sens différent au singulier et au pluriel :

- **fines, is** (m.) *la fin, l'extrémité, la limite*
- **fines, ium** – 1) *les fins, le terme, le point dernier* (suprême)
  – 2) *le territoire, les frontières*

■ Outre le génitif singulier en **-is**, propre à la 3e déclinaison, les parisyllabiques se caractérisent par leur génitif pluriel en **-ium** (sauf exceptions mentionnées en B 1) (cf. Exercices C 1) :

- On notera que les datifs et ablatifs pluriels sont semblables.
- Ne confondez pas l'accusatif singulier 2e déclinaison **(Fabium)** avec le génitif pluriel de la 3e **(civium)**.

■ De nombreuses formes sont semblables : **clades** peut être un nominatif singulier, un nominatif ou un accusatif pluriel : c'est l'analyse, la logique et le contexte qui permettent de faire le choix.

B 4 TRADUCTION

1. Les chiens, les loups et les louves sont des animaux.
2. Je dis que la louve est comme une mère pour les frères Romulus et Rémus.
3. Les conseils des pères sont utiles aux jeunes gens.
4. Les forces manquent aux vieillards.
5. Les marins des navires romains naviguent jusqu'aux limites des mers.
6. Je n'entends pas les chiens du jeune homme.
7. Cicéron écrit beaucoup (de choses) à propos des citoyens romains.
8. Les citoyens romains savent qu'il y a sept collines autour de Rome.
9. Fabius et Marc étant jeunes, leurs pères combattent en Espagne (durant la jeunesse de F. et de M.).
10. Les marins grecs traversent des mers sans limites.

A. **Déclinez et traduisez**
1. romanus collis 2. parva navis 3. pulchrum animal.

B. Donnez la déclinaison complète de **civis, is** (m.), **clades, is** (f.) et **mare, is** (n.)

C 2 CORRIGÉ

A. 1. – *la colline romaine :*

	SINGULIER	PLURIEL
N.	romanus collis	romani colles
V.	romane collis	romani colles
Acc.	romanum collem	romanos colles
G.	romani collis	romanorum collium
D.	romano colli	romanis collibus
Abl.	romano colle	romanis collibus

2. – *le petit navire :*

	SINGULIER	PLURIEL
N/V	parva navis	parvae naves
Acc.	parvam navem	parvas naves
G.	parvae navis	parvarum navium
D.	parvae navi	parvis navibus
Abl.	parva nave	parvis navibus

3. – *le bel animal :*

	SINGULIER	PLURIEL
N/V/Acc.	pulchrum animal	pulchra animalia
G.	pulchri animalis	pulchrorum animalium
D/Abl.	pulchro animali	pulchris animalibus

B.

		MASCULIN	FÉMININ	NEUTRE
SING.	N/V	**civ-is**	**clad-es**	**mar-e**
	Acc.	**civ-em**	**clad-em**	**mar-e**
	G.	**civ-is**	**clad-is**	**mar-is**
	D.	**civ-i**	**clad-i**	**mar-i**
	Abl	**civ-e**	**clad-e**	**mar-i**
PLUR.	N/V	**civ-es**	**clad-es**	**mar-ia**
	Acc.	**civ-es**	**clad-es**	**mar-ia**
	G.	**civ-ium**	**clad-ium**	**mar-ium**
	D.	**civ-ibus**	**clad-ibus**	**mar-ibus**
	Abl	**civ-ibus**	**clad-ibus**	**mar-ibus**

■ **vis**, la force a une déclinaison particulière et défective (sans génitif ni datif singulier) :

	SINGULIER	PLURIEL
N/V	**Vis**	**Vires**
Acc.	**Vim**	**Vires**
G.	–	**Virium**
D.	–	**Viribus**
Abl.	**Vi**	**Viribus**

■ Ne pas confondre avec **vir, viri,** *l'homme* : 2ᵉ déclinaison.
Vires desunt viris *les forces manquent aux hommes*
De virorum viribus *à propos des forces des hommes*

■ Certains parisyllabiques ont un génitif pluriel indifféremment en **-ium** ou en **-um** :
apis, is (f.) *l'abeille* → **apium** ou **apum**
mensis, is (m.) *le mois* → **mensium** ou **mensum**
vates, is (m.) *le devin* → **vatium** ou **vatum**

■ Certains parisyllabiques ont un ablatif singulier indifféremment en **-e** ou en **-i** :
navis, is (m.) *le navire* → **nave** ou **navi**
ignis, is (m.) *le feu* → **igne** ou **igni**
anguis, is (m.) *le serpent* → **angue** ou **angui**

C 4 ÉTYMOLOGIE - CIVILISATION

■ On reconnaîtra dans **mediterraneus,** *méditerranéen*, les mots **medius, a, um,** *au milieu*, et **terra, ae** (f.), *la terre* :

La mer située *au milieu des terres, entourée de terres* est notre *Médi-terra-née*.

Il en va de même pour notre Finis-tère, *fin, limite de la terre* connue des Romains, en Bretagne comme en Espagne.

■ *Rome* s'est fondée, au cœur de la plaine du **Latium**, sur le Tibre et sur les pentes de sept collines d'intérêt défensif : *le mont Palatin, l'Aventin, le Capitole, l'Esquilin, le Quirinal, le Viminal*, le *Caelius*.

■ **Origine légendaire de Rome** (suite) : après avoir tué Rémus, Romulus voulut accroître la population de Rome. Comme les populations voisines ne s'empressaient pas, il enleva les jeunes filles sabines. S'ensuivit une guerre entre les *Latins* et les *Sabins*, puis une alliance entre eux. A Romulus succéda un roi sabin (– 715) qui ouvrit une dynastie de 3 rois sabins, auxquels succédèrent en – 615 des rois étrusques qui régnèrent jusqu'en – 509, date d'abolition de la royauté et d'instauration de la République.

A 1 PRÉSENTATION

■ Certains noms de la 3e déclinaison (génitif sg. en **-is**) n'ont pas le même nombre de syllabes au nominatif et au génitif singulier : ce sont des imparisyllabiques :

rex, regis (m.)	*le roi*	radical :	**reg-**
gens, gentis (f.)	*la famille*	radical :	**gent-**
nomen, nominis (n.)	*le nom*	radical :	**nomin-**

• Leur ablatif singulier est toujours en **-e** :

dux, ducis (m.)	*le chef, le meneur* (radical **duc-**, cf. **duco,** *je mène*)
homo, hominis (m.)	*l'homme, l'être humain* (radical : **homin-**)
miles, militis (m.)	*le soldat* (radical : **milit-**)
Caesar, Caesaris (m.)	*César* (radical : **Caesar-**)
Venus, Veneris (f.)	*Vénus* (radical : **Vener-**)
mors, mortis (f.)	*la mort* (radical : **mort-**)
mens, mentis (f.)	*l'esprit, la pensée* (radical : **ment-**)
corpus, corporis (n.)	*le corps* (radical : **corpor-**)
tempus, temporis (n.)	*le temps* (radical : **tempor-**)
opus, operis (n.)	*l'œuvre, l'ouvrage* (radical : **oper-**)
caput, capitis (n.)	*la tête, le chef* (radical : **capit-**)
natus, a, um	*né(e) de, originaire de*
cano, is, ere	*chanter*
aedifico, as, are	*édifier, construire*

A 2 APPLICATION

1. **Homo homini lupus est.**
2. **E Julia gente natus est Julius Caesar.**
3. **Scio Julium Caesarem Romanorum ducem esse.**
4. **Caesaris miles templum Veneri aedificat.**
5. **Vergilius canit tempora antiqua et Veneris corpus mentemque pulchra.**
6. **Roma quasi caput est Italiae.**
7. **Homo, vir aut femina, scit mortem finem vitae esse.**
8. **Corpore menteque Romani tempori supersunt.**
9. **Dux magnus militem ducit usque ad gloriam.**
10. **Vergilius dicit Juliam gentem e Venere natam esse.**

XV ■ Un esprit sain dans un corps sain.

A 3 REMARQUES

■ Avec les « imparisyllabiques » (**impar,** *inégal*), on notera plus que jamais l'importance de la notion de radical : le nominatif est en effet ici très souvent éloigné du radical, et ce n'est donc qu'à partir du radical, trouvé en retranchant la désinence **-is** du génitif singulier, que l'on pourra décliner le nom :

	MASCULIN	FÉMININ	NEUTRE
N/V	**dux** *(le chef)*	**gens** *(la famille)*	**opus** *(l'œuvre)*
Acc.	**duc-em**	**gent-em**	**opus**
G.	**duc-is**	**gent-is**	**oper-is**
D.	**duc-i**	**gent-i**	**oper-i**
Abl.	**duc-e**	**gent-e**	**oper-e**

■ **rus, ruris** (n.), *la campagne*, a gardé le cas du locatif : **sum ruri,** *je suis à la campagne*. Les règles concernant les noms de villes s'appliquent à ce mot dans le cas des compléments circonstanciels de lieu.

eo rus *je vais à la campagne* (acc. sans préposition).

■ Le nominatif singulier peut présenter la forme « nue » du radical sans désinence (**consul, consulis** (m.), *le consul*), ou bien offrir la désinence **-s** combinée avec la consonne du radical :

duc-s → **dux** *reg-s* → **rex**.

A 4 TRADUCTION

1. L'homme est un loup pour l'homme.
2. Jules César est né de la famille Julia.
3. Je sais que Jules César est le chef des Romains.
4. Le soldat de César construit un temple à Vénus.
5. Virgile chante les temps anciens et de Vénus le beau corps et la belle âme.
6. Rome est comme la tête de l'Italie.
7. L'être humain, homme ou femme, sait que la mort est la fin de la vie.
8. Par le corps et par l'esprit, les Romains survivent au temps.
9. Le grand chef conduit le soldat jusqu'à la gloire.
10. Virgile dit que la famille Julia est née de Vénus.

XV ■ O tempora ! o mores ! (Cicéron).

B 1 PRÉSENTATION

■ Le pluriel des « imparisyllabiques » se caractérise, en règle générale, par un génitif en **-um** :

dux, ducis (m.) génitif pluriel : **ducum**
opus, operis (n.) génitif pluriel : **operum**

- Les autres désinences sont les mêmes que pour les parisyllabiques.

Exceptions : les noms imparisyllabiques dont le radical se termine par deux consonnes ont un génitif pluriel en **ium** :

urbs, urbis (f.) *la ville* (génitif pluriel) : **urbium**
gens, gentis (f.) *la famille* (génitif pluriel) : **gentium**

■ **consul, is** (m.) *le consul*
plebs, plebis (f.) *le peuple, la plèbe*
pars, partis (f.) *la partie*
civitas, civitatis (f.) *la cité, l'état*
praenomen, inis (n.) *le prénom*
cognomen, inis (n.) *le surnom*
Mars, Martis (m.) *Mars*
Jupiter, Jovis (m.) *Jupiter*
Juno, onis (f.) *Junon*
mos, moris (m.) *la volonté*
uxor, oris (f.) *l'épouse*
iter, itineris (n.) *le chemin, le voyage*

B 2 APPLICATION

1. **Cicero de antiquarum civitatum moribus scribit.**
2. **Fabio et Marco consulibus, urbes romanae beatae sunt.**
3. **Militum romanorum deum Martem esse scio.**
4. **Civibus praenomen et cognomen super nomen sunt.**
5. **Servi consules esse non possunt.**
6. **Juno uxorum dea est.**
7. **Plebs romana pars civitatis est.**
8. **Consules ex antiquis gentibus nati sunt.**
9. **Civitatum patres filii sunt magnarum gentium.**
10. **Cives iter faciunt usque ad Jovis templum.**
11. **Magnis itineribus Caesar in Galliam it.**

B 3 REMARQUES

■ Il existe dans la 3e déclinaison de faux imparisyllabiques : **urbs, urbis** (f.), *la ville* ; **frons, frontis** (f.), *le front* : leur radical se terminant par deux consonnes signale qu'une voyelle **i** est tombée au nominatif. Ainsi s'explique l'hésitation sur le génitif pluriel en **-um** ou en **-ium**.

	MASCULIN	FÉMININ	NEUTRE
N/V	**duc-es**	**gent-es**	**oper-a**
Acc.	**duc-es**	**gent-es**	**oper-a**
G.	**duc-um**	**gent-ium**	**oper-um**
D.	**duc-ibus**	**gent-ibus**	**oper-ibus**
Abl.	**duc-ibus**	**gent-ibus**	**oper-ibus**

■ Les noms de la 3e déclinaison en **-or, oris**, sont généralement masculins (**amor, amoris,** *l'amour* ; **ardor, ardoris,** *l'ardeur*) sauf : **soror, sororis,** *la sœur* ; **uxor, oris,** *l'épouse* ; **arbor, oris,** *l'arbre* qui sont féminins ; et **marmor, oris,** *le marbre* ; **aequor, oris,** *la plaine* qui sont neutres.

■ Attention aux déclinaisons de :
Jupiter, Jovis *Jupiter* (rad. : **Jov-**)
iter, itineris *le chemin* (rad. : **itiner-** → *itinéraire*)

B 4 TRADUCTION

1. Cicéron écrit à propos des mœurs des anciennes cités.
2. Fabius et Marc consuls (sous le consulat de F. et de M.), les villes romaines sont heureuses.
3. Je sais que Mars est le dieu des soldats romains.
4. En plus du nom, les citoyens ont un prénom et un surnom (m. à m. : aux citoyens sont un prénom et un surnom en plus du nom).
5. Les esclaves ne peuvent être consuls.
6. Junon est la déesse des épouses.
7. La plèbe romaine est une partie de la cité.
8. Les consuls sont issus d'antiques familles.
9. Les pères des cités sont fils de grandes familles.
10. Les citoyens font route jusqu'au temple de Jupiter.
11. César va en Gaule à marches forcées (à grandes étapes).

A. **Trouvez le radical des noms suivants et donnez leur ablatif singulier, ainsi que leur génitif pluriel, en justifiant la réponse**

1. nomen, nominis (n.)
2. mos, moris (m.)
3. plebs, plebis (f.)

B. **Version**

1. More Gallorum pugnant.
2. Urbem Romam Romulus aratro imprimat.
3. Jovis dei Junonem uxorem esse scimus.

C. **Thème**

1. Les corps des humains ne survivent pas au temps.
2. Les œuvres des hommes et des femmes survivent à la mort.

C 2 CORRIGÉ

A. 1. **nomen, nominis** : Radical : **nomin-** (obtenu en retranchant la désinence **-is** du génitif singulier).
Ablatif sg. : **nomine** (neutre, mais imparisyllabique).
Génitif pluriel : **nominum** (imparisyllabique vrai).

2. **mos, moris** (m.) : Radical : **mor-**
Ablatif sg. : **more**
Génitif pluriel : **morum** (mêmes explications que ci-dessus).

3. **plebs, plebis** (f.) : Radical : **pleb-**
Ablatif sg. : **plebe**
Génitif pluriel : **plebium** (faux imparisyllabique : le radical se termine par deux consonnes).

B. **Version**

1. Ils combattent à la manière des Gaulois.
2. Romulus trace la ville de Rome avec sa charrue.
3. Nous savons que Junon est l'épouse du dieu Jupiter.

C. **Thème**

1. Hominum corpora tempori non supersunt.
2. Virorum feminarumque opera morti supersunt.

■ La 3e déclinaison latine est difficile en raison des nombreuses variétés et exceptions qu'elle comporte (toujours citées dans les dictionnaires). Il importe donc, pour la 3e déclinaison plus que jamais, de savoir repérer le radical du nom, à partir duquel se fait toute la déclinaison.

■ On remarquera que de nombreux noms français dérivent soit du nominatif d'un nom : **nomen,** *nom*, soit du radical de ce nom : **nomin-,** *nominal, nominatif* ; ou encore : **corpus,** *corps* (ainsi s'explique le **s** final de ce mot) et **corpor-,** *corporel*.

- De même, après dérivation phonétique, **caput,** *chef*, qui signifie la *tête* (cf. *couvre-chef*) et le radical **capit-,** *capital(e)*. La *peine capitale* était la peine concernant la tête : la *dé-**capit**-ation*. Le mot *tête* vient lui du latin **testa, ae** (f.), qui signifie le *vase*, le *pot*, d'où la *coquille*, la *carapace*, puis le *crâne*.

■ Le radical **duc-** de **dux, duc-is,** *le chef*, est aussi celui de **duc-o**, *je conduis, je mène* ; il est resté à l'état pur dans le *duc*, français, le *Duce*, italien (cf. Mussolini), et est présent dans *con**duc**teur, ad**duc**tion, re**duc**tion, aque**duc***, etc.

- **Venus, Vener-is** : de la déesse de l'Amour nous viennent les maladies ***vénér**iennes*...
- **miles, milit-is** : le radical nous a donné le ***milit**aire*, et le ***milit**ant*.
- **rus, rur-is** → ***rur**al(e)*   **rus** → ***rus**tique*
- **opus** est resté tel quel pour désigner une *œuvre* (dérivation phonétique de **opus**) musicale, de même que l'*opéra*, dont on oublie qu'il est le pluriel de **opus**. De même la racine **oper-** donne *opérer, opération, opérationnel*.
- **Caesar, Caesar-is,** *César* (nom propre). Ce nom de famille, dans la « gens » Julia, est devenu un titre porté par les empereurs, après Jules César : d'où le **Czar** et le **Kaiser**, qui ne sont autres que les importations russe ou allemande de **Caesar**. Le français *empereur* vient de **imperator** qui désigne le chef de l'armée, l'équivalent de notre actuel général.

A 1 PRÉSENTATION

■ Les adjectifs qui se déclinent sur le modèle de la 3e **déclinaison** ont un génitif singulier en **-is**. Certains sont parisyllabiques.

■ Les nominatifs singuliers masculin et féminin sont souvent semblables :

Similis (m.), **similis** (f.), **simile** (n.) : *semblable*. Génitif : **Similis** aux trois genres.

■ Mais ils peuvent être différents :

Acer (m.), **acris** (f.), **acre** (n.) : *vif (vive), âcre*. Génitif : **acris** aux trois genres.

■ L'ablatif sing. des adjectifs parisyllabiques est toujours en **-i** :
Acri voce *d'une voix vive, ardente*

■ Le génitif pluriel est, normalement, en **-ium**.

■ On note ainsi ces adjectifs :

facilis, e (m./f. et n.)	*facile*
difficilis, e	*difficile*
utilis, e (+ datif)	*utile (à)*
omnis, e	*tout(e), chaque*
fortis, e	*courageux(se), fort(e)*
illustris, e	*célèbre, illustre*
celer, is, e (m., f. et n.)	*rapide*
vox, vocis (f.)	*la voix*
lex, legis (f.)	*la loi*
proelium, i (n.)	*le combat*
se (pronom personnel)	*se, soi*
spero, as, are	*espérer*

A 2 APPLICATION

1. **Suntne homines inter se similes ?**
2. **Cum forti illustrique cive ambulat Fabius.**
3. **De viris illustribus historiam narro.**
4. **Acri voce dux milites vocat.**
5. **Celeribus hominibus omnia facilia sunt.**
6. **Difficile proelium militem illustrem facit.**
7. **Civitatis illustris omnibus legibus utilibus pareo.**
8. **Fortis uxoris vocem illustrem audit.**
9. **Speramus leges novas non similes esse antiquis legibus.**
10. **Proelia difficilia utilia sunt fortibus animis.**

A 3 REMARQUES

■ On appelle **adjectifs de la 2e classe** ceux qui se déclinent sur le modèle de la 3e déclinaison, et adjectifs de la 1re ceux qui se déclinent sur le modèle des 1re et 2e déclinaisons **(bonus, a, um)**.

■ Les adjectifs « parisyllabiques » (m./f. : modèle **civis**, n. : modèle **mare**).

	SING.			PLUR.		
	MASC.	FÉM.	NEUT.	MASC.	FÉM.	NEUT.
N./V.	**fortis**	**fortis**	**forte**	**fortes**	**fortes**	**fortia**
Acc.	**fortem**	**fortem**	**forte**	**fortes**	**fortes**	**fortia**
G.	**fortis**	**fortis**	**fortis**	**fortium**	**fortium**	**fortium**
D.	**forti**	**forti**	**forti**	**fortibus**	**fortibus**	**fortibus**
Ab.	**forti**	**forti**	**forti**	**fortibus**	**fortibus**	**fortibus**

■ Ne pas confondre les adjectifs en **-er** de la 2e classe, **(acer, acris, acre)** avec les adjectifs en **-er** de la 1re classe **(pulcher, pulchra, pulchrum)**.

Nom. : **pulchra et acris uxor** *l'épouse belle et ardente*

Acc. : **pulchram et acrem uxorem amo** *j'aime une épouse belle et ardente*

■ Les nominatifs/accusatifs neutres singuliers servent parfois d'adverbe :

facile *facilement*

A 4 TRADUCTION

1. Les hommes sont-ils semblables entre eux ?
2. Fabius se promène avec un citoyen courageux et illustre.
3. Je raconte une histoire à propos des hommes célèbres.
4. D'une voix ardente le chef appelle les soldats.
5. Toutes choses sont faciles aux hommes rapides.
6. Un combat difficile rend célèbre le soldat.
7. J'obéis à toutes les lois utiles de l'illustre cité.
8. Il écoute l'illustre voix de l'épouse courageuse.
9. Nous espérons que les lois nouvelles ne sont pas semblables aux lois anciennes.
10. Les combats difficiles sont utiles aux âmes courageuses

B 1 PRÉSENTATION

■ Imparisyllabique

	SING.		PLUR.	
	MASC./FÉM.	NEUTRE	MASC./FÉM.	NEUTRE
N./V.	**vetus** *vieux (vieille)*	**vetus**	**veteres**	**vetera**
Acc.	**veterem**	**vetus**	**veteres**	**vetera**
G.	**veteris**	**veteris**	**veterum**	**veterum**
D.	**veteri**	**veteri**	**veteribus**	**veteribus**
Ab.	**vetere**	**vetere**	**veteribus**	**veteribus**

■ Faux imparisyllabique

	MASC./FÉM.	NEUTRE	MASC./FÉM.	NEUTRE
N./V.	**prudens** *avisé(e)*	**prudens**	**prudentes**	**prudentia**
Acc.	**prudentem**	**prudens**	**prudentes**	**prudentia**
G.	**prudentis**	**prudentis**	**prudentium**	**prudentium**
D.	**prudenti**	**prudenti**	**prudentibus**	**prudentibus**
Ab.	{ **prudenti** (inanimé) / **prudente** (animé)	**prudenti**	**prudentibus**	**prudentibus**
N./V.	**felix** *heureux(se)*	**felix**	**felices**	**felicia**
Acc.	**felicem**	**felix**	**felices**	**felicia**
G.	**felicis**	**felicis**	**felicium**	**felicium**
D.	**felici**	**felici**	**felicibus**	**felicibus**
Ab.	**felici**	**felici**	**felicibus**	**felicibus**

sapiens, sapientis *sage*
audax, acis *audacieux*
ferox, ocis *féroce*
simplex, icis *simple*
regno, as, are *régner*
pauper, eris *pauvre*
prosper, a, um *prospère*
frustra **en vain**
Vercingetorix, igis (m.)

B 2 APPLICATION

1. **Pauperes nec prosperi nec felices sunt.**
2. **Aqua simplex laetas facit sapientes puellas.**
3. **Romulo regnante, romani milites feroces audacesque sunt.**
4. **Cum sapiente et vetere viro ambulas.**
5. **Sapienti consilio, homines fortes legibus parent.**
6. **Veterum et sapientium civium legi paretis.**
7. **Appio amante, veteri patri sunt curae multae.**
8. **Num ferox est Fortuna et pauperibus et prosperis ?**
9. **Feroci voce audax dux Gallorum frustra clamat.**
10. **Vercingetorige rege, Galli audaces sunt.**

B 3 REMARQUES

■ Certains adjectifs de la 3e classe sont « imparisyllabiques »

- leurs nominatifs masc. fém., neutre sont semblables
  vetus *vieux, vieille* (gén. sg. **veteris** ; gén. pl. **veterum**) ;
- l'ablatif sing. est en **-e** : **vetere lege** (par) *une vieille loi*

■ Les adjectifs dont le radical se termine par **2 consonnes** sont de « faux imparisyllabiques » (cf. p. 99) ex. nom. **prudens**, gén. **prudentis,** *sage*.

Entrent dans cette catégorie les p. présents des verbes :
Ex. : **regnans**, gén., **regnant-is,** *régnant.*

Ces adjectifs et participes présents se caractérisent par :

a) *un nominatif sing. identique aux trois genres*
prudens et **amans** peuvent être masculin, féminin ou neutre.

b) – un ablatif en **-e** si l'adjectif se rapporte à un nom de personne
Ex. : **cum prudente viro** *avec un homme sage*
– un ablatif en **-i** si l'adjectif se rapporte à un nom de chose
prudenti consilio *par un sage dessein*

c) un génitif pluriel en **-ium : prudentium amantium**

■ Rappel : Le mot déclinaison vient du verbe **de-clino**, *incliner, infléchir*, d'où changer les mots au moyen de flexions (de **flecto, flexum,** *courber, fléchir, modifier*).

B 4 TRADUCTION

1. Les pauvres ne sont ni prospères ni heureux.
2. De l'eau simple rend les sages jeunes filles heureuses.
3. Sous le règne de Romulus (Romulus régnant), les soldats romains sont féroces et audacieux.
4. Tu te promènes avec un homme sage et vieux.
5. Par un sage dessein, les hommes courageux obéissent aux lois.
6. Vous obéissez à la loi de citoyens vieux et sages.
7. Appius étant amoureux, son vieux père a bien des soucis. (m. à m. à son vieux père sont de nombreux soucis)
8. Le Destin n'est-il pas féroce et pour les pauvres et pour les riches ? (m. à m. les prospères)
9. Le chef audacieux des Gaulois crie en vain d'une voix féroce.
10. Sous le règne de Vercingétorix (m. à m. V. étant roi), les Gaulois sont audacieux.

A. **Version**
1. Via celeris facilisque est.
2. Omnis civis legi paret.
3. Julio regnante, Romani prosperi audacesque sunt.
4. Cum vetere cive ambulat Flavia.
5. De illustribus fortibusque viris Fabius scribit.
6. Omnium sapientium consilia audit fortis dux.

B. **Thème**
1. Les conseils sont utiles à tous les hommes.
2. Les hommes sont-ils semblables à des loups féroces ?
3. Je me promène avec l'heureuse et sage Flavie.
4. Tu racontes le combat passionné d'hommes courageux.
5. Je dis que le latin est facile pour tout le monde.
6. Jules étant amoureux, nous croyons que Flavie est avisée.

C. **Analyse**
1. **acre** 2. **prosperum** 3. **veterum** 4. **fortis** 5. **omni**

C 2 CORRIGÉ

A. 1. La route est rapide et facile.
2. Tout citoyen obéit à la loi.
3. Sous le régime de Jules, les Romains sont prospères et audacieux.
4. Flavie se promène avec un vieux citoyen.
5. Fabius écrit (histoire) à propos des chefs illustres et courageux.
6. Le chef courageux écoute les conseils de tous les sages.

B. 1. Omnibus hominibus consilia utilia sunt.
2. Similesne homines sunt lupis ferocibus ?
3. Cum felici et prudente Flavia ambulo.
4. Acre proelium hominum fortium narras.
5. Dico linguam latinam omnibus facilem esse.
6. Julio amante, credimus Flaviam prudentem esse.

C. 1. **acre** : N./V. Acc. sg. (n.) de **acer, acris, acre**
2. **prosperum** : N./V./Acc. (n.) de **prosper, a, um** ou Acc.´sg. (m.)
3. **veterum** : Gén. pl. (m./f./n.) de **vetus, eris**
4. **fortis** : N./V. masc. ou fém. sing. de **fortis, e** ou G. (m./f./n.)
5. **omni** : Dat./Abl. sing. (m./f./n.) de **omnis, e**

■ A Rome, sous la République et l'Empire (c. à d. entre le 4e siècle avant J.-C. et le 1er siècle après J.-C.). La *pauvreté* (**paupertas, atis** (f.)) n'est pas la misère : on ne meurt pas de faim.

• Les *pauvres* (**pauperes**) ont le nécessaire, et attendent des *riches* (**divites**) le superflu.

• Les *miséreux* (**miseri**) sont des exclus de la solidarité sociale parce qu'ils ont commis une faute à l'égard de la communauté.

Les riches, eux ont le devoir de redistribuer aux pauvres leur superflu, faute de quoi ils sont socialement condamnés pour avarice.

C'est de là que le personnage type de l'Avare de comédie tire son origine ; il est raillé très tôt dans le théâtre latin (cf. XXXV. C).

C 4 ÉTYMOLOGIE

■ Le nominatif **vetus,** *vieux*, nous a donné le français *vétuste*, mais c'est du radical **veter-** que dérive le *vétéran*.

- De même, le nominatif **simplex** nous donne *simple*, et le radical **simplic-,** la *simplicité*.
- Le nominatif **lex** évolue phonétiquement pour donner en français *la loi*, tandis que le radical **leg-**, nous laisse *légal, légitime* et tous les dérivés.
- De même encore, **rex** évolue jusqu'à *roi*, et le radical **reg-** nous donne *régalien, régal* ou *régaler* (= offrir un repas digne d'un roi). C'est de ce radical qu'est tiré **regno,** *je règne*.
- La terminaison celte **-rix** que l'on trouve dans **Vercingetorix** à la même signification que **rex** (ce qui fait d'*Asterix* et autres *Assurancetourix* autant de héros royaux).

■ *Prosper et Félix* sont deux prénoms calques des adjectifs **prosper** et **felix**, sur le radical desquels se sont construits *prospérité* et *félicité* (ce que l'on souhaite aux enfants nouveau-nés ainsi prénommés).

- **celer**, rapide, nous a donné *la célérité* ou, avec le préfixe **ad-**, l'*accélération* (**ad-celer**).

■ Certains mots latins sont restés tels quels en français, même si on en a oublié l'origine : un *train omnibus* est un train qui s'arrête à *toutes,* **omnibus** (ablatif circonst. de lieu) les stations.

- De même, le *simili cuir* est fait « de façon semblable » (ablatif) au cuir. Et un *fac-similé* est une « imitation » : **fac,** *fais* (impératif du verbe *faire*) et **simile** (acc. neutre sing., C.O.D. de **fac**) : *une chose semblable*.
- Cette racine se retrouve en *sanskrit* : **Rajah** = *roi*

A 1 PRÉSENTATION

■ 4ᵉ déclinaison

	SINGULIER		PLURIEL	
N./V.	**manus**	**cornu**	**manus**	**cornua**
Acc.	**manum**	**cornu**	**manus**	**cornua**
G.	**manus**	**cornus**	**manuum**	**cornuum**
D.	**manui**	**cornui**	**manibus**	**cornibus**
Ab.	**manu**	**cornu**	**manibus**	**cornibus**

■ **Domus, us** (f.) tient de la 4ᵉ et de la 2ᵉ déclinaison

N./V.	**domus**	**domus**
Acc.	**domum**	**domos** (ou **dom-us**)
G.	**domus**	**domorum** (ou **dom-uum**)
D.	**domui**	**domibus**
Ab.	**domo** (2ᵉ décl.)	**domibus**

■ **bos, bovis** (m.), le bœuf, appartient aux 4ᵉ et 3ᵉ déclinaisons

N./V.	**bos**	**boves**
Acc.	**bovem**	**boves**
G.	**bovis**	**boum**
D.	**bovi**	**bubus** ou **bobus**
Ab.	**bove**	**bubus**

■ **exercitus, us** (m.) *l'armée*
casus, us (m.) *l'arrivée, l'accident*
occasus, us (m.) *la chute, le déclin*
sol, solis (m.) *le soleil*
militaris, e *militaire, guerrier(e)*
nunc *maintenant*
sub *sous*
teneo, es, ere *tenir*

A 2 APPLICATION

1. Solis occasu, Romani domi adesse solent.
2. Gallicae quercus apud lacus sacrae sunt.
3. Manibus tenet agricola bovis cornua.
4. E manibus in manus litteras dat Caesari Cicero.
5. Multi casus belli sunt Gallis Romanisque.
6. Dicunt omnium exercituum ducem esse Caesarem.
7. Omni domui romanae atrium estne ?
8. Nunc redeo domum : nam solis occasum video.
9. In quercuum silva stant Gallorum exercitus.
10. Sub quercubus fluit Rhodanus usque ad lacum Lemanum.

XVII ■ De force (d'une main guerrière).

A 3 REMARQUES

■ La 4e déclinaison se caractérise par son génitif singulier en **-us** : **manus** (nominatif), **man-us** (gén.), (f.) *la main*
cornu (nominatif), **corn-us** (gén.), (n.) *la corne, l'aile, le coin*

■ Certains datifs et ablatifs pluriels sont en **-ubus** et non en **-ibus** :
lacus, us, (m.) *le lac* → **lacubus** (datif/ablatif pluriel)
quercus, us (f.) *le chêne* → **quercubus** (datif/ablatif pluriel)

■ Le très fréquent **domus, us** (f.), *la maison*, a une déclinaison particulière (cf. A 3) et a gardé le cas du locatif (v. p. 73)
sum domi *je suis à la maison*
domi *à la maison, chez moi* (chez toi, chez lui)

- **domus** suit la même règle pour les circonstancielles de lieu, que les noms de ville et **rus, ruris** (n.) cf. Leçon XI :
  redeo domo *je viens de la maison* (de chez moi)
  eo domum *je vais à la maison* (chez moi)
  eo rus *je vais à la campagne*
- **Soleo,** *j'ai l'habitude*, correspond au présent d'habitude français et est très souvent employé
  Les Romains vont au théâtre **Romani ad theatrum ire solent** (m. à m. ont l'habitude d'aller...)

A 4 TRADUCTION

1. Au coucher du soleil, les Romains sont chez eux. (m. à m. ont l'habitude d'être...)
2. Les chênes gaulois près des lacs sont sacrés.
3. Le paysan tient les cornes du bœuf dans ses mains. (m. à m au moyen de ses mains)
4. Cicéron donne à César une lettre de la main à la main (m. à m. des mains dans les mains).
5. Gaulois et Romains ont de nombreuses occasions de faire la guerre.
6. On dit que César est le chef de toutes les armées.
7. Y a-t-il un atrium dans chaque maison de romain ? (m. à m. un atrium est-il à chaque maison romaine)
8. Maintenant je rentre à la maison : car je vois le coucher du soleil.
9. Les armées des Gaulois se tiennent dans la forêt de chênes.
10. Sous les chênes, le Rhône coule jusqu'au lac Léman

B1 PRÉSENTATION

■ La 5e déclinaison se caractérise par un génitif en **-ei.**

	SINGULIER	PLURIEL	
N./V.	**res** (la chose)	**res**	
Acc.	**rem**	**res**	
Gén.	**rei**	**rerum**	cas inusités sauf pour **res** et **dies**
Dat.	**rei**	**rebus**	
Ab.	**re**	**rebus**	

■ **dies, ei** (m.) — *le jour, la journée*
nox, noctis (f.) — *la nuit*
spes, ei (f.) — *l'espoir*
facies, ei (f.) — *l'aspect, l'air, la physionomie*
species, ei (f.) — *l'apparence, l'aspect*
ars, artis (f.) — *l'art, la manière*
spectaculum, i (n.) — *le spectacle*
publicus, a, um — *public(que)*
res publica, rei publicae — *la chose publique, l'État, le gouvernement*
fallax, acis — *trompeur(se), mensonger(e), fallacieux(se)*
tam... quam — *aussi... que*
carpo, is, ere — *cueillir*
Tullius Lucretius Carus : *Lucrèce* ; le latin donne toujours dans l'ordre : prénom, **nom,** surnom.

B2 APPLICATION

1. **Tullius Lucretius Carus de Natura Rerum scribit.**
2. **Non re, non verbo adest.**
3. **Rem publicam mulieres non tenent.**
4. **Omnes Ciceronis spes in republica sunt.**
5. **Speciem agricolarum Galli praebeunt.**
6. **Facie lupus similis est cani.**
7. **Spem habeo in omnibus rebus.**
8. **Scimus spectaculum in scaena fallax esse.**
9. **Noctes tam jucundi sunt quam dies.**
10. **Tam in re quam in arte militari Caesar illustris est.**

B 3 REMARQUES

■ Les **noms**, peu nombreux, de la **5ᵉ déclinaison**, sont tous de genre féminin, sauf **dies, ei** (m.), *le jour* et **meridies, ei** (m.), *le midi.*

• Cependant **dies** peut être féminin quand il indique une date
die dicta *au jour dit*

■ Ne pas confondre **5ᵉ et 3ᵉ déclinaisons** :
res, ei (5ᵉ)
plebs, plebis (3ᵉ)

■ **Latinismes :**
res est très utilisé en latin, et se combine avec des adjectifs pour former de nombreuses expressions (cf. C 4).

res adversae	*les choses contraires, les malheurs, l'adversité*
res secundae	*les choses heureuses, le bonheur* (→ **secundus, a, um,** *qui suit, qui s'ensuit bien*)
res militaris	*la chose militaire* = la guerre (la pratique de la guerre, par opposition à **ars militaris,** *l'art de la guerre, la théorie militaire*
re vera	*en vérité* (m. à m. par la chose vraie)
re	*en réalité, en fait*

• **res** signifie aussi *l'affaire*, au sens juridique

■ **carpe diem** *cueille le jour (profite de l'instant)*, est le début d'un vers d'Horace, poète latin du Iᵉʳ siècle avant J.-C.

B 4 TRADUCTION

1. Lucrèce écrit sur la nature des choses.
2. Il n'est présent ni en réalité ni par le verbe.
3. Les femmes ne s'occupent pas (ne tiennent pas) des affaires de l'État.
4. Cicéron met tous ses espoirs dans l'État. (m. à m. Tous les espoirs de Cicéron sont dans l'État)
5. Les Gaulois ont (m. à m. présentent) l'air de paysans.
6. D'aspect, le loup est semblable au chien.
7. J'ai espoir en toutes choses.
8. Nous savons que le spectacle théâtral (m. à m. sur scène) est mensonger.
9. Les nuits sont aussi belles (agréables) que les jours.
10. César est illustre tant dans la pratique que dans la théorie de la guerre. (m. à m. tant dans la chose que dans l'art...)

A. **Version**

1. Rerum publicarum cura Lucretium non tenet.
2. Suntne bubus cornua ?
3. Manu Flavia puerum tenet.
4. Ruri omnibus domibus horti sunt.
5. Dierum noctumque romanorum historiam narro.
6. Sub quercu, apud lacum, solis occasum videmus.

B. **Thème**

1. Les Romains ont le souci de l'art de la guerre.
2. Tu tiens la chèvre par une corne.
3. Je dis que le spectacle théâtral n'offre pas une apparence trompeuse.
4. Tout le monde a l'espoir de grandes choses. (m. à m. l'espoir... est le fait de tous les hommes)
5. L'illustre chef des armées désire une occasion de guerre.

C. **Analyse**

1. **exercitus illustris et vetus**
2. **exercitus illustris et veteris**
3. **exercitus illustres et veteres**

C2 CORRIGÉ

A. 1. Lucrèce n'a pas le souci des affaires de l'état (m. à m. le souci des affaires de l'état ne tient pas Lucrèce).
2. Les bœufs ont-ils des cornes ? (m. à m. des cornes sont-elles aux bœufs ?)
3. Flavie tient l'enfant par la main.
4. A la campagne, toutes les maisons ont des jardins (m. à m. des jardins sont à toutes les maisons).
5. Je raconte l'histoire des journées et des nuits romaines.
6. Sous le chêne près du lac nous regardons le coucher du soleil.

B. 1. Romanis curae sunt artes militares (double datif).
2. Cornu capram tenes.
3. Dico spectaculum in scaena fallacem speciem non praebere.
4. Omnium hominum est magnarum rerum spes.
5. Exercituum illustris dux casum belli cupit.

C. 1. Nom./Voc. sg. (gén. sg. impossible car **vetus** ne peut être qu'un nominatif m. sg.)
2. **veteris** ne peut être que génitif sg.
3. **illustres** et **veteres** ne peuvent être que nominatif et vocatif pluriel.

■ Certains noms sont « défectifs » (cf. p. 95).

Ex. : – **fas**, ce qui est permis par les lois religieuses
– **nefas**, ce qui est sacrilège, interdit par la loi religieuse
sont des noms neutres qui n'existent qu'aux nominatif et accusatif sing. : **Judaei nefas habent deum nominare***
Les Juifs tiennent pour sacrilège de nommer (un, leur) *dieu*
(* ce que ne comprenaient pas les Romains, polythéistes).

→ Noter l'utilisation du verbe **habeo**, *j'ai*, dans le sens de *« tenir pour »* **Claudium habeo amicum** *je tiens Claude pour un ami*

C 4 ÉTYMOLOGIE

■ **domus**, *la maison*, nous a laissé le ***dom**aine*, ***dom**estique* (c. à d. ce qui est lié à la maison).

C'est le même radical qui est présent dans **dom-inus**, *le maître de maison, le propriétaire*.

La **« domus »** romaine est en fait une vaste propriété, *une demeure de maître* et non pas une habitation populaire.

Le mot *maison*, vient de **ma(n)sionem**, accusatif de **mansio**, *demeure*, lui-même dérivé de **maneo**, *je reste, je demeure* (que l'on retrouve dans le français ***man**oir* et l'anglais **mansion**, *demeure*).

■ Les deux mots **res**, *la chose* et **publica**, *publique*, très souvent associés ont fini par donner la *république*.

Chez les Romains la **« res publica »** désigne l'État, l'administration des affaires publiques, la vie politique, le gouvernement.

La *République*, au sens moderne du terme, comme forme de gouvernement émanant du peuple et de ses élus, est instaurée à Rome qui renverse la royauté en 509.

Le pouvoir échoit à des magistrats, prêteurs ou consuls, élus par :

- des **patriciens** (chefs de famille), de **patres gentis** *(pères d'une famille)* siégeant au Sénat et entourés de *« clients »* (hommes sans fortune qui bénéficiaient de la protection de leurs *« patrons »* **(patres)** en échange de services). On désigne souvent les sénateurs par le mot **patres**.
- et des **plébéiens** : hommes libres, cultivateurs ou artisans, mais sans le soutien de grandes familles, exclus du pouvoir jusqu'à la révolution de – 509, date après laquelle se crée un collège de tribuns de la plèbe qui prend de plus en plus de pouvoir pendant la République jusqu'à la constitution de l'Empire (– 27 avènement d'Auguste).

Affranchis et esclaves n'ont aucun droit politique.

XVIII ■ Claudius doctior est quam Petrus.

A 1 PRÉSENTATION

■ Comparaison :

- Le comparatif de supériorité régulier se forme en ajoutant le suffixe **-ior** (m./f.), **ius** (n.) au radical du positif
  rar-us, a, um *rare* → **rar-ior, ius**, *plus rare*
- Le comparatif d'égalité : **tam rarus, a, um**, *aussi rare*
- Le comparatif d'infériorité : **minus rarus, a, um**, *moins rare*
- Certains adjectifs en **-eus, ius**, n'admettent pas de suffixe. On utilise alors l'adverbe **magis**, *plus*
  magis varius *plus varié*
- Le complément des comparatifs se marque par la conjonction **quam**, *que* :
  fortior est quam putas *il est plus courageux que tu ne crois*
  fortior est quam Julius *il est plus courageux que Jules*
  → mais on peut avoir **fortior est Julio** (ablatif seul)
  tam fortis est quam Julius *il est aussi courageux que Jules*
  minus fortis est quam Julius *il est moins courageux que Jules*
- Sans complément le comparatif a le sens « intensif » de *trop* ou de *assez* : **loquacior es** *tu es trop bavard, assez bavard*

■ **puto, as, are** *penser, supputer, estimer*
loquax, acis *bavard(e)*
potens, ntis *puissant(e)*

A 2 APPLICATION

1. **Tullia jucundior est quam Julia.**
2. **Templa rariora sunt in Gallia quam in Graecia.**
3. **Credo Fabium potentiorem esse quam putatis.**
4. **Loquaciores sunt quam potentiores.**
5. **Tam potentes puto Gallos quam fortes.**
6. **Bonum consilium rarius est quam putamus.**
7. **Mores magis varii sunt quam leges.**
8. **Patres putant Caesarem potentiorem esse.**
9. **Dominus potentior est servo.**
10. **Dicunt hominem minus stultum esse quam animal.**

XVIII ■ Claude est plus savant que Pierre.

A 3 REMARQUES

■ Comme en français l'adjectif latin a **trois degrés de signification : positif** (ex. *beau*), **comparatif** (ex. *plus beau*) et **superlatif** (ex. *le plus beau* ou *très beau*).

En latin le comparatif de supériorité se marque par un changement morphologique (c. à d. de la forme du mot, du grec **morphos,** *forme*).

La forme obtenue en ajoutant le suffixe **-ior, ius** se décline sur le modèle de **vetus** (2e classe).

	SINGULIER		PLURIEL	
	M./F.	N.	M./F.	N.
N./V.	**doctior**	**doctius**	**doctiores**	**doctiora**
Acc.	**doctiorem**	**doctius**	**doctiores**	**doctiora**
G.	← **doctioris** →		← **doctiorum** →	
D.	← **doctiori** →		← **doctioribus** →	
Ab.	← **doctiore** →		← **doctioribus** →	

■ On ne peut employer l'ablatif seul comme complément du comparatif de supériorité que si le comparatif est en **-ior**, au nominatif ou à l'accusatif, et que si le complément est un nom.

■ Quand on compare deux adjectifs, ils se mettent tous deux au comparatif :

stultior est quam fortior *il est plus bête que courageux*

sauf si le comparatif est amené par **tam, magis** et **minus**

minus fortis est quam stultus *il est moins courageux que bête*

A 4 TRADUCTION

1. Tullia est plus agréable que Julie.
2. Les temples sont plus rares en Gaule qu'en Grèce.
3. Je crois que Fabius est plus puissant que vous ne le pensez.
4. Ils sont plus bavards que puissants.
5. Je pense (que) les Gaulois (sont) aussi puissants que courageux.
6. Un bon conseil est plus rare que nous ne le pensons.
7. Les mœurs sont plus variées que les lois.
8. Les Sénateurs (les pères) pensent que César est trop puissant.
9. Le maître est plus puissant que l'esclave.
10. On dit que l'homme est moins stupide que l'animal.

B 1 PRÉSENTATION

■ Le superlatif de supériorité régulier se forme en ajoutant
– le suffixe **-issimus, a, um** au radical du positif :
rar-issimus, a, um *le (la) plus rare, très rare*

– le suffixe **-errimus, a, um** pour les adjectifs en **-er**

pulcher, ra, rum	(positif)
pulchr-ior, ius	(comparatif)
pulch-errimus	(superlatif)

■ On utilise l'adverbe **maxime** (le +) pour les adjectifs en **-eus, -ius, -us** : **maxime varius** *le plus varié, très varié.*

■ L'adverbe **minime** *le moins*, marque le superlatif d'infériorité :

minime rarus *le moins rare, pas rare du tout*

■ Le complément du superlatif se marque soit :
– par le génitif : **fortissimus hominum**
le plus courageux des hommes
– par **ex** + ablatif : **fortissimus ex hominibus**
le plus courageux des hommes

amicitia, ae (f.)	*l'amitié*
asinus, i (m.)	*l'âne*
imperium, i (n.)	*le pouvoir, le commandement*
verus, a, um	*vrai(e), véritable*
nobilis, e	*noble*
idoneus, a, um (+ datif)	*convenable, idoine, propre à*
altus, a, um	*haut(e), élevé(e)*
nescio, is, re	*ne pas savoir, ignorer*
at	*mais* (pour introduire une idée nouvelle)

B 2 APPLICATION

1. **Altissimane quercus arborum est ?**
2. **Nescio, at pulcherrima, re vera.**
3. **Caïus nobilissimus est e civibus.**
4. **Sed est minime ingeniosus.**
5. **Certe, at maxime imperio idoneus !**
6. **Miserrimus e servis mente celerior est quam Caïus !**
7. **Minime ! fallacissima dicis !**
8. **Verissima ! Stultissimus es ! Stultior es asino !**
9. **Asinus minus stultus est quam bos.**
10. **Fortasse, tu autem omnium stultissimorum verissimus es !**

B3 REMARQUES

■ Les suffixes **-issimus, a, um** ou **-errimus, a, um** qui marquent le superlatif de supériorité se déclinent sur le modèle de **bonus, a, um** (1re classe).

■ Six adjectifs en **-is** ont un superlatif en **-illimus, a, um** :

facilis, e *facile*	**similis, e** *semblable*	**humilis, e** *humble*
difficilis, e *difficile*	**dissimilis, e** *dissemblable*	**gracilis, e** *grêle*

Ex. : **facillimus** *très facile* **dissimillimus** *très dissemblable*

→ Tous les autres adjectifs en **-is** ont un superlatif régulier
utilis, a *utile* → **utilissimus** *très utile*

■ Le superlatif de supériorité, comme d'infériorité, peut être :

- relatif : il a alors un complément (même sous-entendu) et se traduit par *le plus... de,* ou *le moins de* :
  nobilissima uxorum *la plus noble des épouses*
- ou absolu (sans complément) :
  nobilissima uxor *l'épouse très noble*

■ Le superlatif est souvent renforcé d'un adverbe :

multo doctissima	*de beaucoup la plus savante*
longe pulcherrimi	*de loin les plus beaux*

B4 TRADUCTION

1. Le chêne est-il le plus haut des arbres ?
2. Je ne sais pas, mais c'est le plus beau, en vérité.
3. Caïus est le plus noble des citoyens.
4. C'est aussi le moins malin.
5. Certes, mais c'est le plus apte à commander (m. à m. au pouvoir).
6. Le plus misérable des esclaves est plus vif d'esprit que Caïus.
7. Pas du tout ! Tu dis des choses complètement fausses !
8. (Je dis) des choses très vraies ! Tu es tout à fait stupide ! Tu es plus stupide qu'un âne.
9. L'âne est moins stupide que le bœuf.
10. Peut-être, mais toi tu es le plus véritable de tous les (plus) idiots.

A. **Version**

1. In Graecia mali tam rarae sunt quam quercus.
2. In Gallia quercus non rariores sunt malis.
3. Boni servi minus rari sunt quam domini boni.
4. Forte consilium potentius est quam putas.
5. Magisne idonei exercitui juvenes sunt quam puellae ?
6. Verissimum amicum rarissimum esse puto.

B. **Thème**

1. Les plus courageux d'entre tous les soldats périssent.
2. A la campagne il y a les arbres les plus variés.
3. Le temple de Mars est plus beau que celui de Vénus.
4. La littérature est aussi noble que l'art militaire.
5. Tu es trop bavard, mais tu es très malin.

C. **Analyse**

Donnez la nature, le cas, la fonction des quatre premiers mots de la phrase 5 de la version.

C 2 CORRIGÉ

A. 1. En Grèce, les pommiers sont aussi rares que les chênes.
2. En Gaule, les chênes ne sont pas plus rares que les pommiers.
3. Les bons esclaves sont moins rares que les bons maîtres.
4. Un conseil courageux est plus puissant que tu ne le penses.
5. Les jeunes gens sont-ils plus aptes à (faire) l'armée que les jeunes filles ?
6. Je pense qu'un ami tout à fait véritable est très rare.

B. 1. Ex omnibus militibus (ou omnium militum) fortissimi pereunt.
2. Ruri sunt arbores maxime variae.
3. Martis templum pulchrius est quam Veneris (templum).
4. Litterae tam nobiles sunt quam ars militaris.
5. Loquacior es, at ingeniosissimus.

C. 1. **magisne** : **magis** adverbe, *plus* ; obligatoire devant un adjectif en **-eus (idoneus)** pour marquer le comparatif de supériorité.
(+ **ne** = *est-ce-que ?*)
2. **idonei** : nominatif, masc. plur. de **idoneus, a, um** ; attribut de **juvenes**.
3. **exercitui** : datif sing. de **exercitus, us,** (m.) : l'armée ; complément d'attribution de l'adjectif **idoneus**.
4. **juvenes** : nominatif plur. de **juvenis, is** (m.), sujet de **sunt**.

■ **Morphologie :** nous n'avons indiqué ici que les comparatifs et superlatifs de supériorité réguliers.

Il importe de toujours se référer au dictionnaire, qui donne les formes attestées des degrés de l'adjectif et dans le doute, d'employer **magis** (comparatif) ou **maxime** (superlatif) suivis du positif de l'adjectif.

■ Le superlatif s'accorde en général avec son complément :
Asinus, stultissimum omnium animalium
L'âne (l'animal) *le plus stupide de tous les animaux*
(**asinus**, nom masc. sing. = **animalium**, neutre pl., gén. de **animal**).

L'adjectif s'accorde « par attraction » avec le complément,
→ sauf si l'adjectif est attribut du sujet
Asinus est stultissimus animalium
L'âne est le plus stupide des animaux

C 4 ÉTYMOLOGIE

■ Les superlatifs latins ont laissé des traces en français :
rarissime (= *très rare*) *illustrissime, serénissime*

■ Le latin **minus** a donné *moins* et est resté dans l'expression *« un minus »* (= un moins que rien).

■ **potens, ntis,** *puissant* (racine de **posse, potes**...) nous a laissé *potentat* et, combiné avec **omnis, e,** *tout* → *omnipotent* (= tout puissant, qui peut tout).

■ La racine **put-** de **puto,** *je pense*, est restée dans *sup-puter* **(sub-puto),** *im-puter, put-atif.*

De même le mot anglais **computer** vient du latin **com-puto (cum-puto)** *je compte, je calcule*, l'orthographe du français *compter* s'explique par la chute du **u.** De même *digital* s'explique par **digitus, i,** (m.) *le doigt* (cf. Leçon XXIII C 4 et XXX B) et *numérique* ou *numéro* par **numero, as, are** (cf. Leçon XXXIII) *je compte, j'énumère.*

■ Le sens premier de **rarus, a, um**, est *clairsemé, peu dense* **capilli rari,** *cheveux clairsemés* →*cheveux rares.*

A 1 PRÉSENTATION

■ Comparatifs et superlatifs irréguliers :

POSITIF		COMPARATIF		SUPERLATIF	
bonus, a, um	*bon(ne)*	**melior, ius**	*meilleur(e)*	**optimus, a, um**	*le meilleur, très bon*
malus, a, um	*mauvais(e)*	**pejor, pejus**	*pire*	**pessimus, a, um**	*le pire, très mauvais*
magnus, a, um	*grand(e)*	**major, majus**	*plus gr.*	**maximus, a, um**	*le plus grand, très gr.*
parvus, a, um	*petit(e)*	**minor, minus**	*plus p.*	**minimus, a, um**	*le plus petit, très petit*
propinquus, a, um	*proche*	**propior, propius**	*plus pr.*	**proximus, a, um**	*le plus proche, très pr.*
multi, ae, a	*nombreux*	**plures, plura**	*plus nb.*	**plurimi, ae, a**	*très nombreux*

■ Les adverbes de manière tirés d'adjectifs font leur comparatif en **-ius**, et leur superlatif en **-issime, -errime, illime**.

docte *savamment* → **doctius** → **doctissime**
acriter *vivement* → **acrius** → **acerrime**

■ Aux formes irrégulières des adjectifs ci-dessus correspondent :

bene	*bien*	**melius**	*mieux*	**optime**	*le mieux*
male	*mal*	**pejus**	*pire*	**pessime**	*le pire*
multum	*beaucoup*	**plus**	*plus*	**plurimum**	*le plus*
paulum	*un peu*	**minus**	*moins*	**minime**	*le moins*
magnopere	*grandement*	**magis**	*plus*	**maxime**	*le plus*

nunquam *jamais* **nonnunquam** *parfois* (= *non jamais*)
remedium, i (n.) *le remède*

A 2 APPLICATION

1. **Suntne homines pejores quam lupi ?**
2. **Saepe pejores, sed nonnunquam meliores sunt.**
3. **Remedium pejus est quam malum.**
4. **Sicilia propior est quam putas.**
5. **Gallicae arbores arborum omnium maximae sunt.**
6. **Romanos milites multo optimos esse putatis.**
7. **Ubi est proximum iter ?**
8. **Via Appia est proxima, minor sed melior quam (via) Domitia.**
9. **Templum paulo propius est quam domus.**
10. **Meliusne est consilium pessimum dare quam tacere ?**

A 3 REMARQUES

■ Six adjectifs très fréquemment utilisés forment leurs comparatifs et superlatifs sur des radicaux différents de celui du positif (cf. en français *bon* → *meilleur* et non « plus bon »).

■ L'**égalité** et l'**infériorité** se marquent toujours par **tam, minus** et **minime** suivis du positif :

tam magnus	*aussi grand*
minus parvus	*moins petit*
minime mali	*les moins mauvais*

■ Ne pas confondre la désinence **-us** de l'adverbe (**minus,** *moins*) avec celle en **-us** du nominatif/vocatif masculin du positif **parvus, minimus**

minus parvus puer *un enfant moins petit*
adv. adj.

■ Ne pas confondre l'adverbe **melius,** *mieux* avec l'adjectif au comparatif nominatif/vocatif/accusatif neutre

adverbe :	**melius est tacere**	*il est mieux de se taire*
adjectif :	**melius consilium do**	*je donne un meilleur conseil*

■ Rappel : le mot *désinence*, vient du verbe **desino,** *cesser, mettre un terme, terminer, se terminer* et désigne la terminaison

id desinit in piscem
cela se termine en (queue de) poisson

A 4 TRADUCTION

1. Les hommes sont-ils pires que les loups ?
2. Ils sont souvent pires, parfois meilleurs.
3. Le remède est pire que le mal.
4. La Sicile est plus proche que tu ne le penses.
5. Les arbres de la Gaule (m. à m. les arbres gaulois) sont les plus grands de tous les arbres.
6. Vous pensez que les soldats romains sont de loin les meilleurs.
7. Où est la route (m. à m. le chemin) la plus proche ?
8. La Via Appia est toute proche, (elle est), plus petite mais meilleure que la Via Domitia.
9. Le temple est un peu plus proche que la maison.
10. Vaut-il mieux (m. à m. est-il meilleur de...) donner un très mauvais conseil, plutôt que de se taire ?

B 1 PRÉSENTATION

■ Comparatifs et superlatifs correspondant à des positifs inusités :

prior, ius	*antérieur*	**primus, a, um**	*le 1er, le début*
posterior, ius	*postérieur*	**postremus, a, um**	*le dernier, la fin de*
interior, ius	*intérieur*	**intimus, a, um**	*le fond de*
exterior, ius	*extérieur*	**extremus, a, um**	*extrême, l'extrémité de*
superior, ius	*supérieur*	**supremus** ou **summus, a, um**	*le haut de, le sommet*
inferior, ius	*inférieur*	**infimus** ou **imus, a, um**	*le + bas, le bas de*
ulterior, ius	*au-delà*	**ultimus, a, um**	*le dernier, l'extrémité*
citerior, ius	*en deçà*	**citimus, a, um**	*le plus rapproché*

■ Latinisme

• Les superlatifs ci-dessus indiquent plus souvent une partie qu'une position

summa arbor *le haut de l'arbre*
→ mais parfois : *l'arbre le plus haut*

■ **juvenis,** *jeune* → **junior,** *plus jeune* = pas de superlatif
senex, *vieux* → **senior,** *plus vieux* = pas de superlatif

• Ces comparatifs, comme tous les comparatifs, remplacent le superlatif français lorsqu'on compare deux éléments d'une paire :

validior manuum	*la plus forte des (deux) mains*
prior	*le premier (de deux)*
major natu	*l'aîné de deux*
maximus natu	*l'aîné de plus de deux*
circus, i (m.)	*le cercle, le cirque*

B 2 APPLICATION

1. **In superiore loco collis sunt quercus.**
2. **Prima nocte redeunt domum juniores.**
3. **In ultima Italia est Sicilia.**
4. **Videsne extremum exercitum ?**
5. **In circo, equus exterior celerior est.**
6. **In postremis venit Sextus.**
7. **Dextra saepe validior manuum est.**
8. **Caesar mittit exercitum de superiore parte in inferiorem collis.**
9. **Nunquam malum est intima consilia tacere.**

B 3 REMARQUES

■ Les **comparatifs et superlatifs** correspondant à des positifs rares (**posterus** → **posterior**) indiquent une position dans l'espace ou dans le temps (**postremi dies**, les jours prochains).

Ils dérivent :

– de prépositions : **prae,** *devant* → **prior,** *avant ;* **post,** *derrière* → **postremus,** *le dernier*

– ou d'adverbes : **ultra,** *au-delà* → **ulterior,** *ultérieur.*

■ Latinisme

• Ces superlatifs indiquent le plus souvent une partie et non une position. On les traduit alors par un nom :
infimus collis *le bas de la colline*

→ Attention : **infimus collis** peut aussi signifier *la colline la plus basse* (voir le contexte).

■ Le fait d'employer le comparatif et non le superlatif quand il s'agit d'une paire est la marque sous-jacente de l'ancien genre du **duel** : on l'applique à tout ce qui marche par paire (mains, pieds, yeux, etc.).

C'est sans doute ce qui explique que **juvenis** et **senex** n'ont pas de superlatif : dans la société romaine militarisée, s'opposaient deux classes d'âge :

– **juniores** (17-45 ans) *les plus jeunes* (armée active)
– **seniores** (45-60 ans) *les plus vieux* (armée de réserve)

■ On désigne souvent par **majores** (m. à m. plus âgés, d'avant) les *parents* ou les *ancêtres, par* **patres,** *les pères, les Sénateurs* ou les *ancêtres* (v. XVII C 4).

B 4 TRADUCTION

1. En haut de la colline il y a des chênes (sur la partie supérieure de la colline).
2. Au début de la nuit, les jeunes rentrent à la maison.
3. La Sicile est au bout de l'Italie.
4. Vois-tu l'arriège-garde (m. à m. l'extrémité de l'armée) ?
5. Au cirque c'est le cheval extérieur qui est plus rapide.
6. Sextus arrive parmi les derniers.
7. La (main) droite est souvent la plus forte des (deux) mains.
8. César envoie l'armée du haut de la colline vers le bas (m. à m. de la partie supérieure de la colline vers l'inférieure).
9. Ce n'est jamais un mal de taire (ses) desseins intimes.

A. **Version**

1. Multo longius est templum quam largius.
2. Antonius minor est quam putas.
3. Plures equi quam caprae sunt Gallis.
4. Inter Flaviam et Juliam, Julia minor natu est.
5. In summo colle stat templum Jovis maximi deorum.
6. Pessima consilia plura sunt quam optima.
7. Nonnunquam pejora remedia sunt quam mala.

B. **Thème**

1. Jamais les loups ne viennent moins nombreux que les chiens.
2. Virgile écrit très bien (à propos) des plus grands parmi les anciens Romains.
3. Nous appelons Fin de la Terre l'extrémité de la Gaule.
4. César, avec les meilleurs de ses soldats, est au sommet de la gloire.
5. Les amis intimes sont parfois plus proches que les épouses.
6. Jules est l'aîné de très nombreux jeunes gens.
7. Il raconte l'histoire d'une époque pire que la guerre.

C 2 CORRIGÉ

A.
1. Le temple est beaucoup plus long que large.
2. Antoine est plus petit que tu ne le penses.
3. Les Gaulois ont plus de chevaux que de chèvres (m. à m. de plus nombreux chevaux que de chèvres sont aux Gaulois).
4. De Flavie et de Julie, c'est Julie la plus jeune (m. à m. entre Flavie et Julie).
5. En haut de la colline se trouve le temple du plus grand des dieux, Jupiter.
6. Les très mauvais conseils sont plus nombreux que les excellents.
7. Parfois les remèdes sont pires que les maux.

B.
1. Nunquam veniunt lupi minus multi quam canes.
2. Vergilius optime scribit de maximis Romanorum antiquorum.
3. Finem Terrae vocamus Galliam ultimam.
4. Caesar, cum optimis militum, in summa gloria est.
5. Intimi amici nonnunquam propiores sunt quam uxores.
6. Julius maximus natu est plurimorum juvenum.
7. Narrat historiam pejoris temporis quam bellum.

■ Ne pas oublier que les comparatifs se déclinent sur le modèle des adjectifs de la 2e classe.

	SINGULIER		PLURIEL	
	M./F.	N.	M./F.	N.
N./V.	**melior**	**melius**	**meliores**	**meliora**
Acc.	**meliorem**	**melius**	**meliores**	**meliora**
G.	← **melioris** →		← **meliorum** →	
D.	← **meliori** →		← **melioribus** →	
Ab.	← **meliore** →		← **melioribus** →	

■ Certains adjectifs en **-dicus, ficus, volus** forment leur comparatif en **-entior** et leur superlatif en **-issimus**

magnificus *magnifique* →
magnificentior, ius → **magnificentissimus, a, um**

■ D'autres empruntent leurs comparatif et superlatif à des synonymes :

novus, a, um *nouveau* → **recentior, ius** *plus récent(e)* → **recentissimus** *(très, le plus récent)*

car **novissimus, a, um** existe, mais signifie *le dernier arrivé.*

Fabius novissimus venit *Fabius vient le dernier*

→ Bref, il importe de toujours vérifier l'existence, la formation et le sens d'un comparatif ou d'un superlatif.

C 4 ÉTYMOLOGIE

■ Les comparatifs et superlatifs irréguliers sont souvent passés « tels quels » en français, en particulier dans tous les domaines touchant à une quelconque compétition (**cum-petire** *chercher à obtenir avec/contre*).

- Le **junior** ou le **senior** : est *le plus jeune* ou *le plus vieux* dans le domaine du sport (ensuite, les *vétérans*, de **vetus,** *vieux*).
- Le **major**, dans le domaine intellectuel, est *le premier* d'un concours, *le meilleur.* Lequel *meilleur* dérive de **melior** (que l'on retrouve dans *améliorer*) tandis que l'on retrouve ce qui est *moins bien* (**pejor** *pire*) dans *péjoratif* (qui abaisse).
- **magis** est resté dans *magistère, magistral, magistrat* (cf. XVIII)
- **maximum** et **minimun** sont restés tels quels, tandis que les *minimes* désignent, en sport, les *très jeunes.*
- *L'optimiste* est celui qui voit les choses *en mieux* (**optima** *les meilleures choses*), *le pessimiste*, celui qui les voit *au pire* (**pessima** *les pires choses*).

XX ■ Nempe heri canebas ? Ita salta nunc !

A 1 PRÉSENTATION

■ Imparfait de l'indicatif régulier

ama-bam	*j'aimais*	**dele-bam**	*je détruisais*
ama-bas	*tu aimais*	**dele-bas**	*tu détruisais*
ama-bat	*il/elle aimait*	**dele-bat**	*il/elle détruisait*
ama-bamus	*nous aimions*	**dele-bamus**	*nous détruisions*
ama-batis	*vous aimiez*	**dele-batis**	*vous détruisiez*
ama-bant	*ils aimaient*	**dele-bant**	*ils détruisaient*

je lisais, etc.	*je prenais*, etc.	*j'entendais*, etc.
leg-e-bam	**cap-i-e-bam**	**audi-e-bam**

heri	*hier*
carmen, inis (n.)	*le chant, la poésie*
quondam	*un jour, autrefois*
ubi + IND.	*lorsque, quand*
tibia, ae (f.)	*la flûte*
tuba, ae (f.)	*la trompe, la trompette*
praeteritus, a, um	*passé(e), écoulé(e)*
praetereo, is, ire	*passer au-delà, le long de, s'écouler*
valeo, es, ere	*être fort, se bien porter, être vigoureux*
salto, as, are	*danser, sauter*
saltus, us (m.)	*le saut, le bond*
saltus, us (m.)	*la gorge, le défilé boisé*
flumen, inis (n.)	*le fleuve*

A 2 APPLICATION

1. **Poetae Romani solebant carmina ad tibiam canere, at milites in saltibus tuba uti solebant.**
2. **Flumen praeteribat hortos, et nos saltabamus in tabernis.**
3. **Valeo paulo minus hodie quam heri valebam, nam saltum dare non possum.**
4. **Praeteritis temporibus, ubi Vergilius scribebat, Romani omnes libros legebant.**
5. **Quondam seniorum consilia, praeterea stultorum, audiebatis.**
6. **Romani habebant nomen et praenomen et cognomen.**
7. **Quondam, manebamus dies totos in arboribus.**
8. **Puer, amabas libros et tibiam et carmina.**

A 3 REMARQUES

■ Sur le radical du présent (cf. Leçon IX B) on forme les temps présent, imparfait et futur des modes indicatif et subjonctif (le conditionnel n'existe pas en latin) aux voix active et passive.

Pour former l'**imparfait de l'indicatif**, on insère le suffixe **-ba-** entre le radical du présent **(ama-, dele-, leg-, cap-i-, audi-)** et les désinences actives (ex. **ama-ba-m**) qui sont :

	-o ou **m**		**-mus**
SING.	**-s**	PLUR.	**-tis**
	-t		**-nt**

■ Pour les trois dernières conjugaisons on notera la voyelle de liaison **-e** entre radical et suffixe : ex. **audi-e-ba-t**, *il écoutait.*

■ **eo, is, ire** *aller* a pour radical **i-** ; on a donc à l'imparfait : **i-bam**.

De même en composition on aura **redibam,** *je revenais*
transibat, *il traversait*

A 4 TRADUCTION

1. Les poètes romains avaient coutume de chanter leurs chants (en s'accompagnant) à la flûte, les soldats dans les montagnes utilisaient la trompe. (m. à m. avaient coutume d'utiliser)
2. Le fleuve passait le long des jardins et nous dansions dans les tavernes.
3. Je me porte un peu moins bien aujourd'hui que (je ne me portais) hier : je ne peux pas danser (m. à m. je ne peux donner un bond).
4. Lorsque Virgile écrivait, au(x) temps passé(s), tous les Romains lisaient (ses) livres.
5. Autrefois, vous écoutiez les conseils des anciens, sauf (ceux) des idiots.
6. Les Romains avaient un nom, un prénom et un surnom.
7. Autrefois nous restions des journées entières dans les arbres.
8. Enfant, tu aimais les livres, la flûte et les chants.

B1 PRÉSENTATION

■ Imparfait du verbe **esse**, *être* et de ses composés

eram	*j'étais*	**pot-eram**	*je pouvais*
eras	*tu étais*	**pot-eras**	*tu pouvais*
erat	*il/elle était*	**pot-erat**	*il/elle pouvait*
eramus	*nous étions*	**pot-eramus**	*nous pouvions*
eratis	*vous étiez*	**pot-eratis**	*vous pouviez*
erant	*ils étaient*	**pot-erant**	*ils pouvaient*

annus, i (m.)	*l'année*
ver, veris (n.)	*le printemps*
aestas, atis (f.)	*l'été*
autumnus, i (m.)	*l'automne*
hiems, hiemis (f.)	*l'hiver*
carpo, is, ere	*cueillir*
aestivare (in. + abl.)	*passer l'été (dans, à)*
aestivus, a, um	*d'été, estival(e)*
rusticus, a, um	*de campagne, rustique*
dulcis, e	*doux, gentil (le)*
asper, era, erum	*rude, rigoureux(se)*
flos, floris (m.)	*la fleur*
canens, ntis	*part. présent de* **cano,** *chanter*
avis, is (m.)	*l'oiseau*
tum... tum	*alors... alors*
quotidie	*tous les jours, chaque jour*

B2 APPLICATION

1. **Praeteritis temporibus, hiemes asperiores erant.**
2. **Ubi primum ver veniebat, tum poteras quotidie aves canentes audire.**
3. **Aestas tamen minus dulcis erat.**
4. **Ubi aestivabatis ?**
5. **Ad mare ibamus ubi aestivabamus.**
6. **Nonne nonnunquam ruri aestivabatis ?**
7. **Saepe in villa rustica ubi flores non deerant.**
8. **Poteratisne tum usque ad autumnum ibi manere ?**
9. **Carpebamus aestivos flores usque ad hiemem !**
10. **Ergo non solum hiemes non asperiores erant quam nunc, sed etiam aestates multo dulciores.**

B 3 REMARQUES

■ L'imparfait du verbe **esse** se forme sur un radical particulier **-er** :

Ex. : **er-a-m** *j'étais*

• Cette conjugaison se retrouve dans les verbes composés :

desum *je manque* **deeram** *je manquais*

A l'imparfait, **posse** *pouvoir* et **prodesse** donnent **pot-eram** et **prod-eram** puisque les préfixes se trouvent toujours devant la voyelle **-e**.

■ Ne pas confondre la finale en **-am** de la 1re personne du singulier, ex. **amabam,** *j'aimais* avec un accusatif sing. féminin de la 1re déclinaison, ex. **tubam**.

→ ni la 2e personne du singulier, ex. **audiebas,** *tu entendais* avec l'accusatif pluriel, ex. **tubas**.

■ **ubi** peut être :

• adverbe interrogatif : **ubi es** *où es-tu ?*
• adverbe relatif introduisant une circonstancielle de lieu

adsum ubi heri aderam *je suis là où j'étais hier*

• conjonction de subordination marquant le temps = *lorsque*.

■ **aestivus, a, um** *d'été, estival.* Le latin forme très souvent un adjectif d'après un nom là où le français préfère un complément du nom :

tempus aestivum *un temps estival, d'été*
forum juliense *le forum de Jules (julien)*

B 4 TRADUCTION

1. Dans le temps (m. à m. dans les temps passés) les hivers étaient plus rudes.
2. Dès que venait le début du printemps, alors tu pouvais chaque jour entendre les oiseaux chanter. (m. à m. chantant)
3. L'été cependant était moins doux.
4. Où passiez-vous l'été ?
5. Nous allions à la mer où nous passions l'été.
6. N'alliez-vous pas parfois à la campagne ?
7. (Si), souvent dans notre maison de campagne, où les fleurs ne manquaient pas.
8. Pouviez-vous alors y rester jusqu'à l'automne ?
9. Nous cueillions des fleurs d'été jusqu'en hiver !
10. Donc, non seulement les hivers n'étaient pas plus rudes que maintenant, mais encore les étés (étaient) beaucoup plus doux.

A. **Version**
1. Quondam solebam tubam et tibiam audire.
2. Pueris canentibus dabat dominus praemium.
3. Ubi pueri eratis, amabatisne aves floresque ?
4. Heri poteramus incolare et rus et urbem.
5. Deerat via maxima. Nam tum agricolis non proderat.

B. **Thème**
1. Lorsque j'étais jeune fille, je me promenais tous les jours.
2. Entendais-tu les oiseaux dans la forêt où il y avait des loups ?
3. (Non !) il n'y avait pas de loups dans la forêt.
4. Vous cueilliez des fleurs, au début de l'été, toi et tes sœurs ?
5. Nous écoutions chanter les oiseaux, nous voyions le fleuve.
6. C'était le bon temps !

C. **Analyse**
1. **dabam** 2. **tibias** 3. **transibas**

C 2 CORRIGÉ

A. 1. Autrefois j'avais coutume d'écouter de la trompe et de la flûte.
2. Le maître donnait une récompense aux enfants qui chantaient.
3. Aimiez-vous les oiseaux et les fleurs lorsque vous étiez enfants ?
4. Hier nous pouvions vivre et la campagne et la ville.
5. La route principale n'existait pas (manquait), elle n'était pas alors utile aux paysans.

B. 1. Ubi puella eram, quotidie ambulabam.
2. Audiebasne aves in silva ubi lupi aderant ?
3. Lupi aberant a silva.
4. Carpebatisne flores, prima aestate, tu sororesque ?
5. Audiebamus aves canentes, flumen videbamus.
6. Dulcia tempora !

C. 1. Je donnais : 1re personne du sing. de **do, as, are, dedi, datum**, *donner* à l'indicatif imparfait.
2. Accusatif pluriel de **tibia, ae** (f.) *la flûte*.
3. Tu traversais : 2e personne du sing. de **transeo, is, ire, ii, itum**, *traverser*, à l'indicatif imparfait.

■ Comme en français, l'imparfait a en latin une valeur de durée, de répétition, d'inachèvement. L'action n'est pas ponctuelle, elle peut se prolonger (*« je pensais hier à toi »* ne signifie pas que j'ai cessé aujourd'hui).

C'est pourquoi, bien que marquant une action située dans le passé, l'imparfait, comme le futur, se bâtit sur le radical du présent. Présent, imparfait et futur sont les trois temps de l'**Infectum** (**in-** négatif + **factus** de **facio**) qui signifie *non achevé, non réalisé, non accompli.*

■ Pour désigner une action habituelle, le latin dit *« avoir coutume de faire »*, plutôt que *« faire quelque chose habituellement »*

soleo ambulare *j'ai l'habitude de me promener*

C 4 ÉTYMOLOGIE

■ Les mots **tibia** et **tuba** sont restés en français.

En latin, comme en français, « la » **tibia** désigne l'os antérieur de la jambe ou de la patte du mouton, os long et cylindrique dans lequel les bergers taillaient une flûte qui en réalité était plutôt un hautbois (se jouant avec deux anches).

Les musiciens (appelés **tibicines**), affranchis ou esclaves, l'utilisent lors des cérémonies religieuses, noces ou funérailles.

A partir du IVe siècle, sous l'influence grecque, la **tibia** accompagne chœurs et danses dans les représentations théâtrales.

C'est l'instrument qui prédomine parmi divers autres. Elle accompagne en particulier :

- la **lyre**, instrument à sept cordes, rythmé par des **crotales** (sorte de castagnettes).
- le **tuba**, trompette d'1,50 m de long, très effilée et à usage surtout militaire.
- la **bucca** *(buccin)*, est une trompette courbe de 3,40 m ; **bucca** signifie *joue gonflée* et le **cornu,** *le cornet.*

Ce sont les peintures des tombes et vases antiques qui attestent des pratiques musicales dès le VIe siècle avant J.-C.

■ **praeter-itus** nous a donné le *« prétérit »*, qui désigne le temps du passé (de ce qui s'est écoulé) en anglais et en allemand.

■ **saltus** (m.), *le saut, la danse*, nous a donné *saltimbanque*. Son homonyme **saltus**, *le défilé boisé*, qui s'oppose au **campus,** *plaine découverte*, nous a donné des noms de villes ou de villages : *Sault, Salt*, etc.

■ **quotidie**, qui nous a donné *quotidien* vient de **quotes dies,** *chaque jour.*

A 1 PRÉSENTATION

■ Le futur simple de l'indicatif

ama-bo	*j'aimerai*	**dele-bo**	*je détruirai*
ama-bis	*tu aimeras*	**dele-bis**	*tu détruiras*
ama-bit	*il/elle aimera*	**dele-bit**	*il/elle détruira*
ama-bimus	*nous aimerons*	**dele-bimus**	*nous détruirons*
ama-bitis	*vous aimerez*	**dele-bitis**	*vous détruirez*
ama-bunt	*ils aimeront*	**dele-bunt**	*ils détruiront*

je lirai, etc.	*je prendrai, etc.*	*j'entendrai, etc.*
legam	**capiam**	**audiam**
leges	**capies**	**audies**
leget	**capiet**	**audiet**
legemus	**capiemus**	**audiemus**
legetis	**capietis**	**audietis**
legent	**capient**	**audient**

cras *demain*
lux, lucis (f.) *la lumière* **hostis, is** (m.) *l'ennemi*
luceo, es, ere *briller, éclairer, luire* (impers. : *il fait jour*)
licet (impersonnel) *il est permis de* + infinitif
vinco, is, ere *vaincre*
jam ; non jam *déjà, jamais plus*
futurus, a, um *futur(e), à venir* (adj.)
gallina, ae (f.) *la poule* **dens, ntis** (m.) *la dent*
horribilis, e *horrible*
simul *en même temps, ensemble*

A 2 APPLICATION

1. **Veniam, videbo, vincam ; nam hostes delebo.**
2. **Semper amabo solis lucem.**
3. **Ubi puer libros amabit, leget et saepe ridebit.**
4. **Redibitis non jam simul in Galliam.**
5. **Audiemus et videbimus semper res horribiles.**
6. **Saecula futura nec vincent nec delebunt hominum opera.**
7. **Quotidie dabo flores Corneliae.**
8. **Ubi servis licebit regnare, gallinae dentes habebunt.**
9. **Nunquam sciemus de futuris rebus.**
10. **Cras ibis rus.**

A 3 REMARQUES

■ Pour former le futur simple des 1re et 2e conjugaisons, on intercale le suffixe **-b-** entre le radical et la désinence. Ce suffixe étant une consonne, une voyelle de liaison s'impose : **i**, ou **u** devant **-nt**.

→ Attention à la 1re personne du singulier : **o** est la désinence.

■ Pour les 3e, 3e mixte, et 4e conjugaisons, le futur se forme en intercalant le suffixe **-a-** pour la première personne du singulier, et **-e-** pour toutes les autres
legam **leges** **legent**

■ **eo, is, ire** *aller*, a un futur du 1er type, bien que le verbe (radical **-i-**) soit apparenté à la 4e conjugaison
ibo - ibis - ibit - ibimus - ibitis - ibunt : *j'irai...*

■ Les **impersonnels** sont fréquents en latin. Certains peuvent s'employer de façon personnelle ou impersonnelle (d'autres sont uniquement impersonnels, cf. XXI. C 3) :
lucet *il fait jour* (impers.) **sol lucet** *le soleil luit* (pers.)

placet *il paraît bon* (**placeo, es, ere** *plaire*)
juvat *il est agréable* (**juvo, as, are** *être agréable*)
interest *il importe* (**intersum, es, esse** *être parmi*)
accidit *il arrive* (par accident) (**accido, is, ere** *arriver*)
contigit *il arrive* (par bonheur) (**contigo, is, ere** *arriver*)
evenit *il arrive* (**evenio, is, ere** *arriver*)

A 4 TRADUCTION

1. Je viendrai, je verrai, je vaincrai ; j'anéantirai les ennemis.
2. J'aimerai toujours la lumière du soleil.
3. Quand l'enfant aimera les livres, il lira et il rira souvent.
4. Vous ne retournerez plus en Gaule ensemble.
5. Nous entendrons et verrons toujours des horreurs (m. à m. des choses horribles).
6. Les siècles futurs ne vaincront ni ne détruiront les œuvres des hommes.
7. Chaque jour je donnerai des fleurs à Cornélia.
8. Lorsqu'il sera permis aux esclaves de régner, les poules auront des dents.
9. Nous ne connaîtrons jamais l'avenir (m. à m. nous ne saurons jamais à propos de choses futures).
10. Demain tu iras à la campagne.

B1 PRÉSENTATION

■ Futur simple de **sum**, *je suis,* et des composés de **esse**

je serai, etc.	*je pourrai, etc.*	*j'assisterai, etc.*
ero	**potero**	**adero**
eris	**poteris**	**aderis**
erit	**poterit**	**aderit**
erimus	**poterimus**	**aderimus**
eritis	**poteritis**	**aderitis**
erunt	**poterunt**	**aderunt**

■ **si** + indicatif indique un fait futur, soumis à une éventualité, mais réalisable.

→ Lorsque le verbe de la principale est au futur, celui de la subordonnée se mettra au futur ou au fut. ant.

si bonus erit, laetus erit
s'il est (m. à m. sera) *bon, il sera heureux*

■ **nisi** : si… ne pas
nisi bonus erit, non laetus erit
s'il n'est pas bon, il ne sera pas heureux

mox	*bientôt (dans l'avenir)*		
aliquando	*un jour*		
fio, fis, fieri	(cf. B 3) *devenir, être fait*		
intellego, is, ere	*comprendre*		
judico, as, are	*juger*	**postea**	*ensuite*
amor, is (m.)	*l'amour*	**Diana, ae** (f.)	*Diane*
piscis, is (m.)	*le poisson*	**Apollo, onis** (m.)	*Apollon*
pisciculus, i (m.)	*petit poisson*	**luna, ae** (f.)	*la lune*

B2 APPLICATION

1. **Flavia nisi venire poterit, mittet Julium.**
2. **Si Lucretii librum legetis, fortasse intellegetis.**
3. **E Dianae, lunae deae, templo exibitis.**
4. **Postea inibimus in Apollonis, solis dei, templum.**
5. **Primum videmus, judicabimus postea.**
6. **Deeruntne vires nunquam Romanis ?**
7. **Boves et caprae semper agricolis proderunt.**
8. **Si cum Lucio in silvam ibis, minime laeta ero.**
9. **Pisciculus, si dei cupiunt, piscis fiet.**

B 3 REMARQUES

■ **Fio,** *je deviens*, est un verbe irrégulier, dont certaines formes se mélangent à celle du verbe **facio,** *je fais*.

PRÉSENT	IMPARFAIT	FUTUR
fio *je deviens*	**fiebam** *je devenais*	**fiam** *je deviendrai*
fis	**fiebas**	**fies**
fit	**fiebat**	**fiet**
fimus	**fiebamus**	**fiemus**
fitis	**fiebatis**	**fietis**
fiunt	**fiebant**	**fient**

■ **Si**, suivi de l'indicatif peut souvent se traduire par *s'il est vrai que* ou *puisque*.

Si dei sunt, boni sunt
S'il est vrai que les dieux existent, ils sont bons

■ **Nisi** peut signifier *si ce n'est, excepté, à l'exception de*

Homines non amat nisi Lucium
Il n'aime pas les hommes, à l'exception de Luc

■ Ne pas confondre **legitis** *vous lisez* et **legetis** *vous lirez*.

■ Le latin aime les diminutifs qui se marquent par des suffixes tels que **-ulus, -culus** : **rivus** *le ruisseau* → **rivulus** *le ruisselet* (Cf. en français *minuscule, homoncule, ridule*, etc.)

B 4 TRADUCTION

1. Si Flavie ne peut pas venir, elle enverra Jules.
2. Si vous lisez le livre de Lucrèce, vous le comprendrez peut-être.
3. Vous sortirez du temple de Diane, la déesse de la lune,
4. Ensuite nous entrerons dans le temple d'Apollon, le dieu du soleil.
5. D'abord nous verrons, ensuite nous jugerons.
6. Les forces ne manqueront-elles jamais aux Romains ?
7. Bœufs et chèvres seront toujours utiles aux paysans.
8. Si tu vas dans la forêt avec Luc, je ne serai pas heureuse du tout.
9. Si les dieux le désirent, petit poisson deviendra grand (poisson).

A. **Version**

1. Heri lucebat, hodie lucet, cras lucebit.
2. Sperabuntne semper homines ?
3. Carpes flores et Juliae dabis.
4. Ibitis Romam ubi ludos videbitis.
5. Nisi redibimus mox in Britanniam, hic semper manebimus.
6. Si linguam latinam intellegetis, laetissimi eritis.
7. Si dei boni erunt, pueri viri fient.

B. **Thème**

1. Si vous n'êtes pas chez vous, nous ne viendrons pas.
2. Quand les amis seront là, ils seront tous heureux.
3. Si tu reviens, nous irons à Lutèce ensemble.
4. Demain le printemps sera là, ensuite viendra l'été.
5. L'amour vaincra tout.
6. S'il n'est pas permis de se promener, nous ne serons plus libres.
7. Vénus sera toujours la déesse de l'amour.
8. Nous ne comprendrons pas les temps futurs.
9. Vous ne rirez pas toujours.

C2 CORRIGÉ

A.
1. Hier il faisait jour, aujourd'hui il fait jour, demain il fera jour.
2. Les hommes auront-ils toujours de l'espoir ?
3. Tu cueilleras des fleurs et tu (les) donneras à Julie.
4. Vous irez à Rome où vous verrez les jeux.
5. Si nous ne retournons pas bientôt en (Grande) Bretagne nous resterons toujours ici.
6. Si vous comprenez le latin (la langue latine) vous serez très heureux.
7. Si les dieux sont bons, les enfants deviendront des hommes.

B.
1. Nisi domi aderitis, non veniemus.
2. Ubi amici aderunt, laeti omnes erunt.
3. Si redibis, Lutetiam simul ibimus.
4. Cras ver aderit, postea aestas veniet.
5. Amor omnia vincet.
6. Nisi ambulare licebit, non jam liberi erimus.
7. Venus semper amoris dea erit.
8. Non intellegemus futura tempora.
9. Non semper ridebitis.

■ **Les impersonnels** (suite de A 3) : verbes qui ne sont quasiment utilisés que sous leur forme impersonnelle.

pluit	*il pleut*	**licet**	*il est permis* (→ licite)
tonat	*il tonne*	**libet**	*il plaît*
decet	*il convient*	**oportet**	*il faut*

Ces verbes ont souvent pour sujet un infinitif ou une proposition infinitive.

Tacere licebit *il sera permis de se taire (se taire sera permis)*
Semperne oportebit feminas tacere ?
Faudra-t-il toujours que les femmes se taisent ?

C 4 MYTHOLOGIE - ÉTYMOLOGIE

■ **Apollon** et **Diane** sont frère et sœur dans le Panthéon gréco-romain et incarnent le **Soleil** et la **Lune**.

« Importés » de Grèce, ils sont intégrés au culte des Romains, qui en plus des leurs, accueillaient et romanisaient les dieux des peuples vaincus (grecs, asiatiques, gaulois, africains, etc.), ce qui mena le Panthéon latin à ≃ 30 000 dieux.

- **Apollon** n'avait pas d'équivalent romain : il a gardé son nom grec. C'est le dieu du Soleil, des Arts ; il incarne la raison, l'équilibre et a pour attributs un arc, une lyre. Il s'oppose par là à **Dyonisos** (→ en français, *Denis*), dieu de la démesure, de l'ivresse, de l'instinct.
- Par son fils **Esculape, Apollon** est le dieu de la médecine. Il est complémentaire de sa sœur, **Artémis** chez les Grecs, que les Romains ont assimilée à **Diane**, déesse de la Lune, de la nuit, de la chasteté, de la sauvagerie, donc aussi de la chasse. Elle a pour attributs le croissant (de lune), l'arc (comme son frère), et la biche.

■ **Gallina, ae,** *la poule* (qui nous a donné *gallinacée*) est dérivé de **gallus, i** (m.) *le coq*.

L'homonymie avec **Gallus,** *le Gaulois*, a fait de cet animal l'emblème de la Gaule.

- La racine **gal-** est restée en italien et en espagnol (**gallo**, *le coq*) et a été supplantée en français par l'onomatopée *« coco »*, cri du coq tel que déjà les Romains l'entendaient.
- Quant à la *poule*, elle vient de **pulla**, féminin de **pullus**, *petit d'un animal* (→ *poulain*). La **pulla**, *jeune poule*, a supplanté **gallina** qui est resté en italien et en espagnol (mais l'ancien français *géline* a résisté dans certains patois, et dans *gélinotte*).

XXII ■ Boni amantur a deis.

A 1 PRÉSENTATION

■ La **voix passive** indique qu'une action est **subie** (cf. C 4). Elle se marque par des désinences particulières.

• 1re conjugaison :

am-**o-r**	*je suis aimé(e)*	ama-**mur**	*nous sommes aimés(ées)*
ama-**ris**	*tu es aimé(e)*	ama-**mini**	*vous êtes aimés(ées)*
ama-**tur**	*il (elle) est aimé(e)*	ama-**ntur**	*ils (elles) sont aimés(ées)*

• 2e conjugaison :

dele-**or**	*je suis accablé(e)*	dele-**mur**	*nous sommes accablés(ées)*
dele-**ris**	*tu es accablé(e)*	dele-**mini**	*vous êtes accablés(ées)*
dele-**tur**	*il (elle) est accablé(e)*	dele-**ntur**	*ils (elles) sont accablés(ées)*

• 3e conjugaison :

leg**or**	*je suis lu(e)*	legi**mur**	*nous sommes lus(es)*
leger**is**	*tu es lu(e)*	legi**mini**	*vous êtes lus(es)*
legi**tur**	*il (elle) est lu(e)*	legu**ntur**	*ils (elles) sont lus(es)*

• 3e conjugaison mixte :

capi**or**	*je suis pris(e)*	capi**mur**	*nous sommes pris(es)*
caper**is**	*tu es pris(e)*	capi**mini**	*vous êtes pris(es)*
capi**tur**	*il (elle) est pris(e)*	capiu**ntur**	*ils (elles) sont pris(es)*

• 4e conjugaison :

audi**or**	*je suis entendu(e)*	audi**mur**	*nous sommes entendus(es)*
audi**ris**	*tu es entendu(e)*	audi**mini**	*vous êtes entendus(es)*
audi**tur**	*il (elle) est entendu(e)*	audiu**ntur**	*ils (elles) sont entendus(es)*

matrimonium, ii (n.)	*le mariage*
labor, is (m.)	*la fatigue*
conjungo, is, ere	*unir, joindre, marier*

A 2 APPLICATION

1. Mittimur a Caesare.
2. Juno et Jupiter matrimonio conjunguntur.
3. Vergilii libri a multis nunc jam leguntur.
4. Curis et laboribus deleris.
5. Capimur ab hostibus.
6. Amore caperis.
7. Carmen auditur a puellis.
8. Vocamini a domino.
9. Flavia a Julio amatur.
10. Homines morte delentur.

XXII ■ Les hommes bons sont aimés des dieux.

A 3 REMARQUES

■ Les désinences propres au passif sont :

SING.	1. **-or** (ou **r**)	PLUR.	1. **-mur**
	2. **-ris** (ou **re**)		2. **-mini**
	3. **-tur**		3. **-ntur**

■ La 2e personne du singulier du passif peut être en **-re** : **amaris** ou **amare** *tu es aimé(e)*

→ Ne pas confondre cette forme avec l'infinitif actif **amare** *aimer*.

■ Ne pas confondre la forme verbale **amor** *je suis aimé(e)* avec le nom **amor, is** (m.) *l'amour*.

■ La conjugaison complète au passif n'est possible qu'avec les verbes transitifs qui admettent un C.O.D. à l'accusatif.

Dans le renversement actif → passif, ce qui était le C.O.D devient le sujet, et ce qui était le sujet (l'agent de l'action) devient complément d'agent, se marquant par **ab** + ablatif s'il s'agit d'un être animé, par l'ablatif seul s'il s'agit d'une chose :

Pater amat filium		→	**Filius amatur a patre**	
(Sujet)	C.O.D.		(Sujet)	(C. d'agent)
Tempus delet templum		→	**Templum deletur tempore**	
(Sujet)	C.O.D.		(Sujet)	(C. d'agent)

■ Le mot *conjugaison* nous vient du verbe **con-jungo,** *joindre, réunir, lier ensemble*. De ce verbe dérive **conjonctivus,** *qui sert à lier (conjonctif)* et **conjunctio,** *la liaison, la conjonction*. Le part. passé de ce verbe est **conjunctus** qui nous a donné le *conjoint*.

A 4 TRADUCTION

1. Nous sommes envoyés par César.
2. Junon et Jupiter sont unis par le mariage.
3. Les livres de Virgile sont toujours lus par beaucoup.
4. Tu es accablé de soucis et de fatigue. (tu es détruit par...)
5. Nous sommes pris par les ennemis.
6. Tu es pris par l'amour (= tu es amoureux).
7. Le chant est écouté par les jeunes filles.
8. Vous êtes appelés par le maître.
9. Flavie est aimée de Jules.
10. Les hommes sont anéantis par la mort.

B1 PRÉSENTATION

■ Il existe un **passif impersonnel** pour les verbes non transitifs :

Itur *on va*
Curritur *on court*

■ L'infinitif passif est en **-i** :

Amari *être aimé(e)*

■ Certains verbes ont une forme passive, mais un sens actif. Ce sont les **déponents** (cf. B 3).

■ On note donc ainsi les verbes déponents :

vereor, eris, eri	*craindre respectueusement* (2e conj.)
imitor, aris, ari	*imiter* (1re conj.)
utor, eris, uti (+ abl.)	*user (de), utiliser* (3e conj.)
patior, eris, pati	*souffrir, endurer* (3e conj.)
experior, iris, iri	*éprouver, mettre à l'épreuve*
oratio, tionis (f.)	*le discours*
orator, is (m.)	*orateur*
curro, is, ere	*courir*
arma, orum (n. pl.)	*les armes*
gladius, i (m.)	*l'épée, le glaive*

B2 APPLICATION

1. **Experiris Flaviae amorem.**
2. **Imitamur Romanos antiquos.**
3. **Primo vere itur rus, prima aestate curritur ad mare.**
4. **Utimini consiliis amicorum.**
5. **Agricolis videtur hiems venire.**
6. **Servi verentur dominos.**
7. **Patimur belli labores, arma enim non deponuntur.**
8. **Dicitur oratio Ciceronis magna voce.**
9. **Dicuntur oratores romani optimi esse.**

B 3 REMARQUES

■ Latinisme : avec certains passifs comme **dicitur**, on préfère le passif personnel à l'impersonnel. Plutôt que :
Dicitur Caesarem fortem esse, *on dit que César est courageux*
on aura : **Dicitur Caesar fortis esse,** *m. à m. César est dit (être) courageux*
On met au nominatif l'attribut du sujet.

- Ce passif personnel est préférable avec les verbes comme **dico** *je dis*, **credo** *je crois*, **nuntio** *j'annonce*, **fero** *je rapporte*
- Il est obligatoire avec les verbes de volonté
  jubeo *j'ordonne* **jubeor abire** *on m'ordonne de partir*
  (m. à m. je suis obligé de partir)
- et avec **videri**, passif de **videre** qui ne peut jamais signifier *être vu*. **videor** peut avoir le sens de *il semble (à d'autres) que je...* ou de *il me semble que*
  videor progredi *il (vous) semble que je progresse*
  videris progredi *il me semble que tu progresses*
- Lorsqu'on veut utiliser le passif de *voir, être vu*, on a recours à des verbes comme :
  adspicio, conspicio *regarder, apercevoir*
  conspicior ab omnibus *tout le monde me regarde (je suis vu par tous)*

■ Les verbes **« déponents »** (de forme passive et de sens actif) tirent leur nom du latin **depono,** *déposer, abandonner* parce que, pour les grammairiens latins, ils ont *« abandonné »* leur sens passif.

B 4 TRADUCTION

1. Tu mets à l'épreuve l'amour de Flavie.
2. Nous imitons les anciens Romains.
3. Au début du printemps, on va à la campagne, au début de l'été, on court à la mer.
4. Vous utilisez les conseils de vos amis.
5. Il semble aux paysans que l'hiver vient. (l'hiver semble venir)
6. Les esclaves craignent les maîtres.
7. Nous subissons les peines de la guerre, car les armes ne sont pas déposées.
8. Le discours de Cicéron est prononcé d'une voix forte.
9. On dit que les orateurs romains sont les meilleurs.

A. **Version**

1. Arma hostium a Caesare capiuntur.
2. Delemur rebus adversis.
3. Audimini ab optimis magistris.
4. Cicero ! Legeris ab omnibus Romanis.
5. Ciceronis oratio videtur non audiri.
6. Imitamur tamen Ciceronis orationes.
7. Pateris belli labores.
8. Dicuntur (homines) sapientes deos vereri.
9. Non poteris vi uti.

B. **Thème**

1. Les Gaulois mettent à l'épreuve la sagesse du chef.
2. Le glaive est déposé par le soldat.
3. On dit que le peuple courageux n'est jamais vaincu.
4. Nous subissons l'adversité (des choses adverses).
5. Il semble aux Romains que les dieux imitent les hommes.
6. On dit que Cicéron est le meilleur orateur.
7. Aujourd'hui on se bat dans toutes les parties du monde.
8. Tu n'uses pas toujours de sagesse.

C 2 CORRIGÉ

A. **Version**

1. Les armes des ennemis sont prises par César.
2. Nous sommes anéantis par l'adversité.
3. Vous êtes écoutés par les meilleurs maîtres.
4. Cicéron ! Tu es lu par tous les Romains.
5. Il semble que le discours de Cicéron n'est pas écouté.
6. Nous imitons cependant les discours de Cicéron.
7. Tu subis la fatigue de la guerre.
8. On dit que les (hommes) sages craignent les dieux.
9. Tu ne pourras pas user de violence.

B. **Thème**

1. Galli experiuntur ducis sapientiam.
2. Gladium deponitur a milite.
3. Dicitur populus fortis nunquam vinceri.
4. Patimur res adversas.
5. Romanis videntur dei homines imitari.
6. Dicitur Cicero optimus orator esse.
7. Hodie pugnatur in omnibus terrae partibus.
8. Non semper sapientia uteris.

■ **Fio, is, fieri,** *être fait, devenir,* sert de passif à **facio.** Il n'est pas toujours possible de traduire littéralement du français au latin : les verbes qui se construisent avec le datif, ou les verbes déponents, n'ont pas de passif, on doit alors tourner la phrase en la remettant à l'actif :

Ex. : *« Les maîtres sont imités par les enfants »*
Pueri imitantur magistros *(les enfants imitent les maîtres)*

Ex. : *« Le soldat est épargné par l'ennemi »* (épargner : **parco** + datif, *faire grâce*). On traduira par l'actif :

→ **Hostis parcit militi** *l'ennemi fait grâce au soldat*

Ou par le passif impersonnel :

→ **Parcitur militi ab hoste** *il est fait grâce au soldat par l'ennemi*

■ Lorsqu'un verbe pronominal français est de sens passif, le latin le traduit par un passif :

Templum aedificatur	*le temple se construit*
lavare *baigner*	**lavari** *se baigner*

C4 ÉTYMOLOGIE

■ Patior : la racine **pat-** est dérivée du grec **« pathein »**, qui nous a donné **pathos** *(**path**ologie, ostéo**path**e, psycho**path**e).*

Elle signifie : *subir, supporter, endurer, souffrir.* Elle est à l'origine du mot ***pat**ient,* (le malade qui ***subit*** une maladie), de la ***pat**ience* (le fait d'endurer, d'accepter, d'attendre).

→ D'où le sens premier de *souffrir* dans *« un colis en souffrance »* (en attente) ou *« je ne souffrirai aucune excuse »* (= accepter une excuse).

Enfin le participe passé de **patior** est **passus** qui nous a donné le *passif,* (voix grammaticale qui marque qu'une action est *subie*), *la passivité…*

■ Le mot *actif,* lui, vient de **actus,** participe passé de **ago, is, ere** *agir* : la *« voie active »* est donc celle où le sujet agit, est l'*agent* de l'action (**agens, agentis** est le participe présent de **ago**).

Au passif le complément d'*agent* indique par qui ou par quoi est effectuée l'action que subit le sujet

Sabinae mulieres rapiuntur a Romanis viris
Les (femmes) Sabines sont enlevées par les hommes Romains.

A 1 PRÉSENTATION

■ Pour former l'**imparfait des verbes passifs** ou **déponents** on intercale, comme à l'actif, le suffixe **-ba-** entre le radical et les désinences du passif (Leçon XXII A).

• 1re conjugaison (Passif)		2e conjugaison (Déponent)	
ama-**ba**-r	*j'étais aimé(e)*	vere-**ba**-r	*je craignais*
ama-**ba**-ris	*tu étais aimé(e)*	vere-**ba**-ris	*tu craignais*
ama-**ba**-tur	*il (elle) était aimé(e)*	vere-**ba**-tur	*il (elle) craignait*
ama-**ba**-mur	*nous étions aimés(ées)*	vere-**ba**-mur	*nous craignions*
ama-**ba**-mini	*vous étiez aimés(ées)*	vere-**ba**-mini	*vous craigniez*
ama-**ba**-ntur	*ils (elles) étaient aimés(ées)*	vere-**ba**-ntur	*ils (elles) craignaient*
• 3e conjugaison (Passif)		3e conjugaison mixte (Dép.)	
legebar	*j'étais lu(e),* etc.	**patiebar**	*je subissais,* etc.
• 4e conjugaison (Passif)			
audiebar	*j'étais écouté(e),* etc.	**audiebamur**	*nous étions écoutés(ées)*

■ Le passif impersonnel peut se conjuguer à tous les temps : **ibatur,** *on allait.*

conspicio, is, ere	*regarder, voir*
progredior, eris, i	*s'avancer, avancer, faire des progrès*
consensus, us (m.)	*l'accord*
misereor, eris, eri (+ Gén.)	*avoir pitié (de)*
loquor, eris, loqui	*parler, dire*
gradus, us (m.)	*le pas, le degré*
olim	*autrefois*
fero, fers, ferre	*porter, supporter, rapporter*

A 2 APPLICATION

1. **Nonne loquebaris cum Appio ?**
2. **Loquebar ; consensus enim non progrediebatur.**
3. **Conspiciebaris etiam saepe cum Lucio.**
4. **Videbatur Fabius servorum misereri.**
5. **Dominus heri servi non miserebatur.**
6. **Olim per gradus ad gloriam ibatur.**
7. **Loquebamur saepe. Multae historiae ferebantur.**
8. **Nec tamen audiebaris nec legebaris.**
9. **Juniores seniores non verebantur.**

A 3 REMARQUES

■ Le verbe **ferre** (porter) a une conjugaison irrégulière à certains temps :

ACTIF INDICATIF			PASSIF INDICATIF		
Présent	Imparfait	Futur	Présent	Imparfait	Futur
Je porte	*Je portais*	*Je porterai*	*Je suis porté(e)*	*J'étais porté(e)*	*Je serai porté(e)*
Fero	**Ferebam**	**Feram**	**Feror**	**Ferebar**	**Ferar**
Fers	**Ferebas**	**Feres**	**Ferris**	**Ferebaris**	**Fereris**
Fert	**Ferebat**	**Feret**	**Fertur**	**Ferebatur**	**Feretur**
Ferimus	**Ferebamus**	**Feremus**	**Ferimur**	**Ferebamur**	**Feremur**
Fertis	**Ferebatis**	**Feretis**	**Ferimini**	**Ferebamini**	**Feremini**
Ferunt	**Ferebant**	**Ferent**	**Feruntur**	**Ferebantur**	**Ferentur**

■ Très fréquent, il signifie d'abord *porter* au sens physique :
– **Fero arma** *je porte des armes*
Au sens figuré :
– **Fero nomen** *je porte un nom*
Il signifie aussi *présenter*...
– **Fero legem ad populum** *je présente une loi au peuple*
Mais aussi *rapporter* au sens de *raconter, colporter*
– **Ferebat semper omnia** *il racontait toujours la même chose*

■ **Comme « dicunt »** *(on dit, les gens disent)*, **« ferunt »** *(on rapporte, ils (les gens) rapportent)* est souvent employé suivi d'une proposition infinitive.

■ Le passif impersonnel est fréquent également :
– **Ut olim ferebatur** *comme on (le) racontait autrefois*

A 4 TRADUCTION

1. Est-ce que tu ne parlais pas avec Appius ?
2. Si, je parlais, car l'accord (entre nous) ne progressait pas.
3. On te voyait aussi souvent avec Luc. (tu étais vu)
4. Il (me) semblait que Fabius avait pitié des esclaves.
5. Le maître, hier, n'avait pas pitié de l'esclave.
6. Autrefois on allait à la gloire par étapes.
7. Nous parlions souvent : de nombreuses histoires se racontaient.
8. Cependant tu n'étais ni écouté ni lu.
9. Les jeunes ne craignaient pas les vieux.

B 1 PRÉSENTATION

■ Pour former le futur des verbes passifs ou déponents on intercale entre le radical et les désinences du passif le suffixe **-b-** pour les deux premières conjugaisons et le suffixe **-a-** ou **-e-** pour les trois autres (cf. Leçon XXI A 3).

• 1re conjugaison		2e conjugaison	
Amabor	*je serai aimé(e)*	**Verebor**	*je craindrai*
Amaberis (re)	*tu seras aimé(e)*	**Vereberis**	*tu craindras*
Amabitur	*il (elle) sera aimé(e)*	**Verebitur**	*il (elle) craindra*
Amabimur	*nous serons aimés(ées)*	**Verebimur**	*nous craindrons*
Amabimini	*vous serez aimés(ées)*	**Verebimini**	*vous craindrez*
Amabuntur	*ils (elles) seront aimes(ées)*	**Verebuntur**	*ils (elles) craindront*

• 3e conjugaison		3e mixte	
Legar	*je serai lu(e), etc.*	**capiar**	*je serai mis(e)*

• 4e conjugaison

audiar *je serai entendu(e)*

aufero, fers, ferre	*porter loin de, emporter*
confero, fers, ferre	*porter ensemble, réunir, comparer, rapprocher, conférer*
abutor, eris, uti (+ abl.)	*abuser (de)*
doleo, es, ere	*avoir mal, souffrir*
patientia, ae (f.)	*la patience, l'endurance*
morbus, i (m.)	*la maladie*
pes, pedis (m.)	*le pied*
quousque ?	*jusqu'où ?*

B 2 APPLICATION

1. **Arma ex urbe auferentur.**
2. **Quousque abuteris patientia deorum ?**
3. **Consilia nunquam audientur, nisi mala.**
4. **Amabimini a deis si verebimini patres.**
5. **Non diu patiemur bella morbosque.**
6. **Non dicentur milites stulti esse.**
7. **Duci militis verba ferentur.**
8. **Ego, si sapientia utar, non mala patiar.**
9. **Flavia, misereberis militis : nec loqueris.**
10. **Conjungenturne Flavia et Lucius dulci consensu ?**
11. **Patiar patientia morbum, etiam si caput et pedes dolebunt.**

B 3 REMARQUES

■ Dans les verbes composés, au contact de certains radicaux, le préfixe peut se modifier (cf. Leçon XIII A 3) :

1. **Ad-fero** → **affero** *j'apporte*
2. **Ab-fero** → **aufero** *j'emporte (loin de)*
3. **Ex-fero** → **effero** *j'emporte (hors de)*
4. **Cum-fero** → **confero** *je réunis, je compare*
5. **Cum-loquor** → **colloquor** *je parle avec*

■ Parfois la voyelle du radical est modifiée par la présence du préfixe. On appelle **apophonie** cette modification, par exemple de **a** en **i** :

facio, *je fais* → **efficio (ex-facio),** *je réalise*
conficio (cum-facio) → *j'achève*

■ Par le jeu des préfixes, les verbes peuvent prendre une infinité de sens :

cadit, *il tombe* → **accidit,** *il arrive* (cf. fr. *accident*)
venit, *il vient* → **advenit,** *il advient*
evenit, *il arrive* (de) (cf. fr. *événement*)
subvenit, *il subvient* (cf. fr. *subvention*)
con (cum) venit, *il convient* (cf. fr. *convention*)

■ Le latin pense *« la tête me fait mal »* → **caput me dolet** là où le français pense *« j'ai mal à la tête »*.

B 4 TRADUCTION

1. Les armes seront emportées hors de la ville.
2. Jusqu'où abuseras-tu de la patience des Dieux ?
3. Les conseils ne seront jamais écoutés sauf (m. à m. si ce n'est) les mauvais.
4. Vous serez aimés des Dieux si vous craignez vos pères.
5. Nous ne supporterons pas longtemps les guerres et les maladies.
6. Il ne sera pas dit que les soldats sont stupides. (m. à m. les soldats ne seront pas dits stupides)
7. Les paroles du soldat seront rapportées au chef.
8. Moi, si j'use de sagesse, je ne subirai pas de malheur.
9. Flavie, tu auras pitié d'un soldat : tu ne parleras pas.
10. Flavie et Luc seront-ils unis par un doux accord ?
11. Je supporterai avec patience la maladie, même si j'ai mal à la tête et aux pieds (m. à m. si la tête et les pieds me font mal).

A **Version**

1. Heri loquebamur, cras progrediemur.
2. Arma mox deponentur.
3. Romani olim multa bella patiebantur.
4. Vergilii libri multa saecula legentur.
5. Dicebantur heri Galli Romanorum patientia abuti.
6. Caesar dicebatur optimus dux.
7. Miserebunturne puerorum milites ?

B. **Thème**

1. Si tu rapportes (ces) mots, je ne parlerai plus.
2. Si vous n'avez pas pitié des vieillards, vous ne serez pas aimés des dieux.
3. Hier tu marchais dans la forêt.
4. Nous n'userons pas toujours de patience avec les méchants.
5. De nombreux pas seront faits vers la lumière. (Par de nombreux pas, on ira vers la lumière)
6. Demain l'accord fera des progrès.

C. **Analysez et traduisez**

1. **Feremur**
2. **Loqui**

C2 CORRIGÉ

A. **Version**

1. Hier nous parlions, demain nous progresserons.
2. Les armes seront bientôt déposées.
3. Les Romains autrefois subissaient beaucoup de guerres.
4. Les livres de Virgile seront lus longtemps. (pendant de nombreux siècles)
5. On disait hier que les Gaulois abusaient de la patience des Romains. (Les Gaulois étaient dits...)
6. César était, disait-on, le meilleur chef (m. à m. César était dit le meilleur chef).
7. Les soldats auront-ils pitié des enfants ?

B. **Thème**

1. Si fereris verba, iam non loquar.
2. Nisi senum miserebimini, a deis non amabimini.
3. Heri in silva progrediebaris.
4. Non semper patientia utemur cum malis.
5. Multis gradibus ibitur ad lucem.
6. Consensus cras progredietur.

C. **Analyse**

1. 1re pers. plur. fut. de l'ind. passif de **fero, fers, ferre** *porter, nous serons porté(e)s.*
2. Infinitif présent de **loquor, eris, i** = *parler* (déponent).

■ Imparfait et futur simple des voix active et déponente se construisent exactement de la même façon que dans la voix active : au radical du présent, on ajoute le suffixe puis les désinences propres à chaque voix.

■ **Vereor** marque une nuance de respect dans la crainte et n'a pas le même sens que **metuo, is, ere,** *redouter, avoir peur* ou **timeo** *craindre.*

C'est ce genre de nuance (qu'il faut aller chercher dans un dictionnaire) qui permet de traduire correctement la phrase 9 de l'application A 2 en choisissant **juniores** comme nominatif et **seniores** comme accusatif, alors que grammaticalement ce pourrait être l'inverse, *des vieillards* (**seniores** peut être un nominatif-sujet) pourraient *redouter* **(metuere)** *des jeunes gens* (**juniores** peut être un accusatif C.O.D.) mais non pas les *craindre respectueusement* **(vereri).**

C4 ÉTYMOLOGIE

■ La racine **fer-** du verbe **« fero »** = *je porte,* nous a donné le suffixe français :

fère = « porteur de… »

- *Somnifère* : qui porte le sommeil (**sommus, i** (m.), *le sommeil*)
- *Mortifère* : qui porte la mort, mortel (**mors, tis** (f.) *la mort*)
- *Aurifère* : qui porte de l'or (**aurum, i** (n.), *l'or*).

→ On retrouve le sens de *porter* dans le français *sans coup férir.*

■ **Gradus** : *le pas, le degré,* nous a donné *grade, graduer, gradian, centigrade, dégrader…*

→ **gradus** est aussi resté dans le *Grau du Roi* (c. à d. le passage du Roi).

Le *pas* français, lui, vient de **passus, us** (m.), *le pas,* lui-même dérivé de **pando, is, ere,** *étendre, étaler.*

Le **« passus »** romain désigne une mesure : le double **« gradus »** qui est égal à 5 pieds romains :

1 **« passus »** = 1,479 m.

- **Mille passus,** le *« mille »,* équivaut à 1 479 mètres (mille pas).
- Le *« pied »,* quant à lui, vient de **pes, pedis** (m.), *le pied* (comme dans ***péd**estre,* ***péd**oncule…*) et est aussi une mesure d'environ 0,29 m, soit 16 <u>pouces</u> ou <u>doigts</u> (**digitus, i** (m.), *le doigt,* qui nous a donné *digital…*)

A1 PRÉSENTATION

■ **Passé simple** et **passé composé** français se traduisent par un seul temps latin : le **parfait.**

Amavi	*j'ai aimé*	ou	*j'aimai*
Amavisti	*tu as aimé*	ou	*tu aimas*
Amavit	*il (elle) a aimé*	ou	*il (elle) aima*
Amavimus	*nous avons aimé*	ou	*nous aimâmes*
Amavistis	*vous avez aimé*	ou	*vous aimâtes*
Amaverunt	*ils (elles) ont aimé*	ou	*ils (elles) aimèrent*

■ **Delevi**	*j'ai détruit*	ou	*je détruisis*
Legi	*j'ai lu*	ou	*je lus*
Cepi	*j'ai pris*	ou	*je pris*
Audivi	*j'ai entendu*	ou	*j'entendis*
Audii			

■ On donne toujours le parfait dans la « carte d'identité » d'un verbe :

venio, is, ire, i	*venir* (4e)
video, es, ere, vidi	*voir* (2e)
vinco, is, ere, vici	*vaincre* (3e)
facio, is, ere, feci	*faire* (3e mixte)
eo, is, ire, ivi ou **ii**	*aller* (irrégulier, cf. p. 268)
postquam	*après que* (+ ind.)

A2 APPLICATION

1. **Milites Caesarem non semper amaverunt.**
2. **Ubi Caesar Gallos vidit, iter fecit ad collem.**
3. **Postquam venisti, Rhodanum transiimus.**
4. **Ubi loquebaris, venerunt hostes et templum deleverunt.**
5. **Audiit aves, at non vidit !**
6. **Vicistis animalia ferocia.**
7. **Victoria spem fecit Gallis.**
8. **Legimus heri Ciceronis litteras, legistisne ?**
9. **Ubi venit, miles asinum et equum cepit.**
10. **Postquam redii domum, exiisti.**

A 3 REMARQUES

■ A la voix active le **parfait** se construit à partir d'un autre radical que celui du présent :

Ama- : radical du présent **Amav-** : radical du parfait

■ Les radicaux du parfait les plus fréquents sont en
-avi (1re conjugaison) **-ivi** (4e conjugaison)
-ui (2e conjugaison)

■ Ils peuvent être aussi très différents de celui du présent :
cap- radical présent → **capio** : *je prends*
cep- radical parfait → **cepi** : *j'ai pris*

■ Les parfaits réguliers en **-avi, -evi**, ou **-ivi** peuvent se contracter en **-ii** :

Audivi ou **audii** = *j'ai écouté* ou *j'écoutai*

Ce double **« i »** se réduit à un seul devant un **e** :
iierunt = **ierunt** : *ils sont allés* ou *ils allèrent*

■ Le parfait a des désinences propres, différentes de celles du présent :

Sg.	Pl.
-i	-imus
-isti	-istis
-it	-erunt

A 4 TRADUCTION

1. Les soldats n'ont pas toujours aimé César.
2. Lorsque César vit les Gaulois, il fit route vers la colline.
3. Après ta venue (que tu es venu), nous avons traversé (traversâmes) le Rhône.
4. Pendant que tu parlais, les ennemis sont venus et ont détruit le temple.
5. Il entendit les oiseaux, (mais) il ne les vit pas !
6. Vous avez vaincu les bêtes féroces.
7. La victoire a donné (m. à m. a fait) de l'espoir aux Gaulois.
8. Nous avons lu hier la lettre de César, l'avez-vous lue ?
9. Quand il vint, le soldat prit un âne et un cheval.
10. Après mon retour à la maison (après que je suis rentré), tu es sorti.

B1 PRÉSENTATION

■ Parfait du verbe **esse** :

Fui	*j'ai été (je fus)*
Fuisti	*tu as été (tu fus)*
Fuit	*il (elle) a été (il [elle] fut)*
Fuimus	*nous avons été (nous fûmes)*
Fuistis	*vous avez été (vous fûtes)*
Fuerunt	*ils (elles) ont été (ils [elles] furent)*

■ Les composés suivent la même règle (**adfui, defui**...)
Posse → potui

■ **dico, is, ere, dixi**	*dire*
fero, fers, ferre, tuli	*porter*
sto, as, are, steti	*se trouver, se tenir*
maneo, es, ere, mansi	*rester*
rideo, es, ere, risi	*rire*
cado, is, ere, cecidi	*tomber*
accido, is, ere, accidi	*tomber, se produire, arriver*
scribo, is, ere, scripsi	*écrire*
quaero, is, ere, quaesivi	*chercher, chercher à obtenir*
fama, ae (f.)	*la nouvelle, la réputation*
pax, pacis (f.)	*la paix*
antequam	*avant que*
subito	*tout à coup, soudain, aussitôt*

B2 APPLICATION

1. **Ubi de bello audivit, subito Roma exiit.**
2. **Potuisti venire ubi rogavi.**
3. **Vires desunt hostibus, postquam pacem Romani fecerunt.**
4. **Ad Ciceronem scripsistis antequam dicimus.**
5. **Mansit Aulus domi, postquam narravi historiam.**
6. **Templum Jovis in summo Capitolio stetit*.**
7. **Pacem semper amavi : ergo consensum quaesivi.**
8. **Ubi astra de caelo ad terram acciderunt, nox subito fuit.**
9. **Fama Romulus Martis filius fuit.**
10. **Quaesivisti pacem, arma non abstulerunt hostes.**

* Cf. C 3.

B 3 REMARQUES

■ Non seulement le radical du parfait peut être très différent de celui du présent :

cano → **cecin-i** *j'ai chanté*
dico → **dix-i** *j'ai dit*

mais encore il peut emprunter à des formes complètement extérieures :

sum *(je suis)* → **fui**, qui a donné *je fus*
fero *(je porte)* → **tuli,** *j'ai porté*

C'est la raison pour laquelle le parfait est toujours donné dans les dictionnaires, même lorsqu'il est régulier

rogo, as, are, avi *demander*
narro, as, are, avi *raconter*

■ Le passé antérieur français n'existe pas en latin, et c'est le parfait qui peut en indiquer la nuance :

postquam scripsit, exiit *après qu'il eut écrit, il partit*

■ Dans le cas des verbes composés, le préfixe peut reprendre sa forme première au contact d'un radical différent :

1. **aufero** *(j'emporte loin de)* → **abstuli** *(j'ai emporté)*
2. **effero** *(j'emporte hors de)* → **extuli** *(j'ai emporté)*
3. **offero** *(j'offre)* → **obtuli** *(j'ai offert)*

B 4 TRADUCTION

1. Lorsqu'il entendit (parler) de la guerre, il quitta Rome aussitôt (m. à m. soudain il partit de Rome).
2. Tu as pu venir quand je (l') ai demandé.
3. Les forces manquent aux ennemis après que les Romains ont fait la paix.
4. Vous avez écrit à Cicéron avant que nous ne le disions.
5. Après que je lui ai raconté l'histoire, Aulus est resté chez lui.
6. Le temple de Jupiter se tenait (m. à m. : s'est tenu) au sommet du Capitole.
7. J'ai toujours aimé la paix : j'ai donc cherché un accord.
8. Lorsque les astres tombèrent du ciel sur la terre, il fit soudain nuit.
9. D'après ce qu'on dit (la renommée) Romulus était (fut) le fils de Mars.
10. Tu as cherché la paix, les ennemis cependant n'ont pas éloigné les armes.

A. **Thème**

1. Les épouses des soldats se sont longtemps tenues sur la colline.
2. Elles sont restées là, elles espéraient la paix.
3. La nouvelle arriva que l'armée restait à Rome.
4. Les femmes entendirent et furent heureuses.
5. Elles rirent et cherchèrent ensuite (leurs) enfants.
6. Tout à coup une jeune fille dit : « les enfants ne sont plus là ! »
7. Elles traversèrent toute la ville et arrivèrent dans la forêt.
8. Mais Julie tomba sur la route ; les enfants se tenaient dans la forêt.
9. Quand leurs mères furent là, ils chantèrent.

B. **Version**

1. Ubi Caesar Gallos vicit, in campo mansisti.
2. Defuerunt equi et asini hostibus.
3. Roma afui, cum venisti, at postea redii.
4. Poetae romani multa carmina scripserunt.
5. Fama belli accessit, sed pacem non quaesivimus.
6. Postquam transiimus Sequanam, apud patrem mansimus.

C 2 CORRIGÉ

A. **Thème**

1. Militum uxores diu in colle steterunt.
2. Ibi manserunt, nam pacem sperabant.
3. Fama lata est exercitum Romae manere.
4. Feminae audierunt (ou audiverunt) et laetae fuerunt.
5. Riserunt et postea pueros quaesiverunt.
6. Puella subito dixit : « pueri jam absunt ! »
7. Transierunt urbem totam, adveneruntque in silvam.
8. At Julia in via cecidit ; pùeri in silva erant.
9. Ubi matres adfuerunt, cecinerunt.

B. **Version**

1. Quand César a vaincu (vainquit) les Gaulois, tu es resté dans la plaine.
2. Chevaux et ânes manquèrent aux ennemis.
3. J'ai été absent de Rome, quand tu es venu, mais ensuite je suis rentré.
4. Les poètes romains ont écrit beaucoup de poèmes.
5. La nouvelle de la guerre est arrivée : nous n'avons pas cherché la paix.
6. Après avoir passé la Seine, nous restâmes chez (notre) père.

■ Sur le radical du présent **(ama-)** se conjuguent les trois temps de l'**Infectum** (cf. Leçon XX C 3) : présent, imparfait, futur.

Sur le radical du passé **(amav-)** se conjugent les trois temps correspondants du **Perfectum** : parfait, plus-que-parfait, futur ant.

Infectum	**Perfectum**
– **Présent**	**Parfait**
– **Imparfait**	**Plus-que-parfait**
– **Futur simple**	**Futur antérieur**

La notion de **perfectum** (**perficio** = *réaliser complètement, achever, finir*) indique qu'une action a eu lieu, s'est achevée, qu'elle ait été inscrite dans une répétition (passé composé : *il a fait beau tous les jours*) ou qu'elle ait eu lieu ponctuellement (passé simple : *soudain, il fit beau*). La différence fondamentale entre **infectum** et **perfectum** n'est pas une différence de situation dans le temps (l'imparfait est dans l'**infectum**), mais dans l'achèvement ou non de ce temps : dans le rapport de l'action à une durée.

■ Le parfait peut servir à marquer la durée, là où le français préfère l'imparfait :

Ibi fuerunt statuae *ici il y avait (eut) des statues*

C 4 ÉTYMOLOGIE

■ Les variations du radical **infectum/perfectum** expliquent les variations en français :

sum *je suis*
fui *je fus*

scrib-o → *scribe*
scrips-i → *in-script-ion*

Un *« script »* nous vient, non de l'anglais, mais du latin, que les anglo-américains ont gardé tel quel.

■ **Fama** est une notion très importante en latin :

C'est *la nouvelle, le bruit colporté, la rumeur publique*.

D'où, ensuite, *la renommée* (bonne ou mauvaise) *la réputation*.

La **« fama »** romaine est à l'origine de notre adjectif *fameux* qui désigne d'abord quelqu'un ou quelque chose dont on parle, qui est réputé : à l'inverse *infâme* (pas fameux du tout) et *infamie*.

Ou encore : un quartier mal *famé*.

XXV ■ Iam recognoveram antequam adfuisti.

A 1 PRÉSENTATION

■ Le **plus-que-parfait** se forme en ajoutant au radical du parfait la conjugaison de l'imparfait du verbe *être* **esse** :

amav-eram	*j'avais aimé*
delev-eras	*tu avais détruit*
leg-erat	*il avait lu*
cep-eramus	*nous avions pris*
audiv-eratis	*vous aviez entendu*
{ **audiv-erant** / **audierant**	*ils (elles) avaient entendu*

■ Pour les verbes *être* et *aller*, il en va de même :

fu-eram	*j'avais été*
potu-eram	*j'avais pu*
i-eram	*j'étais allé*

advenio, is, ire, i	*arriver, advenir*
revenio, is, ire, i	*revenir*
instituo, is, ere, ui	*instituer*
doceo, es, ere, docui (+acc.)	*montrer, enseigner (à)*
occido, is, ere, occidi	*tuer*
cognosco, is, ere, cognovi	*chercher à savoir, apprendre, savoir*
invenio, is ire, i	*inventer, trouver*
remitto, is, ere, misi	*remettre, relâcher*
causa, ae (f.)	*la cause, la raison, l'origine, la cause juridique*
argumentum, i (n.)	*la preuve, l'argument*
dolor, is (m.)	*la douleur*

A 2 APPLICATION

1. **Cum veni, jam exieratis (exiveratis).**
2. **Cum legatus advenit, scripseras litteras.**
3. **Cum argumenta docueram, invenit falsa.**
4. **Cum Ciceroni remiserant dolores pedum, non deerat in causis.**
5. **Speraverat res magnas, sed niles mansit.**
6. **Cognoverant Galli latinam linguam, antequam Romani in Galliam venerunt ?**
7. **Occiderant jam regem cum rempublicam instituerunt.**
8. **Vercingetorix numquam Romam venerat antequam Caesar Galliam vicit.**
9. **Primum leges institueratis. Postea civitati viri non defuerant.**

A 3 REMARQUES

■ On mesure bien la distance qui sépare **infectum** et **perfectum** dans le cas du verbe **cognosco** : à tous les temps de l'**infectum**, il signifie : *chercher à savoir, apprendre* ; donc aux temps du parfait, l'action de chercher à savoir étant achevée, on sait : **cognovi** signifie donc *« je connais », « je reconnais »* (j'ai abouti à savoir, j'ai fini de chercher, je sais).

■ **cum**, conjonction, suivie de l'indicatif ou du subjonctif signifie *quand, alors que, comme*, et se trouve souvent en corrélation (c'est-à-dire en relation étroite, < **co** = **cum** + **relatus**, participe passé de **refero** = *rapporter*) avec :

tum *alors*, **nunc** *maintenant*, **tunc** *alors* (dans le passé)

■ Le plus-que-parfait en latin comme en français sert à marquer l'antériorité d'une action par rapport à une autre elle aussi située dans le passé :

Hier, quand je suis venu(e), tu étais déjà parti(e)
Heri, cum veni, jam exieras

Heri	**exieras**	**veni**	**hodie**	**cras**
Hier	*tu étais parti*	*je suis venu*	*aujourd'hui*	*demain*

A 4 TRADUCTION

1. Lorsque je vins, vous étiez déjà partis.
2. Tu avais écrit la lettre quand l'ambassadeur est arrivé.
3. Quand j'avais montré les preuves, alors il inventa des mensonges.
4. Quand les douleurs des pieds laissaient un répit à Cicéron (m. à m. avaient fait rémission), il ne refusait pas les plaidoiries (m. à m. il ne manquait pas aux causes).
5. Il avait eu de grands espoirs (m. à m. il avait espéré de grandes choses) mais il resta (simple) soldat.
6. Les Gaulois connaissaient-ils (avaient-ils appris) le latin avant l'arrivée en Gaule des Romains ? (avant que les Romains ne vinssent en Gaule)
7. Ils avaient déjà tué le roi lorsqu'ils établirent la République.
8. Vercingétorix n'était jamais venu à Rome avant la victoire de César sur la Gaule (avant que César ne vainquît la Gaule).
9. Vous aviez d'abord établi des lois. Ensuite les hommes n'avaient pas fait défaut à la cité.

XXV ■ Cum Neapolin videris, licebit mori.

B 1 PRÉSENTATION

■ Le futur antérieur se forme en ajoutant au radical du parfait la conjugaison du verbe **esse** au futur :

amav-ero *j'aurai aimé* **delev-eris** *tu auras détruit*
leg-erit *il (elle) aura lu* **cep-erimus** *nous aurons pris*
audiv-eritis **(audieritis)** *vous aurez entendu*

■ Mais la 3ᵉ pers. du pluriel est en **-erint**, et non en **-erunt** :
amav-erint *ils auront aimé* **fuerint** *ils auront été*

adolesco, is, ere, adolevi	*grandir, croître*
adulescens, entis (m.)	*l'adolescent, le jeune homme*
incipio, is, ere, cepi	*commencer, entamer*
conficio, is, ere, feci	*terminer, finir, achever*
perficio, is, ere, feci	*faire complètement, parfaire*
perfectus, a, um	*complètement achevé(e), parfait(e)*
morior, iris, mori	*mourir*
sustineo, es, ere, ui	*soutenir* **(sub-tenere)**
muto, as, are, avi	*changer, échanger*
praetexo, is, ere, ui	*border*
praetexta, ae (f.)	*la (toge) prétexte*
regio, regionis (f.)	*la région*
humanitas, atis (f.)	*l'humanité, la nature humaine, la bienveillance, la culture de l'esprit*
munus, muneris (n.)	*le devoir, la charge, le service*
virilis, e	*viril(e), masculin(e).*

B 2 APPLICATION

1. **Postquam legeris litteras, tum intelleges.**
2. **Cum dolor remiserit, ambulare poterimus.**
3. **Ubi primum intellexerint, redibunt.**
4. **Cum liberi adoleverint, poterunt et debebunt munus militare sustinere.**
5. **Cum adoleveris, praetextam (togam) mutabis virili toga.**
6. **Cum natura praetexuerit flumen quercubus, regio jucundissima erit.**
7. **Ut primum negotium confeceris, incipiemus novum.**
8. **Exiero antequam soror et mater venerint.**
9. **Cum carmina audi(v)erit, adulescens ridebit.**
10. **Cum adulescenti magna humanitas fuerit, orator perfectus erit.**

B 3 REMARQUES

■ Les parfaits réguliers en **-avi** ou **-evi** peuvent se contracter. (cf. XXIV A 3). Les temps qui en dérivent, également :

audi(v)erint → **audierint**
adole(v)erint → **adolerint**

■ Le futur antérieur, comme en français, sert à marquer l antériorité d'une action future par rapport à une autre action future :

Heri	**hodie**	**intellexeris**	**ridebis**	**cras**
Hier	*aujourd'hui*	*tu auras compris*	*tu riras*	*demain*

■ Le passé antérieur n'existe pas en latin : il se traduit par le parfait (cf. XXIV B 3).

■ Pour l'accusatif **Neapolin,** cf. C 3/C 4.

■ Le latin dit **adolesco** plutôt que **adulesco,** mais **adulescens** plutôt que **adolescens**.

B 4 TRADUCTION

1. Quand tu auras lu (cette) lettre, alors tu comprendras.
2. Quand la douleur aura disparu (se sera relâchée) nous pourrons nous promener.
3. Dès qu'ils auront compris, ils reviendront.
4. Quand les enfants auront grandi, ils pourront et devront accomplir le service militaire.
5. Quand tu auras grandi, tu échangeras la toge prétexte contre la toge virile. (m. à m. tu changeras en... + abl.)
6. Quand la nature aura bordé le fleuve de chênes, la région sera très agréable.
7. Dès que tu auras terminé le travail, nous (en) commencerons un nouveau.
8. Je serai parti(e) avant que (ma) sœur et (ma) mère reviennent. (m. à m. seront revenues)
9. Quand il aura entendu les chants, le jeune homme rira.
10. Lorsque le jeune homme sera très cultivé (m. à m. une grande culture aura été à lui) ce sera un orateur parfait.

A. **Version**

1. Hostes occiderunt milites multos cum Caesar advenit.
2. Argumenta nova inveniebatis postquam litteras misi.
3. Miserant legatos postquam accedit bellum.
4. Miserint legatos cum hiems aderit.
5. Speraverimus diu antequam confecitis munus.
6. Dolor remiserit cum mater reveniet.
7. Dolor remisit cum mater revenit.
8. Dolor remiserat cum mater revenit.

B. **Thème**

1. Tu avais commencé à lire quand je suis arrivé(e).
2. J'avais fini (mon) œuvre avant que l'été ne fût là.
3. Dès qu'ils avaient pu, ils étaient partis.
4. Quand les chefs avaient compris, ils enseignaient aux soldats l'art de la guerre.
5. Nous avions déjà grandi quand les Romains ont vaincu les Gaulois.
6. Quand tu auras écrit la lettre, nous irons à Naples.

C 2 CORRIGÉ

A. **Version**

1. Les ennemis avaient tué beaucoup de soldats quand César arriva.
2. Vous aviez inventé de nouvelles preuves après que j'ai envoyé (cette) lettre.
3. Ils avaient envoyé des ambassadeurs après que la guerre fut survenue.
4. Ils auront envoyé des ambassadeurs quand l'hiver sera là.
5. Nous avions longtemps espéré avant que vous n'accomplissiez (votre) devoir.
6. La douleur aura disparu quand (ma) mère reviendra.
7. La douleur a disparu quand ma mère est revenue.
8. La douleur avait disparu quand ma mère est revenue.

B. **Thème**

1. Inceperas legere cum adveni.
2. Confeceram opus antequam aestas adfuit.
3. Ubi primum potuerant, exierant.
4. Cum duces intellexerant, milites docebant res militares.
5. Jam adoleramus cum Romani Gallos vicerunt.
6. Cum scripseris litteras, Neapolin ibimus.

■ Le terme **adulescens** désigne celui qui est en train de grandir (**adulescens** est le participe présent de **adolesco**, donc *grandissant*) mais, employé comme nom, il désigne *les jeunes gens* (parfois les jeunes filles) de 17 à 30 ans (cf. IV C 3).

A 17 ans s'achève la **pueritia** *(enfance)* des garçons : ils quittent la *toge prétexte*, (c'est-à-dire *bordée* : **praetexta** est le participe passé de **praetexo** = *border*), toge blanche bordée de pourpre dans les familles patriciennes (**patres** *les pères*, les nobles, descendants de ceux qui fondèrent Rome).

Ils quittent aussi la *bulle* (**bulla, ae** (f.), médaillon d'*or* **(aurea)** ou de *cuir* **(scortea)**) que les parents attachent au cou des enfants des deux sexes 8 jours après leur naissance. La fille ne dépose la bulle que le jour du mariage.

La toge virile est la toge ordinaire, de laine blanc-gris. C'est le vêtement le plus couramment porté, le jour et la nuit.

Les augures portent une toge jaune, les gens en deuil une *toge sombre* **(sordida toga)**.

Le mot **toga** dérive de la racine de **tego, is, ere** *couvrir, protéger*.

■ **Humanitas**, désigne l'*humanité* : tout ce qui fait que l'homme diffère de l'animal, l'humanité au sens de la bienveillance (qui nous a donné *les œuvres humanitaires*) mais aussi au sens de la culture d'où les anciennes *humanités* : les études.

■ **Neapolis, is** (f.) *Naples*, est un nom grec qui signifie *Villeneuve* : (**nea** *neuve* ; **polis** *ville*). *Naples* en est dérivé par évolution phonétique. Comme nombre de mots grecs importés en latin, **Neapolis** garde trace de la déclinaison grecque : d'où l'acc. en **-n.**

C'est vrai de noms propres :

Socrates, is (m.) → acc. : **Socraten** *Socrate*
Delos, i (f.) → acc. : **Delon** *Délos*

Mais aussi de certains noms communs :

cometes, is (f.) *la comète, la chevelure, la comète* acc. : **cometen**

Certains gardant même d'autres cas de la déclinaison originelle grecque :

poesis (f.) *la poésie* → gén. : **poeseos,** → acc. : **poesin**

A1 PRÉSENTATION

■ Le **participe présent actif** se forme en ajoutant au radical du présent les désinences **-ns** (nominatif), **-ntis** (génitif), et suit la déclinaison des adjectifs de type **prudens, ntis** de la 2e classe.

ama-ns, ama-ntis	*aimant*	**dele-ns, delentis**	*détruisant*
leg-e-ns, legentis	*lisant*	**cap-ie-ns, capie-ntis**	*prenant*
audi-e-ns, audie-ntis	*écoutant*		

- Les verbes « déponents » ont un participe présent de forme active : **patiens, patientis** *souffrant, supportant.*
- Le participe présent a souvent valeur d'adjectif ou de nom : **similis vocanti** *semblable à quelqu'un qui appelle* (m. à m. à un appelant), **audientes** *les auditeurs* (m. à m. les écoutants)
- Il peut avoir un complément : **Caesari militem vocanti Fabius respondet** *A César qui appelle* (m. à m. appelant) *un soldat, Fabius répond.*
- Il se traduit souvent par une proposition relative : **Video mulierem descendentem** *je voix une femme qui descend* (m. à m. descendante).
  ou par un verbe à l'infinitif : **audio aves canentes** *j'entends les oiseaux chanter* (m. à m. chantant)

respondeo, es, ere, i	*répondre*
obsto, as, are, obstiti	*se tenir devant, faire obstacle* (à + datif)
ascendo, is, ere, i	*monter*
descendo, is, ere, i	*descendre*
occurro, is, ere, i (+ dat.)	*courir au devant (de), rencontrer (qqun)*
diligo, is, ere, lexi	*distinguer, chérir, être consciencieux*
mulier, eris (f.)	*la femme*
custos, odis (m.)	*le gardien*
quietus, a, um	*tranquille, en paix, quiet(e)*

A2 APPLICATION

1. **Flaviam non obstantem matrimonio Julius amat.**
2. **Heri occurrimus mulieribus ascendentibus in Capitolium.**
3. **Militibus romanis ascendentibus, hostes quieti descenderunt.**
4. **Obstantium hostium vires non delevistis.**
5. **Diligentissimus custos non potest obstare amantibus.**
6. **Decet timeri mulieris amantis iram.**
7. **Bene audienti, dico « salve ! »**

A 3 REMARQUES

■ Le participe présent indique une circonstance concommitante avec l'action du verbe principal :

Laborans, beatus est *travaillant, il est heureux*

A cette valeur temporelle peut s'ajouter, selon le contexte :

Une valeur de cause : *(parce qu'il travaille)*
» concession : *(bien qu'il travaille)*
» condition : *(s'il travaille)*

■ **Esse** et ses composés n'ont pas de participe présent.

■ De nombreux substantifs abstraits en **-tia, ae** (f.) dérivent du radical du participe présent des verbes :

intellego *je comprends* → **intellegens, intellegent-is :** *comprenant* → **intellegentia :** *faculté de comprendre, intelligence*
scio → **sciens, scient-is** → **scientia :** *fait de savoir, science*
patior → **patiens, patient-is** → **patientia :** *patience.*

■ Considérés comme des adjectifs, les participes présents ont un comparatif et un superlatif réguliers :

diligens, ntis *diligent(e), attentif(ve), consciencieux(se)*
diligentior, ius *+ diligent(e), + attentif(ve)*
diligentissimus, a, um *très attentif(ve)...*

■ **diligentia, ae** (f.) désigne *le soin, l'attention, la ponctualité, l'exactitude :* la *diligence*, notion abstraite, a ainsi donné son nom aux voitures de poste qui arrivaient avec exactitude, à l'heure. *Faire diligence* signifie à l'origine *s'empresser* de faire quelque chose, d'où *faire vite.*

A 4 TRADUCTION

1. Jules aime Flavie qui ne s'oppose pas au mariage.
2. Hier nous avons rencontré des femmes qui montaient au Capitole.
3. Comme les soldats romains montaient (Les soldats romains montant), les ennemis descendirent, tranquilles.
4. Vous n'avez pas détruit les forces des ennemis qui faisaient obstacle.
5. Le gardien le plus pointilleux ne peut pas faire obstacle à ceux qui s'aiment (m. à m. aux amants, aux « aimants »).
6. Il faut craindre la colère d'une femme amoureuse (aimante).
7. A bon entendeur (je dis) : salut ! (à celui qui entend bien, salut)

B1 PRÉSENTATION

■ Le participe passé passif (p.p.p.) se forme à partir du radical du supin : **amat-us, a, um** *aimé(e)* **delet-us, a, um** *détruit(e)* **lect-us, a, um** *lu(e)* **capt-us, a, um** *pris(e) ;* **audit-us, a, um** *écouté(e)*

■ **Esse** et ses composés n'ont pas de passif, donc pas de p.p.p.

■ Le parfait des verbes passifs et déponents se forme en conjuguant le verbe **esse** au présent ajouté au participe passé :

amatus sum *j'ai été aimé* (passif)
imitatus sum *j'ai imité* (déponent)

■ Le plus-que-parfait, avec le verbe **esse** à l'imparfait :

amatus eram *j'avais été aimé*

■ Le futur-antérieur, avec le verbe **esse** au futur :

amatus ero *j'aurai été aimé* **Imitatus ero** *j'aurai imité*

■ Le radical du supin diffère de ceux des présent et parfait, c'est pourquoi la « carte d'identité » complète d'un verbe l'inclut aussi. A partir de maintenant, les intitulés complets des verbes dont jusqu'ici n'ont été présentés que les radicaux du présent et du parfait, devront être cherchés dans le lexique :

Radical présent **fero, fers, ferre,**	Parfait **tuli** supin **latum**
volo, as, are, avi, atum	*voler, s'envoler*
sequor, eris, sequi, secutus sum	*suivre*
tego, is, ere, texi, tectum	*couvrir, abriter, protéger*
objicio, is, ere, jeci, objectum	*jeter devant, objecter*
alea, ae (f.)	*dé, jeu de dés, hasard*
tegula, ae (f.)	*la tuile*
labor, laboris (m.)	*la peine, la fatigue*

B2 APPLICATION

1. **Urbs capta erat antequam Caesar advenit.**
2. **Cum redibo, domus tectae erunt tegulis.**
3. **Ducem secutus sum. at victi sumus.**
4. **Res narratas Fabius retulit et scripsit.**
5. **Milites passi sunt multas belli labores.**
6. **Cum Fabius advenit, opera perfecta erant.**
7. **Objecta verba non audivit.**
8. **Bello confecto, milites redierunt.**
9. **Verba volant, scripta manent.**

B 3 REMARQUES

■ Le supin (**de supinus, a, um**, p.p.p. de **supino** *renversé en arrière* cf. leçon XXXVI) est le dernier des trois temps « primitifs » du verbe latin, d'où dérivent tous les temps :

- Sur le radical du présent **ama-** se forment :
  le présent, l'imparfait, le futur
- Sur le radical du parfait **amav-** se forment :
  le parfait, le plus-que-parfait, le futur antérieur
- Sur le radical du supin **amat-** se forment :
  les participes passé (passif) et futur (actif)

■ Le latin n'a pas de participe passé actif *(ayant aimé)* ni présent passif *(étant aimé)*. Il a un participe futur actif.

■ Latinisme :
Urbem captam hostes deleverunt *les ennemis détruisirent la ville* (ayant été) *prise* : pour marquer la succession de deux faits, le latin emploie souvent le participe passé pour le premier.
Après avoir pris la ville, les ennemis la détruisirent

■ De nombreux adjectifs en **-tus, a, um** sont en fait des participes passé : **doctus, a, um,** *savant(e)* est le p.p.p. de **docere,** *enseigner* (**doctus** = *qui a été enseigné*)
adultus, a, um, *adulte* est le p.p.p. de **adolescere,** *grandir* (est *adulte* celui qui a fini de grandir)

B 4 TRADUCTION

1. La ville avait été prise avant l'arrivée de César (que César n'arrivât).
2. Quand je reviendrai, les maisons auront été couvertes de tuiles.
3. J'ai suivi le chef, mais nous avons été vaincus.
4. Fabius a rapporté des choses qu'on lui avait racontées et les a écrites.
5. Les soldats ont supporté les nombreuses fatigues de la guerre.
6. Quand Fabius est arrivé, les travaux étaient finis.
7. Il n'a pas entendu les objections (mots objectés).
8. La guerre terminée, les soldats rentrèrent.
9. Les mots s'envolent, les écrits restent.

A. **Version**

► Recherchez vous-même dans le lexique les mots soulignés.

1. Post reges exactos, res publica instituta est.
2. De collibus quercubus tectis viros descendentes vidi.
3. Sequentem hostes ducem auditisne ?
4. Aleae motae erant antequam adveni.
5. Persecuti sunt domini servos fugientes.
6. Gallis victis, Romani in Gallia manserunt.
7. Senes hiemem non passi sunt.
8. Virtuti perfectae fama nunquam defuit.

B. **Thème**

1. Tu n'as pas répondu à ceux qui t'appelaient.
2. Des pierres ont été jetées sur les femmes.
3. Les ennemis avaient supporté bien des malheurs quand César est arrivé.
4. Cicéron ne faisant pas obstacle, les discours ont été prononcés.
5. Les travaux terminés nous nous sommes retirés en paix.

C 2 CORRIGÉ

A. 1. Après l'expulsion des rois (m. à m. après les rois ayant été expulsés) la République fut instituée.
2. J'ai vu des hommes descendre (descendant) des collines couvertes de chênes.
3. Entendez-vous le chef qui poursuit (poursuivant) les ennemis ?
4. Les dés avaient été remués avant mon arrivée (que je n'arrivasse).
5. Les maîtres ont poursuivi les esclaves fugitifs (fuyant).
6. Les Gaulois vaincus, les Romains s'établirent en Gaule.
7. Les vieillards n'ont pas supporté l'hiver.
8. La renommée n'a jamais manqué à une vertu accomplie.

B. 1. Vocantibus non respondisti.
2. Lapides jactae sunt in mulieres.
3. Hostes multas res adversas passi erant, cum Caesar advenit.
4. Cicerone non obstante, orationes dictae sunt.
5. Operibus confectis, quieti exiimus.

■ Le passif impersonnel se conjugue au parfait, plus-que-parfait et futur antérieur :

videtur	*il semble*	**visum est**	*il a semblé que*
visum erat	*il avait semblé*	**visum erit**	*il aura semblé*
dicitur	*on dit*	**dictum est (erat, erit)**	*il a été dit (avait été, aura été)*

■ La tentation est grande de traduire le parfait **amatus est** *(il a été aimé)* par le présent *il est aimé*, qui semble le calque du latin.

C'est que le présent passif français se forme par la combinaison du verbe *être* et du participe passé : *il est aimé* (en latin **amatur**).

■ Certains participes passés ressentis comme des adjectifs ont un comparatif et un superlatif :

Le p. passé de **doceo** *j'enseigne*, est **doctus, doctior, doctissimus** *(savant, plus savant, très savant).*

Il faut cependant toujours en vérifier l'existence dans un dictionnaire.

C 4 ÉTYMOLOGIE

■ Le radical du supin est différent de celui du présent et du parfait, on en retrouve trace en français :

- **utor, usus sum,** *user de*, donne :
  - sur le radical du présent **-ut :** *utile*
  - sur le radical du supin **us- :** *usage*
- de même, **sequor, secutus sum,** *suivre*, donne :
  - sur le radical du présent **(sequ-) :** *séquence, conséquence*
  - sur le radical du supin **(sec-) :** *consécutif, persécution...*
- **verto, versus sum,** *tourner*, donne :
  - sur le radical du présent **(vert-) :** *convertir, divertir...*
  - sur le radical du passé **(vers-) :** *conversion, diversion, diversité, adverse, adversaire, adversité*, etc.
- *verso* est resté tel quel dans l'expression *recto verso* (abl. sg. de **rectus** *droit, à l'endroit*, et de **versus** *retourné, à l'envers*). *La version* = l'art de « tourner » un texte d'une langue à une autre.

■ **virtus, virtutis** (f.) (cf. n° 8 C 1), *la vertu*, a chez les Romains un sens plus large et plus fort que la *vertu* au sens actuel : le mot désigne le *courage*, la *force* et la *grandeur d'âme*, le *talent*, l'*énergie* : toutes les qualités morales qui font la valeur de l'homme, au sens masculin du terme (**vir** est la racine de **virtus**).

XXVII ■ Volens nolens, Romam ibis.

A 1 PRÉSENTATION

■ **Verbes irréguliers :**

• Les verbes *vouloir* **(velle)**, *ne pas vouloir* **(nolle)** et *préférer* **(malle)** ont une conjugaison irrégulière à certains temps :

volo	*je veux*	**nolo**	*je ne veux pas*	**malo**	*je préfère*
vis	*tu veux*	**non vis**	*tu ne veux pas*	**mavis**	*tu préfères*
vult	*il (elle) veut*	**non vult**	*il (elle) ne veut pas*	**mavult**	*il (elle) préfère*
volumus	*nous voulons*	**non volumus**	*nous ne voulons pas*	**malumus**	*nous préférons*
vultis	*vous voulez*	**non vultis**	*vous ne voulez pas*	**mavultis**	*vous préférez*
volunt	*ils (elles) veulent*	**nolunt**	*ils ne veulent pas*	**malunt**	*ils préfèrent*

■ Imparfait futur et parfait sont réguliers :
volebam, nolebam, malebam
je voulais, je ne voulais pas, je préférais
volam, es..., nolam, es..., malam, es...
je voudrai, je ne voudrai pas, je préférerai
volui, nolu-i, malu-i *j'ai voulu, je n'ai pas voulu, j'ai préféré*

Mars, tis (m.) *Mars* — **Vulcanus, i** (m.) *Vulcain*
fides, ei (f.) *la foi, l'engagement, la fidélité*
servio, is, ire, itum (+ dat.) *servir, être esclave (de)*
servo, as, are, avi, atum *garder, préserver*
desero, is, ere, erui, ertus *abandonner*
defendo, is, ere, si, sum *défendre*
tarde *tard, tardivement*

A 2 APPLICATION

1. **Mulieres nolunt ubi velis. (P. Terentius Afer dixit)**
2. **Regiones cognoscere volebat. (C.J. Caesar d.)**
3. **Tarde velle est nolentis. (L.A. Seneca d.)**
4. **Fabio nolente, Flavia abiit.**
5. **Non vultis hostes vincere.**
6. **Malumus mori quam servire.**
7. **Mavult ab omnibus desertum esse quam a Caesare defendi.**
8. **Malebamus rem publicam servare quam domino servire.**
9. **Ubi Venus vult, dei volunt.**
10. **Venus maluit amare Martem quam servare fidem datam Vulcano.**

A 3 REMARQUES

Nolle, velle, malle n'ont pas de supin (donc pas de participe passé).

■ **Nolo** *je ne veux pas* est la contraction de **non-volo** et **malo** *je veux plutôt, j'aime mieux* celle de **magis volo**

■ Le participe présent n'existe que pour **volo** et **nolo**
volens, ntis *voulant* **nolens, ntis** *ne voulant pas*

■ On emploie plutôt **malle** avec un verbe, et **anteponere** *(préférer)* avec un nom :
Mavult amare Martem quam Vulcanem
Elle préfère aimer Mars plutôt que Vulcain
Anteponit Martem Vulcano *Elle préfère Mars à Vulcain*

■ Ne pas confondre **volo, vis, velle** *vouloir*
avec **volo, as, are** *voler, s'envoler*
Homines semper volare voluerunt
Les hommes ont toujours voulu voler

■ Là où le français ne donne que le nom de l'auteur d'une citation, le latin fait une phrase :
Cicero dixit *Cicéron a dit, c'est Cicéron qui l'a dit.*
dixit est souvent abrégé en **d.** : **Cicero d.**

A 4 TRADUCTION

1. Les femmes ne veulent pas quand tu voudrais. (Térence)
2. Il voulait se renseigner sur le pays. (César)
3. Vouloir tardivement, c'est ne pas vouloir (m. à m. c'est le fait de quelqu'un qui ne veut pas). (Sénèque)
4. (Fabius ne le voulant pas) Contre le gré de Fabius, Flavie est partie.
5. Vous ne voulez pas vaincre les ennemis.
6. Nous préférons mourir que servir.
7. Il préfère être abandonné de tous plutôt que (d'être) défendu par César.
8. Nous préférions sauver l'État plutôt que de servir un maître.
9. Quand Vénus veut, les dieux veulent.
10. Vénus a préféré aimer Mars que de rester fidèle à Vulcain. (m. à m. que de garder sa foi donnée à V.)

B 1 PRÉSENTATION

Autres verbes irréguliers :

■ Certains verbes, appelés semi-déponents, sont de forme active aux temps dérivés du présent, et déponents aux autres temps :

audeo, es, ere, ausus sum	*oser*
gaudeo, es, ere, gavisus sum	*se réjouir*
soleo, es, ere, solitus sum	*avoir l'habitude*
fido, es, ere, fisus sum	*se fier (à +* datif*)*
confido, is, ere, con-fisus sum	*avoir confiance (en +* datif*)*
diffido, is, ere, di-fisus sum	*se défier (de +* datif*)*

■ Le parfait de **fio** *je deviens*, (qui sert de passif à **facio**) est **factus sum** *j'ai été fait, je suis devenu*

Mais les composés de facio en **-icio** ont un passif en **-ior** (modèle : **capior**) : **interficio** *je tue* **interficior** *je suis tué(e)*

■ **Fero, fers, ferre** *porter*, fait au parfait **tuli** et au supin **latum.** De même pour les composés :

confero, fers, ferre, contuli, conlatum	*rapporter, comparer*
refero, fers, ferre, retuli, relatum	*rapporter*
offero, fers, ferre, obtuli, oblatum	*offrir*

Refert, impersonnel, est souvent employé au sens de *il importe.*

sermo, -nis (f.) *la parole, le propos, le discours*
colloquor, eris, colloqui, collocutus sum *discuter, parler avec*
interloquor, eris, interloqui, interlocutus sum, *interrompre, couper la parole*
cubo, as, are, avi, atum *être couché(e), reposer*

B 2 APPLICATION

1. **Romani arma ferre adversus Caesarem non ausi sunt.**
2. **Non solitae erant falsa referre.**
3. **Falsa a puellis romanis non relata sunt.**
4. **Flavia vera dicere solita est.**
5. **Vos, viri semper fidentes viris, nunquam mulieribus confisi estis.**
6. **Refert referentibus falsa non fidere.**
7. **Viris offerentibus dona Flavia diffisa est.**
8. **Vulcanus non gavisus est ubi uxorem cubantem cum Marte vidit.**
9. **Non ausa es, Flavia, sermones cum Fabio conferre.**
10. **Ausa sum ! Heri collocuti sumus, Julius autem interlocutus est.**

B 3 REMARQUES

■ Le radical du parfait n'existe pas au passif. Le parfait passif (et déponent) se forme en conjuguant l'auxiliaire **esse** au présent avec le participe passé (cf. XXVI B 1)

amata est *elle a été aimée*

Formé de la même façon, le parfait des verbes déponents ou semi-déponents garde bien sûr un sens actif :

hostes venire ausi sunt
les ennemis ont osé venir

■ **Solitus, a, um**, participe passé pris adjectivement signifie à la fois *qui a l'habitude de* :

Solitus est tacere *il a l'habitude de se taire*

... et *habituel, ordinaire.*

Solito more *de manière habituelle*

De même, **insolitus, a, um** signifie *inaccoutumé* (à = ad + acc.) ou *dont on n'a pas l'habitude, insolite.*

Adulescens insolitus ad bellum
un jeune homme non habitué à la guerre
Adulescenti insolita gloria
une gloire inhabituelle (insolite) pour un jeune homme

B 4 TRADUCTION

1. Les Romains n'ont pas osé porter les armes contre Cesar.
2. Elles n'avaient pas pris l'habitude de dire des mensonges.
3. Les mensonges n'ont pas été rapportés par les jeunes romaines.
4. Flavie a été habituée à dire la vérité (les choses vraies).
5. Vous les hommes qui faites toujours confiance aux hommes, vous n'avez jamais eu confiance dans les femmes.
6. Il importe de ne pas faire confiance à ceux qui colportent des mensonges (des choses fausses).
7. Flavie s'est défiée des hommes qui offrent des cadeaux.
8. Vulcain ne s'est pas réjoui quand il a vu son épouse couchée avec Mars.
9. Tu n'as pas osé, Flavie, échanger des propos avec Fabius.
10. Si ! (j'ai osé !) : nous avons discuté ensemble hier, mais Jules (nous) a interrompus.

A **Version**

1. Mavisne rem publicam servare quam deserere ?
2. Nolo rem publicam desereri.
3. Non tamen ausus es arma ferre.
4. Collocuti sumus cum Fabio Flaviaque.
5. Vultis servire, nam non vultis pugnare.
6. Malumus liberi esse ; falsa relata sunt.
7. Nunquam confisus sum Fabio nec Flaviae.
8. Vult Fabius cum Flavia sola colloqui.

B. **Thème**

1. Les travaux se terminent. Cela a été rapporté à César. (m. à m. les travaux terminés ont été rapportés...)
2. Vénus ne voulait pas aimer Vulcain qui l'aimait.
3. Mars a préféré la guerre à la paix.
4. On a rapporté les propos de Vénus à Vulcain.
5. Les hommes se sont toujours défiés de ceux qui espèrent.
6. Tu as toujours été habituée à te méfier de tous.
7. Malgré toi tu es esclave.
8. Le chef n'a pas été abandonné par les soldats.

C2 TRADUCTION

A.
1. Préfères-tu sauver l'État plutôt que l'abandonner ?
2. Je ne veux pas que l'État soit abandonné.
3. Cependant tu n'as pas osé prendre (porter) les armes.
4. Nous avons discuté avec Fabius et Flavie.
5. Vous voulez être esclaves, vous ne voulez pas vous battre.
6. Nous préférons être libres : des mensonges ont été colportés.
7. Je n'ai jamais eu confiance en Fabius ni en Flavie.
8. Fabius veut parler avec Flavie seule.

B.
1. Opera confecta Caesari relata sunt.
2. Venus nolebat Vulcanum amantem amare.
3. Mars maluit bellum quam pacem.
4. Veneris sermones relatae sunt Vulcano.
5. Homines semper diffisi sunt sperantibus.
6. Semper solita es omnibus diffidere.
7. Nolens servis.
8. Dux a militibus non desertus est.

■ Sur le radical du présent **refero** on a construit *référence*
du supin **relatus**, on a construit *relation*, *relatif*

■ Ne pas confondre les radicaux :
serva- (présent) qui nous a donné *conserver*, *observer*
servat- (supin) qui nous a donné *conservation*, *observation*

avec les radicaux :
servi- (présent) qui nous a donné *servir*, *desservir*, *servile*
servit- (supin) qui nous a donné *servitude*

■ Le radical du présent **loqu-** nous a donné *loquace* mais aussi en composition : *colloque* **(cum-loquor)**, *interloqué* **(inter-loquor)** ou *soliloque* **(solus loquor,** *je parle tout seul***)**

• Le radical du supin **loc-** nous a donné *locuteur*, *locution*... *interlocuteur*

C 4 CIVILISATION

■ Mars, Vénus, Vulcain :

• *Mars*, dieu romain de la guerre est le père de **Romulus** et **Rémus**. C'est un dieu très important à Rome (en quelque sorte née de la guerre). Le premier mois de l'année lui est consacré. Il est resté notre mois de *mars*.

Les Romains l'ont assimilé à **Arès**, dieu grec de la guerre, amant d'*Aphrodite*, déesse de l'Amour et de la Beauté, confondue avec **Vénus**. *Mars* et *Vénus* s'unissent donc, trompant **Héphaistos** (chez les Grecs) ou *Vulcain* (chez les Romains), dieu-forgeron (qui fabrique des armes, et en particulier la foudre de Jupiter), et époux de Vénus.

• Vulcain a donné son nom aux *volcans*, à *la vulcanologie*. Les Anciens voyaient dans l'Etna en activité la résidence et la Forge du Dieu.

Hephaistos- *Vulcain* est le fils de **Zeus**/*Jupiter* et de **Héra**/*Junon*. Il est laid et il boite car sa mère ou son père l'ont jeté du haut de l'Olympe (la demeure des dieux).

• **Mars, Mart-is :** le radical est resté dans *martial*, *Martial*.

A 1 PRÉSENTATION

A l'actif comme au passif, le mode subjonctif a quatre temps :

■ **Subjonctif présent**

- 1re conjugaison (p. 256, 257) :
  amem *(que j'aime/j'aimerais)*
  amer *(que je sois aimé(e)/je serais aimé(e))*
- 2e conjugaison (p. 258, 259) :
  deleam *(que je détruise/je détruirais)*
  delear *(que je sois détruit(e)/je serais détruit(e))*
- 3e conjugaison (p. 260, 261) :
  legam *(que je lise/je lirais)*
  legar *(que je sois lu(e)/je serais lu(e))*
- 3e conjugaison mixte (p. 262, 263) :
  capiam *(que je prenne/je prendrais)*
  capiar *(que je sois pris(e)/je serais pris(e))*
- 4e conjugaison (p. 264, 265) :
  audiam *(que j'entende/j'entendrais)*
  audiar *(que je sois entendu(e)/je serais entendu(e))*

Esse, *être* → **sim** *(que je sois/je serais)* (p. 254)
Ire, *aller* → **eam** *(que j'aille/j'irais...)* (p. 268)

utinam !	*plaise au ciel que... !*
ut + subjonctif *que, pour que* →	**ne** *pour que ne pas*
ago, agis, agere, egi, actum	*faire, agir*
mando, as, are, avi, atum (+ dat.)	*donner à faire, charger de*
efficio, is, ere, feci, fectum	*produire, faire en sorte que*
opto, as, are, avi, atum	*souhaiter*
oro, as, are, avi, atum	*parler, dire, prier, implorer*
timeo, es, ere, ui	*craindre*

A 2 APPLICATION

1. **Utinam dei adsint !**
2. **Taceamus ! Ne dicamus ! Agamus !**
3. **Si cras Flaviam ames, maneas Romae.**
4. **Nisi venire possimus, infelicissimi simus.**
5. **Venus efficit ut Flaviam Julius amet.**
6. **Opto ut agat.**
7. **Timeo ne Flavius audiat.**
8. **Timesne ne non intellegat ?**
9. **Legatus orat ne Caesar longius progrediatur.**
10. **Legato Caesar mandat ut regiones adeat et ducibus gallicis dona det.**

A 3 REMARQUES

■ Le **subjonctif** (du latin **subjungo, is, ere, junxi, junctum** *atteler, attacher dessous, subordonner*) est le mode qui exprime un fait non pas réel mais envisagé (ou souhaité, redouté).

Il correspond en français au subjonctif et au conditionnel (le latin n'a pas de mode conditionnel) et peut exprimer :

- L'ordre, aux 1re et 3e pers. : **agamus !** *agissons !*
- La défense, avec **ne : ne abeant !** *qu'ils ne partent pas !*
- Le souhait : subjonctif « optatif » (< **optare** *souhaiter*)
  vivat res publica ! (que) *vive la république !*
  utinam dives sim ! *Plaise au ciel que je sois riche !*
  (si seulement j'étais riche !)
- Le conditionnel « potentiel » (< **posse** *pouvoir*) : le subjonctif présent exprime un fait réalisable, possible dans l'avenir
  si venias, laetus sit
  il serait heureux si tu venais (et peut-être viendras-tu)

■ Les verbes de souhait se construisent avec **ut** ou **ne** + subj. :
opto ut abeas *je souhaite que tu partes*
opto ne abeas *je souhaite que tu ne partes pas*

■ Les verbes de crainte se construisent avec **ne** ou **ne non** + subj. :
timeo ne veniat *je crains qu'il (ne) vienne*
timeo ne non veniat *je crains qu'il ne vienne pas*

A 4 TRADUCTION

1. Plaise au ciel que les dieux soient à (nos) côté(s) !
2. Taisons-nous ! Ne parlons pas ! Agissons !
3. Si demain tu aimais Flavie, tu resterais à Rome.
4. Si nous ne pouvions venir, nous serions très malheureux.
5. Vénus fait en sorte que Jules aime Flavie.
6. Je souhaite qu'il agisse.
7. Je crains que Flavius n'entende.
8. Crains-tu qu'il ne comprenne pas ?
9. Le légat (l'envoyé) supplie César de ne pas avancer plus loin.
10. César charge le légat de visiter les régions et de donner des cadeaux aux chefs gaulois. (m. à m. donne mandat au légat (dat.) pour qu'il...)

B 1 PRÉSENTATION

■ **Subjonctif imparfait :**

ACTIF	PASSIF
que j'aimasse/j'aimerais	*que je fusse aimé(e)/je serais aimé(e)*
amarem	**amarer**
amares	**amareris**
amaret	**amaretur**
amaremus	**amaremur**
amaretis	**amaremini**
amarent	**amarentur**

- De même on aura : **delerem/delerer ; legerem/legerer ; caperem/caperer ; audirem/audirer**, etc. (cf. Mémento, p. 253).
- **essem** *(que je fusse)* **esses, esset/essemus, essetis, essent**

■ Les **subjonctifs parfait** et **plus-que-parfait** se forment sur le radical du parfait :

- parfait :

amav-erim *que j'ai aimé* ; **amatus (a, um) sim** *que j'ai été aimé(e)*
fuerim, eris *que j'aie été...*

- plus-que-parfait :

que j'eusse aimé/j'aurais aimé — *que j'eusse été entendu(e)/j'aurais été entendu(e)*

amav-issem — **amatus (a, um) essem**

fuissem *que j'eusse été/j'aurais été*
vero *mais, en réalité, en fait*

B 2 APPLICATION

1. Utinam homines dei essent !
2. Si (nunc) Flaviam amares, Romae maneres ; re vera non amas.
3. Si Flaviam amavisses, Romae mansisses ; nunquam vero amavisti.
4. Venus effecit ut Flaviam Sextius amaret.
5. Optabam ut ageres, sed ut egisses non rogabam.
6. Timeo ne Flavius audiverit.
7. Timebasne ne non Flavius intellegeret ?
8. Timui ne audivisset.
9. Caesar mandavit legato ut regiones adiret et ducibus dona daret.

B 3 REMARQUES

■ le subjonctif imparfait sert à marquer un souhait irréalisable
utinam dives essem ! *Si seulement j'étais riche !* (mais je ne le suis pas)

■ le subjonctif plus-que-parfait marque un regret dans le passé : **utinam dives fuissem !** *Si seulement j'avais été riche !*

■ Employé comme conditionnel, le subjonctif imparfait exprime un fait irréalisable actuellement, c'est l'irréel du présent :
laetus esset si nunc venires
il serait heureux si tu venais maintenant (mais tu ne viens pas)

- Le subjonctif plus-que-parfait exprime un fait irréalisable autrefois, c'est l'irréel du passé :
laetus fuisset si heri venisses
il aurait été heureux si tu étais venu hier (mais tu n'es pas venu)

■ Le temps du verbe de la subordonnée doit s'accorder a celui de la principale : c'est la concordance des temps :

1) si le verbe de la principale est au présent ou au futur :
   - la subordonnée est au
     – subjonctif présent → si l'action est simultanée
     – subjonctif parfait → si l'action est antérieure

2) si le verbe de la principale est à un temps du passé :
   - celui de la subordonnée est au
     – subjonctif imparfait → si l'action est simultanée
     – subjonctif plus-que-parfait → si l'action est antérieure

B 4 TRADUCTION

1. Si seulement les hommes étaient des dieux ! (Plût au ciel que...)
2. Si (maintenant) tu aimais Flavie, tu resterais à Rome ; en vérité tu ne l'aimes pas.
3. Si tu avais aimé Flavie tu serais resté à Rome ; mais tu ne l'a jamais aimée.
4. Vénus a fait en sorte que Sextius aimât Flavie.
5. Je souhaitais que tu agisses, mais je ne demandais pas que tu eusses agi.
6. Je crains que Flavius n'ait entendu.
7. Craignais-tu que Flavius ne comprît pas ?
8. J'ai craint qu'il n'eût entendu.
9. César chargea le légat de visiter les régions et de donner des cadeaux aux chefs.

A. **Version**

1. Utinam Antonius abeat !
2. Oravi ut omnes pueri abirent.
3. Si Caesar litteras legisset, non beatus fuisset.
4. Rogamus ut litterae scribantur.

B. **Thème**

1. Si seulement Julie était partie !
2. Si j'avais su, je ne serais pas venu !
3. Si Caius n'écrivait pas, nous ne lui répondrions plus.
4. J'ai chargé Jules d'apporter des fleurs à Julie.

C. Trouvez la 2e p. du sg. des 4 temps du subjonctif de **capio** à l'actif et au passif
1re p. du pl. des 4 temps du subjonctif de **fero** à l'actif et au passif

D. Mettez au passé et traduisez :
Rogo ut adsis

E. Mettez au présent et traduisez :
Timebam ne audirentur

C 2 CORRIGÉ

A. **Version**

1. Plaise au ciel qu'Antoine parte !
2. J'ai supplié que tous les enfants s'en allassent.
3. Si César avait lu (cette) lettre, il n'aurait pas été heureux.
4. Nous demandons qu'une lettre soit écrite.

B. **Thème**

1. Utinam Julia abisset !
2. Si scivissem, non venissem !
3. Nisi Caius scriberet, non jam responderemus.
4. Mandavi Julio ut flores Juliae ferret.

C.

	Présent	Imparfait	Parfait	Plus-que-parfait
Actif	**capias**	**caperes**	**ceperis**	**cepisses**
Passif	**capiaris**	**caperis**	**captus sis**	**captus esses**
Actif	**feramus**	**ferremus**	**tulerimus**	**tulissemus**
Passif	**feramur**	**ferremur**	**lati (ae, a) simus**	**lati (ae, a) essemus**

D. **Rogavi ut adesses** *j'ai demandé que tu fusses présent*

E. **Timeo ne audiantur** *je crains qu'ils ne soient entendus*

■ Employé seul, le subjonctif peut marquer une possibilité, une atténuation, une supposition, un doute.

credat *on croirait, on pourrait croire* **quis crederet ?** *qui l'eût cru ?*
velim *je voudrais* **vellem** *j'aurais voulu*
quid faciam ? *que faire ?* (m. à m. que dois-je faire ?)

■ Ne confondez pas les 3e personnes du pluriel du futur antérieur de l'indicatif et du subjonctif parfait :

Amaverint *ils auront aimé* ou *qu'ils aient aimé*

■ **Le subjonctif imparfait :** pour le former, il suffit d'ajouter les désinences actives et passives du présent, à la forme active de l'infinitif.

audire *entendre* → **audirem** *que j'entendisse ;*
imitare *imiter* → **imitarer**, etc.

■ Cum + subjonctif :

Cum hostes venirent, Caesar mansit *comme les ennemis arrivaient, César resta*

A la donné temporelle (alors que) peut s'ajouter une nuance de cause : *étant donné que les ennemis...*
ou de concession : *bien que les ennemis...*

■ En français courant, le subjonctif aux temps du passé tombe en désuétude : son usage (quand il est encore connu) semble ridicule ou affecté. En version, on tournera la difficulté en employant des infinitifs ou des substantifs.

Rogaveram ut veniretis *j'avais demandé que vous vinssiez*
On préfèrera : *je vous avais demandé de venir*

C 4 ÉTYMOLOGIE

■ **Orare** signifie d'abord et seulement *parler* (émettre un son). Le radical est celui de **os, or-is** (n.) *la bouche*, qui nous a donné *oral, oralité, orateur* **(orator).**

Oracle vient de **oraculum :** parole, réponse d'un dieu.
Oratorio : pièce de musique avec récitatifs de textes.

Dès l'époque latine toutefois, la notion de prière, de sollicitation de supplication, s'y ajoute :

- **Orare amicum** *solliciter un ami*
- **L'oratorium** *oratoire*, lieu de prières chrétiennes, (*l'oraison* prière) a laissé des traces dans la toponymie : *Orrouer, Oroer, Orrouy* et surtout *Oradour*

A 1 PRÉSENTATION

Il y a en latin plusieurs pronoms/adjectifs démonstratifs :

■ **Hic, haec, hoc** : *celui-ci, celle-ci* (pronom), ou *ce, cette* (adjectif) marque la proximité.

	SING.			PLUR.		
	M	F	N	M	F	N
N./V.	**hic**	**haec**	**hoc**	**hi**	**hae**	**haec**
Acc.	**hunc**	**hanc**	**hoc**	**hos**	**has**	**haec**
G.	**hujus**	**hujus**	**hujus**	**horum**	**harum**	**horum**
D.	**huic**	**huic**	**huic**	**his**	**his**	**his**
Abl.	**hoc**	**hac**	**hoc**	**his**	**his**	**his**

■ **Iste, ista, istud** : *celui-là, celle-là* (pronom) ou *ce, cette* (adjectif) marque une certaine distance, ou une valeur péjorative.

	M	F	N	M	F	N
N./V.	**iste**	**ista**	**istud**	**isti**	**istae**	**ista**
Acc.	**istum**	**istam**	**istud**	**istos**	**istas**	**ista**
G.	**istius**	**istius**	**istius**	**istorum**	**istarum**	**istorum**
D.	**isti**	**isti**	**isti**	**istis**	**istis**	**istis**
Abl.	**isto**	**ista**	**isto**	**istis**	**istis**	**istis**

■ **Ille, illa, illud** : *celui-là, celle-là* (pronom), *ce, cette* (adjectif) marque un éloignement plus grand, et exprime l'admiration (même déclinaison que **iste, a, ud**).

lacrima, ae (f.) *la larme* **lacrimo, as, are, avi, atum** *pleurer*
clarus, a, um *connu(e), réputé(e), fameux(se)*
durus, a, um *dur(e), rude*

A 2 APPLICATION

1. **In his rebus, Cicero consilium dare potuit.**
2. **Ille vir clarus orator est.**
3. **Non amas istum Fabium.**
4. **Hoc semper dicitur : « Hi veniunt, illi abeunt ».**
5. **Haecne templa vides ? Illudne mare ?**
6. **Illo tempore, hujus populi mores durae erant.**
7. **Hi pueri rident, illi lacrimant.**
8. **Istorum miserorum lacrimas non patior.**
9. **Uterisne hoc consilio ?**

A 3 REMARQUES

■ Le gén. sing. de tous les pronoms/adjectifs, personnels, relatifs, est toujours en **-ius** ou **-jus**. Le dat. sing. est toujours en **-i.**

■ **Hic, haec, hoc**, marquant une proximité, peut exprimer l'idée de la 1re personne du singulier :

Do hunc librum *je donne ce livre-ci = je donne mon livre*

Des adverbes de lieu lui correspondent :

hic : ici (sans mouvement) **maneo hic** *je reste ici* (où je suis)
huc : ici (avec mouvement) **venis huc** *tu viens ici* (où je suis)

■ **Iste, ista, istud** peut exprimer l'idée de la 2e personne du singulier :

capio istum librum *je prends ce livre-là, ton livre*

- **istic, istuc** : *là, là-bas, y* (avec ou sans mouvement)
- **illic** : *là-bas* (sans mouvement) } marquent un plus grand
- **illuc** : *là-bas* (avec mouvement) } éloignement

■ **Hic** et **ille** servent souvent à opposer deux personnes ou deux choses :

haec canit, illa non *l'une chante (et) l'autre pas*

■ Le génitif des pronoms démonstratifs est souvent employé pour remplacer les adjectifs possessifs :

lego hujus librum (ou **istius, illius**)
je lis son livre (le livre de celui-ci)

■ Le pronom et l'adjectif s'accordent en genre et en nombre avec le sujet. Attention à l'accord du pronom avec son attribut :

Haec est patria *ceci est ma patrie* (m. à m. *celle-ci est ma patrie* s'explique par l'attraction de l'attribut, fém., sur le sujet)

A 4 TRADUCTION

1. Dans ces affaires (qui nous occupent actuellement), Cicéron a pu donner son avis.
2. Ce grand homme est un orateur réputé.
3. Tu n'aimes pas ce (misérable) Fabius.
4. On dit toujours ceci : « Ceux-ci viennent, ceux-là s'en vont ».
5. Vois-tu ces temples (ici) ? cette mer (là-bas) ?
6. En ce temps-là, les mœurs de ce peuple étaient rudes.
7. Ces enfants-ci rient, ceux-là pleurent.
8. Je ne supporte pas les larmes de ces (pauvres) malheureux.
9. Uses-tu de mon avis ? (m. à m. cet avis que je te donne)

XXIX ■ Idem semper revenit (id est Fabius).

B1 PRÉSENTATION

■ **is, ea, id** *ce, celui, cette, celle, il, elle*

	SING.			PLUR.		
	M	F	N	M	F	N
N./V.	**is**	**ea**	**id**	**ei**	**eae**	**ea**
Acc.	**eum**	**eam**	**id**	**eos**	**eas**	**ea**
G.	**ejus**	**ejus**	**ejus**	**eorum**	**earum**	**eorum**
D.	**ei (ii)**	**ei (ou ii)**	**ei (ii)**	**eis (iis)**	**eis (ou iis)**	**eis (iis)**
Abl.	**eo**	**ea**	**eo**	**eis (iis)**	**eis (iis)**	**eis (iis)**

■ **idem, eadem, idem** *le même, la même*

	M	F	N	M	F	N
N./V.	**idem**	**eadem**	**idem**	**eidem**	**eaedem**	**eadem**
Acc.	**eumdem**	**eamdem**	**idem**	**eosdem**	**easdem**	**eadem**
G.	**ejusdem**	**ejusdem**	**ejusdem**	**eorumdem**	**earumdem**	**eorumdem**
D.	**eidem**	**eidem**	**eidem**	**eisdem**	**eisdem**	**eisdem**
Abl.	**eodem**	**eadem**	**eodem**	**eisdem**	**eisdem**	**eisdem**

■ **ipse, ipsa, ipsum** *lui-même, elle-même*

	M	F	N	M	F	N
N./V.	**ipse**	**ipsa**	**ipsum**	**ipsi**	**ipsae**	**ipsa**
Acc.	**ipsum**	**ipsam**	**ipsum**	**ipsos**	**ispsas**	**ipsa**
G.	**ipsius**	**ipsius**	**ipsius**	**ipsorum**	**ipsarum**	**ipsorum**
D.	**ipsi**	**ipsi**	**ipsi**	**ipsis**	**ipsis**	**ipsis**
Abl.	**ipso**	**ipsa**	**ipso**	**ipsis**	**ipsis**	**ipsis**

jubeo, es, ere, jussi, jussum *ordonner* (à + dat.)
erigo, is, ere, erexi, erectum *mettre droit, ériger, dresser*
lavo, as, are, avi, atum *baigner* (**lavari** *se baigner*)

B2 APPLICATION

1. **Nunquam in eodem flumine lavaris.**
2. **Servus adfuit eisdem ludis atque dominus ejusque liberi.**
3. **Romani et eorum socii non dulciores sunt quam eorum hostes.**
4. **In eadem urbe, rex jubet statuas ipsas heri erectas deleri.**
5. **Non milites, sed duces ipsos videre volumus.**
6. **Flavia ipsa vult venire : ad eam scribo ne id faciat.**

B 3 REMARQUES

■ Le pronom adjectif **is, ea, id** n'est pas un démonstratif : il sert à rappeler ce dont on vient de parler : c'est un pronom/adj. de rappel.

eos video *je les vois* (pronom)
eos homines video *je vois ces hommes* (adjectif)

- On l'emploie souvent au génitif pour remplacer le possessif :

video hominem *je vois l'homme*
ejus equum audio *j'entends son cheval* (m. à m. de celui-ci)

- **id est** signifie *c'est-à-dire* (m. à m. *ceci est...*) suivi d'une explication (on trouve aussi **hoc est**)

■ **Idem** se décline comme **is**, sauf au nom./voc. masc. sing. et au nom./voc./acc./n. sg. et marque une identité

idem venit *le même est venu* (pron.)
idem juvenis venit *le même jeune homme est venu* (adj.)

■ **audacissimus est idemque prudens**
il est très audacieux et en même temps prudent
idem ... atque *le même que*

■ **ipse** insiste sur une originalité

ipse vidisti *tu as vu toi-même* (pron.)
ipsae mulieres venerunt *les femmes elles-mêmes sont venues* (adj.)

- On peut souvent traduire **ipse** par d'autres tournures :

ipse venit *il est venu en personne*
in ipso foro *en plein forum*

- Ne pas confondre **idem** et **ipse**

duces ipsi dicunt eadem *les chefs eux-mêmes disent les mêmes choses*

B 4 TRADUCTION

1. Tu ne te baignes jamais dans le même fleuve.
2. L'esclave assista aux mêmes jeux que le maître et ses enfants.
3. Les Romains et leurs alliés ne sont pas plus tendres que leurs ennemis.
4. Dans la même ville, le roi ordonne que soient détruites les statues mêmes érigées hier.
5. Ce ne sont pas les soldats, mais les chefs eux-mêmes que nous voulons voir.
6. Flavia veut venir en personne ; je lui écris de ne pas le faire.

Il est indispensable en latin de se référer à un dictionnaire.

C'est dans ce but que certains éléments de vocabulaire non donnés dans les leçons seront à rechercher dans le lexique (cf. p. 273).

I. **Version** : pour chercher un mot latin il faut savoir isoler sa racine, repérer s'il s'agit d'un nom, verbe, adjectif, etc. : il faut l'analyser.

• Ainsi dans l'exemple n° 1 (C. A 1) analysons **effectus** : ce mot pourrait être le participe passé de **efficio : effectus, a, um** ; mais que viendrait faire auprès d'un participe passé au nominatif masc. sing. **eidem**, qui est soit un datif sing., soit un nom. masc. plur. ? A partir du parallèle avec causae qui est un nom ayant pour épithète **eaedem**, nom. fém. plur., on peut formuler l'hypothèse que **eidem** est un nominatif masc. plur. plutôt qu'un datif sing. → on en déduit que **effectus** est autre chose qu'un part. passé. On cherche alors au mot lui-même : **effectus, us** (m.) *l'effet, le résultat.*

• A l'inverse, cela ne signifie pas que toutes les formes sont données telles quelles dans le dictionnaire ou le lexique.

Quand on cherche **redire**, on doit retrouver que c'est l'infinitif d'un composé de **eo, is, ire, ivi, itum**, c-à-d, **ire** précédé du suffixe **re(d)** et donc il faut chercher à **redeo**.

De même pour **exspectabit** il faut rechercher à **exspecto** après avoir reconnu en **exspectabit** une forme de futur.

II. **Thème** : dans ce cas, il va de soi que l'on ira chercher *ils exhortent à exhorter*, ou le pluriel d'un nom à son singulier.

Néanmoins il faut toujours aller revérifier dans le dictionnaire latin/français la « latinité » de telle expression qui, traduite trop littéralement du français, n'auraient aucun sens, et ne jamais s'arrêter au 1er sens donné.

Ainsi par ex. : le latin ne dit pas *les ordres sont donnés aux soldats*, mais *les soldats reçoivent l'ordre de*, **milites jubentur**.

Si l'on cherche donc en français le mot *ordre*, on trouvera d'abord **ordo, inis** (f.), *l'ordre* (au sens de classement) ; l'idée de commandement viendra seulement ensuite. On notera qu'en français, ordonner, au sens de *commander* ne peut se mettre au passif *(les soldats sont ordonnés d'aller se battre)* alors que le latin l'admet. Il importe aussi de vérifier la construction des mots qui est toujours donnée, par les verbes, noms ou adjectifs :

jubeo (+ dat.)	*ordonner (à)*
jubeo (+ prop. infinitive)	*ordonner (que)*
similis (+ dat.)	*semblable (à)*

Il est indispensable en latin de se référer à un dictionnaire. C'est dans ce but que certains éléments de vocabulaire non donnés dans les leçons seront à rechercher dans le **lexique** (cf. p. 273).

I. **Version :** pour chercher un mot latin il faut savoir isoler sa racine, repérer s'il s'agit d'un nom, verbe, adjectif, etc. : il faut l'analyser.

• Ainsi dans l'exemple n° 1 (C. A 1) analysons **effectus :** ce mot pourrait être le participe passé de **efficio : effectus, a, um** ; mais que viendrait faire auprès d'un participe passé au nominatif masc. sing. **eidem**, qui est soit un datif sing., soit un nom. masc. plur. ? A partir du parallèle avec **causae** qui est un nom ayant pour épithète **eaedem**, nom. fém. plur., on peut formuler l hypothèse que **eidem** est un nominatif masc. plur. plutôt qu'un datif sing. → on en déduit que **effectus** est autre chose qu'un part. passé. On cherche alors au mot lui-même : **effectus, us** (m.) *l'effet, le résultat.*

• A l'inverse, cela ne signifie pas que toutes les formes sont données telles quelles dans le dictionnaire ou le lexique.

Quand on cherche **redire**, on doit retrouver que c'est l'infinitif d'un composé de **eo, is, ire, ivi, itum**, c-à-d, **ire** précédé du suffixe **re(d)** et donc il faut chercher à **redeo**.

De même pour **expectabit** il faut rechercher à **expecto** après avoir reconnu en **expectabit** une forme de futur.

II. **Thème :** dans ce cas, il va de soi que l'on ira chercher *ils exhortent* à *exhorter*, ou le pluriel d'un nom à son singulier.

Néanmoins il faut toujours aller revérifier dans le dictionnaire latin/français la « latinité » de telle expression qui, traduite trop littéralement du français, n'auraient aucun sens, et ne jamais s'arrêter au 1er sens donné.

Ainsi par ex. : le latin ne dit pas *les ordres sont donnés aux soldats*, mais *les soldats reçoivent l'ordre de*, **milites jubentur.**

Si l'on cherche donc en français le mot *ordre*, on trouvera d'abord **ordo, inis** (f.), *l'ordre* (au sens de classement) ; l'idée de commandement viendra seulement ensuite. On notera qu'en français, *ordonner*, au sens de *commander* ne peut se mettre au passif *(les soldats sont ordonnés d'aller se battre)* alors que le latin l'admet. Il importe aussi de vérifier la construction des mots qui est toujours donnée, par les verbes, noms ou adjectifs :

jubeo (+ dat.)	*ordonner (à)*
jubeo (+ prop. infinitive)	*ordonner (que)*
similis (+ dat.)	*semblable (à)*

XXX ■ Interim nobiscum ambulabitis.

A 1 PRÉSENTATION

■ Le pronom personnel latin se décline :

1re personne	N.	**ego**	*moi, je*	**nos**	*nous*
	Acc.	**me**	*me*	**nos**	*nous*
	Gén.	**mei**	*de moi*	**nostri, trum**	*de nous*
	Dat.	**mihi**	*à moi*	**nobis**	*à nous*
	Abl.	**me**	*(par) moi*	**nobis**	*(par) nous*

2e personne	N./V.	**tu**	*toi, tu*	**vos**	*vous*
	Acc.	**te**	*te*	**vos**	*vous*
	Gén.	**tui**	*de toi*	**vestri, trum**	*de vous*
	Dat.	**tibi**	*à toi*	**vobis**	*à vous*
	Abl.	**te**	*(par) toi*	**vobis**	*(par) vous*

■ A la 3e pers. le pronom personnel est réfléchi s'il renvoie au sujet du verbe de la proposition : **se videt** *il se voit.*

Acc.	**se**	*se, soi, eux, elles*
Gén.	**sui**	*de lui, d'elle, d'eux, d'elles*
Dat.	**sibi**	*à soi, à lui, à eux, à elles*
Abl.	**se**	*par soi, par lui, par eux, par elles*

ratio, onis (f.) — *le compte, le calcul, le plan, la méthode, la raison*
imperator, oris (m.) — *le commandant, le général*
impero, as, are, avi, atum — *ordonner (que : ut + subj.)*
veto, as, are, vetui, vetitum — *interdire, empêcher, faire défense*
terreo, es, ere, ui, itum — *effrayer, épouvanter*
disputo, as, are, avi, atum — *discuter, débattre (sérieusement)*
captivus, a, um — *captif(ve), prisonnier(e)*
interim (adv.) — *entretemps*

A 2 APPLICATION

1. **Nonne homines terrentur, ubi terra in aquam se vertit ?**
2. **Non solum orantium pro se captivorum non miseritus est imperator, sed etiam eos interfecit. (Cicero d.)**
3. **Inter nos colloquimur, inter vos disputatis.**
4. **Mihi et tibi Caesar imperat ut equos ad se ducamus.**
5. **Ratio jubet nos sibi parere, at vetat vos suos hostes interficere.**

A 3 REMARQUES

■ Les pronoms personnels ont la même forme au masculin et au féminin.

■ Seuls les pronoms pers. de la 2e pers. (sing. ou plur.) peuvent s'utiliser au vocatif :
tu quoque ! *toi aussi !* **vos omnes, audite !** *vous tous, écoutez !*

■ Les génitifs des pronoms personnels (**mei, nostri**, etc.) sont en fait des pronoms possessifs neutres :
memini vestri *je me souviens de vous*
• pour les 1re et 2e pers. du pluriel, on n'emploie **nostrum** ou **vestrum** que dans un sens partitif *(d'entre nous, d'entre vous)*
optima nostrum *la meilleure d'entre nous*

■ Le réfléchi, à la 3e personne, n'a pas de nominatif ; il a les mêmes formes au masculin et au féminin, au sing. et au plur. Il ne peut renvoyer qu'au sujet :
dei se amant *les dieux s'aiment*
• Quand le pronom ne renvoie pas à la même pers. que le sujet, on emploie le pronom de « rappel », **id, ea, id**
se vidit *il se voit* **eum vidit** *il le voit*

■ Le latin ignore notre forme de politesse *vous et moi*, et dit *moi et vous* : **ego et vos**

■ Avec le pronom personnel, **cum** devient enclitique (cf. p. 35)
nobiscum *avec nous*
tecum *avec toi*

A 4 TRADUCTION

1. Les hommes ne s'effraient-ils pas, quand la terre se change en eau ?
2. Non seulement le général n'a pas pris en pitié les prisonniers qui supplient pour eux, mais encore il les a tués. (Cicéron)
3. Nous bavardons entre nous, vous débattez entre vous.
4. A moi et à toi, César nous ordonne de lui amener les chevaux. (que nous amenions à lui)
5. La raison ordonne que nous lui obéissions, mais elle interdit que vous tuiez ses ennemis.

XXX ■ Meis digitis computo rationem.

B 1 PRÉSENTATION

■ Les adjectifs possessifs :

meus, a, um	*mon, ma*	**mei, ae, a**	*mes*	**noster, tra, trum**	*notre*	**nostri, ae, a**	*nos*
tuus, a, um	*ton, ta*	**tui, ae, tua**	*tes*	**vester, tra, trum**	*votre*	**vestri, ae, a**	*vos*

■ 3e pers. réfléchi : le possessif **suus, a, um** ne s'emploie que si le possesseur est en même temps le sujet :

filiae patrem suam amant *les filles aiment leur père*

• Sinon on emploie le génitif du pronom de rappel

video ejus filiam *je vois sa fille*

■ Employé seul l'adjectif possessif prend valeur de pronom

Hic liber ? est meus *ce livre ? c'est le mien*

■ De même que les adjectifs employés seuls, les adjectifs possessifs peuvent s'employer comme noms :

mea (n. pl.) *mes biens, mes affaires, mes idées*
mei (m. pl.) *mes parents, mes amis, les miens*
nostri *les notres*

digitus, i (m.) *le doigt*
socius, i (m.) *l'allié, l'associé*
eques, itis (m.) *le chevalier*
maleficium, i (n.) *la méchanceté, le méfait*
struo, is, ere, struxi, structum *assembler*
hortor, aris, ari, atus sum *exhorter*
memini (parfait) + gén. *je me souviens (de)*
aedifico, as, are, ari, atum *édifier*

B 2 APPLICATION

1. **Amici amicorum meorum mei sunt.**
2. **Agricola ipse struxit lapides ut sibi suisque hanc domum aedificaret.**
3. **Ducit secum socios suos eosque rogat ut sibi credant.**
4. **Hostium legatis auditis, dux respondit neque populo suo neque eorum hoc bellum prodesse.**
5. **Equites dicunt se ipsos suosque equos non jam progredi posse.**
6. **Pater noster ipse laudat suam virtutem, ego maleficia ejus cognosco.**
7. **Memini vestrorum verborum, memineritis nostri.**

B3 REMARQUES

■ Le vocatif singulier de **meus** est **mi** **mi fili !** *mon fils !*

■ Le possessif marque souvent une nuance d'affection :

meus Claudius *mon cher Claude*

- Il est utilisé pour marquer une insistance ou lorqu'il est nécessaire de préciser le sens : on ne l'utilise pas quand le possesseur est évident :

	amat matrem	*il aime sa mère*
mais →	**amo tuam matrem**	*j'aime ta mère*

■ Ne pas confondre **vestrum, vestrum,** nom./acc., neutre sing. de l'adjectif possessif avec le génitif pluriel du pronom personnel.

■ Un possesseur unique (au singulier) peut avoir un complément au singulier ou au pluriel :

Claudia amat suum fratrem
Claudia amat suos fratres
Claudia aime son frère/ses frères

- Plusieurs possesseurs peuvent avoir un complément au sing. ou au plur.

Claudia et Flavia amant suum fratrem/suos fratres
Claudia et Flavie aiment leur frère/leurs frères

B4 TRADUCTION

1. Les amis de mes amis sont mes amis.
2. Le paysan lui-même a assemblé des pierres afin d'édifier cette maison pour lui et pour les siens. (m. à m. afin qu'il édifiât)
3. Il amène avec lui ses associés et leur demande de lui faire confiance (m. à m. leur demande qu'ils croient en lui).
4. Les envoyés des ennemis entendus, le chef répondit que cette guerre n'était utile ni à son peuple ni au leur.
5. Les chevaliers disent qu'eux-mêmes ni leurs chevaux ne peuvent plus avancer.
6. Notre père loue lui-même son courage, (mais) moi je connais sa méchanceté. (ses méfaits)
7. Je me souviens de vos paroles, vous vous souviendrez de nous.

A. **Version**

1. « Pulcherrima vestrum est Venus » dixit Paris.
2. Superbi inter se ipsi laudent ! Ei nobis non nocent.
3. Veto te ipsum et tuos filios et eorum uxores Romam venire.
4. Pedum digitis computasne rationem tuam ?
5. Venus dat sibi hominibusque amoris voluptates.
6. Struxerunt Romani sibi pontes et vias in omnibus partibus provinciae.
7. Duces vobis mandant ut ad se frumentum feratis.

B. **Thème**

1. Les ennemis de tes ennemis sont nos amis.
2. Nous informons notre général de votre victoire.
3. Celui-ci et avec lui ses ambassadeurs nous offrent leur amitié.
4. Avec ces (mauvaises) pierres, ni toi ni tes esclaves ne pourrez construire votre temple.
5. Europe est enlevée par Jupiter après que celui-ci se fut transformé en taureau.

C 2 CORRIGÉ

A.
1. « La plus belle d'entre vous, c'est Vénus », a dit Paris.
2. Que les orgueilleux se louent eux-mêmes entre eux ! Ils ne nous nuisent pas.
3. Je t'interdis, à toi-même, à tes fils et à leurs épouses de venir à Rome. (m. à m. j'interdis que...)
4. Est-ce que tu compte avec (tes) doigts de pieds ? (Fais-tu ton calcul avec les doigts de tes pieds ?)
5. Vénus se donne et donne aux hommes les plaisirs de l'amour.
6. Les Romains ont construit pour eux des ponts et des chaussées dans toutes les parties de la province.
7. Les chefs vous chargent de leur apporter du blé.

B.
1. Hostes tuorum hostium amici nostri sunt.
2. Nostrum imperatorem certiorem facimus de victoria vestra.
3. Is et secum legati sui nobis afferunt suam amicitiam.
4. Istis lapidibus neque tu neque servi tui vestrum templum aedificare poteritis.
5. Europa rapitur a Jove postquam ille in taurum se vertit.

■ **Memini** est un parfait qui se traduit par le présent *je me souviens* (j'ai fait revenir à mon esprit, donc je me souviens) de la même façon que **cognovi** *je sais (j'ai appris).* Mais le présent **cognosco** *j'apprends* existe, alors qu'il n'existe pas de forme de présent pour **memini.**

• L'imparfait et le futur sont donc des *plus-que-parfait* et *futur antérieur*

memineram, je *me souvenais*
meminero, je *me souviendrai*

Comme l'adjectif **memor, oris,** *qui se souvient de,* **memini** se construit toujours avec un génitif.

meministi nostri *tu te souviens de nous*

■ Le droit de veto vient de **veto**, 1re pers. du sing. du verbe **vetare**, employé par le roi de France, qui avait le droit de s'opposer à une loi : **veto** *je m'oppose.*

■ **Ratio** est un mot à multiples nuances :

• le sens de *calcul, compte :*

ut par sit ratio acceptorum et datorum (Cicero)
pour que le compte soit égal entre le reçu et le donné

• amène à celui de *relations commerciales*

rationem habeo tecum *je suis en compte avec toi*

• d'où *tenir compte de :*

valetudinis rationem habeo *je tiens compte de ma santé*

• puis à celui de *méthode, plan, système, manière, moyen :*

omni ratione *par tout moyen*

• Mais **ratio** indique aussi la faculté de calculer, de raisonner : le *jugement*, l'*intelligence*, la *raison*, ou encore la *chose raisonnable, judicieuse :*

non est ratio amantem interficere
il n'est pas raisonnable de tuer son amant

• puis l'*explication*, la *cause*, la *raison*, la *méthode :*

causa et ratio efficiens magnos viros... (Cicero)
la cause et la raison qui produisent les grands hommes...

• puis ce qui est ***ratio****nnel*, fondé sur la *raison :*

lingua latina ratione docetur
le latin est enseigné de façon méthodique

→ **ratio** tire son origine de **reor, rearis, reari, ratus sum** *compter, calculer* d'où *croire, penser*

• **ratus, a, um**, part. passé de **reor**, fait au neutre plur. **rata** d'où l'expression **pro rata,** *en fonction des choses comptées, en proportion de.*

XXXI ■ Qui bene amat bene castigat.

A 1 PRÉSENTATION

■ Le relatif latin est à la fois pronom *(qui, que, quoi, dont)* et adjectif *(lequel, laquelle)*

Sg.	masc.	fém.	n.	Pl. masc.	fém.	n.
N.	**qui**	**quae**	**quod**	**qui**	**quae**	**quae**
Acc.	**quem**	**quam**	**quod**	**quos**	**quas**	**quos**
Gén.	**cujus**	**cujus**	**cujus**	**quorum**	**quarum**	**quorum**
Dat.	**cui**	**cui**	**cui**	**quibus**	**quibus**	**quibus**
Abl.	**quo**	**qua**	**quo**	**quibus**	**quibus**	**quibus**

■ Le relatif s'accorde en genre et en nombre avec son antécédent qu'il remplace :
vir qui adest Julius appellatur *l'homme qui est là s'appelle Jules*

■ **quicumque, quaecumque, quodcumque** *quiconque, chacun(e)*

■ **proverbium, i** (n.) *le proverbe*
ovum, i (n.) *l'œuf*
furor, is (m.) *la folie, la fureur*
furor, aris, ari, atus sum *dérober, voler*
exago, is, ere, egi, actum *chasser, expulser*
eligo, is, ere, egi, ectum *choisir, élire*
appello, as, are, avi, atum *appeler, nommer*
notus, a, um (+ datif) *connu(e) (de)*
brevis, e *bref(ve), rapide, court(e)*
foro juliensis, e *le Forum Julien, Fréjus*

A 2 APPLICATION

1. **Qui ovum furatus erit, bovem furabitur.**
2. **Diffidimus ducibus nostris quibus olim credebamus.**
3. **Quibus exactis, eligimus fortiores.**
4. **In forojuliensi oppido Julius Caesar adest, quam urbem suo ipso nomine appellavit.**
5. **Quae res notissima est eis omnibus qui Caesaris librum legerunt.**
6. **Sapiens dicit iram brevem furorem esse ; quae dicta in proverbia facta sunt.**

A3 REMARQUES

■ Le relatif a une fonction propre dans la proposition relative

amo Claudium qui me amat *j'aime Claude qui m'aime*
C.O.D. sujet

• Si le relatif a plusieurs antécédents de genre différents, le masculin l'emporte sur le féminin pour les noms de personnes, le neutre pour les noms de choses :

frater et soror, qui sunt... *le frère et la sœur, qui sont...*

■ Le français *dont,* est souvent un complément de nom :

Horatius, cujus librum lego, poeta est
Horace, dont je lis le livre, est un poète

mais il peut, en français, introduire d'autres types de compl. :

- *la famille dont je suis né* **gens e qua natus sum** (origine)
- *l'épée dont il s'est servi* **gladius quo usus est** (moyen)
- *la femme dont tu es aimé* **mulier a qua amaris** (agent)

■ L'accord du relatif peut se faire par attraction

animal quem hominem appellamus
l'animal que nous appelons l'homme

■ Le relatif de liaison : il sert à lier deux prop. indépendantes, et équivaut à un pron. de rappel précédé d'une conj. de coordination *(et, or, mais, donc, ou, ni, car).*

Juliam amas ; quae (= sed ea) te non amat
Tu aimes Julie ; mais elle ne t'aime pas

A4 TRADUCTION

1. Qui vole un œuf vole un bœuf. (m. à m. qui aura volé un œuf volera un bœuf)
2. Nous nous méfions de nos chefs en qui nous avions naguère confiance.
3. Après les avoir chassés (ceux-ci ayant été chassés) nous (en) choisissons de plus courageux.
4. Jules César se trouve à Fréjus, ville qu'il (laquelle ville) a ainsi appelée d'après son propre nom.
5. Et ce fait est tout à fait connu de tous ceux qui ont lu le livre de César.
6. Le sage dit que la colère est une courte folie ; ces mots sont devenus un proverbe.

B 1 PRÉSENTATION

■ L'interrogatif **quis, quae, quid** peut être pronom, *qui ? quoi ?* ou adjectif *(quel ?)* sauf au nominatif masc. sing. et aux nominatif et accusatif sing. neutre ou le pronom se différencie de l'adj. :

		MASC.	FÉM.	N.		MASC.	FÉM.	N.
N.	Singulier	**quis ?/qui ?** pr./adj.	**quae**	**quid/quod** pr./adj.	Pluriel	**qui ?**	**quae ?**	**quae**
Acc.		**quem**	**quam**	**quid/quod**		**quos**	**quas**	**quae**
Gén.		**cujus**	**cujus**	**cujus**		**quorum**	**quarum**	**quorum**
Dat.		**cui**	**cui**	**cui**		**quibus**	**quibus**	**quibus**
Abl.		**quo**	**qua**	**quo**		**quibus**	**quibus**	**quibus**

quis venit ? *qui vient ?* (pron.) **qui vir venit ?** *quel homme vient* (adj.)

■ **Quod** *parce que*

■ L'interrogatif **uter, utra, utrum ?** *lequel des deux ?*

		MASC.	FÉM.	N.		MASC.	FÉM.	N.
N.	Singulier	**uter**	**utra**	**utrum**	Pluriel	**utri**	**utrae**	**utra**
Acc.		**utrum**	**utram**	**utrum**		**utros**	**utras**	**utra**
Gén.		**utrius**	**utrius**	**utrius**		**utrorum**	**utrarum**	**utrorum**
Dat.		**utri**	**utri**	**utri**		**utris**	**utris**	**utris**
Abl.		**utro**	**utra**	**utro**		**utris**	**utris**	**utris**

■ Adjectifs interrogatifs (ou exclamatifs) :

- **qualis, is, e ?** *de quelle qualité ? genre ? quel ?*
- **quantus, a, um ?** *de quelle grandeur ? combien grand ?*
- **quot** (indéclinable), **quam multi ?** *combien ? que de ?*

B 2 APPLICATION

1. **Quae es, puella ? Quod nomen est tibi ? Quis est pater tuus ? Quocum venisti ?**
2. **Utra manuum validior est ? Quot digitos habemus ?**
3. **Quid mihi opus est stultis respondere ?**
4. **Quid dicis ? Qualem virum me esse putas ?**
5. **Quanta ira uteris ! Quid est quod ita clames ?**
6. **Cur diu in cena manes ?**
7. **Quod pulchrae puellae saltant.**
8. **Quid bibisti ? Vinum bibi.**

B 3 REMARQUES

■ Certains adjectifs interrogatifs sont souvent employés en corrélation (c-à-d en relation étroite, cf. p. 157) avec des adjectifs qui les annoncent :

talis, e ...	**qualis(e)**	*tel(le) ... que*
tantus, a, um ...	**quantum**	*aussi grand(e) ... que*
tam multi ...	**quam multi**	*aussi nombreux ... que*
tot (inv.) ...	**quot (inv.)**	*aussi nombreux ... que*

→ le latin inverse souvent les phrases :
qualis pater, talis filius *tel père, tel fils*
quot homines, tot consilia *autant d'hommes, autant d'avis*

■ **Opus est mihi :** dans cette expression **opus** est indéclinable et doit se comprendre comme « chose nécessaire » :
Elle peut être impersonnelle et se construit avec l'ablatif de moyen et le datif d'intérêt :

semper homini opus fuit pane
l'homme a toujours eu besoin de pain (m. à m. il y a toujours eu besoin pour l'homme en pain)

■ Avec l'interrogatif et le relatif, comme avec le pronom personnel (cf. p. 187), **cum** devient enclitique :
quacum ambulas ? *avec qui (quelle femme) te promènes-tu ?*

A 4 TRADUCTION

1. Qui es-tu, jeune fille ? Quel est ton nom ? Qui est ton père ? Avec qui es-tu venue ?
2. Laquelle des deux mains est la plus forte ? Combien de doigts avons-nous ?
3. Qu'ai-je à faire de répondre à des imbéciles ?
4. Qu'est-ce que tu dis ? Quel genre d'homme crois-tu que je suis ?
5. Dans quelle colère tu te mets ! (m. à m. de quelle grande colère tu uses !) Qu'y-a-t-il pour que tu cries ainsi ?
6. Pourquoi restes-tu longtemps au dîner ?
7. Parce que de belles jeunes filles (y) dansent.
8. Qu'est-ce que tu as bu ? J'ai bu du vin.

A. **Version**

1. Cui dearum Paris dedit praemium ? Nescisne ? Ignare !
2. Omnes qui fabulam bene legerunt id sciunt !
3. Quale praemium recepit Venus ? Malum recepit quod dederat Eris.
4. Qua re id malum discordiae appellatur.
5. Quae erat Eris ? Eris discordiae dea est.
6. Quot deae ! Quibus est tanta invidia quam hominibus ?
7. Qualis homo talis deus ! Quibuscum colloquabaris ?
8. Cum magistratibus sine quorum diligentia civitas non stare possit.

B. **Thème**

1. L'Europe s'appelle ainsi d'après le nom de la jeune Europe.
2. Or, cette jeune fille, Jupiter l'aimait. Donc il (celui-ci) se changea en taureau, par qui elle fut enlevée.
3. Mais cette affaire, où s'est-elle passé ?
4. En Crête, île dont tous ceux qui ont voyagé (navigué) se souviennent.
5. Par quel genre de maîtres as-tu été instruit ? Qu'est-ce que tu as appris à l'école ?

C 2 CORRIGÉ

A. 1. A laquelle d'entre les déesses Paris a-t-il donné le prix ? Tu ne sais pas ? Ignorant !
2. Tous ceux qui ont bien lu l'histoire le savent !
3. Quel genre de prix a reçu Vénus ? Elle a reçu une pomme qu'avait donnée Eris.
4. C'est pourquoi (par cette chose) celle-ci est appelée la pomme de discorde.
5. Qui était Eris ? Eris est la déesse de la discorde.
6. Que de déesses ! Et ont-elles une aussi grande méchanceté que les hommes ?
7. Tel homme, tel dieu ! Avec qui (quelles personnes) parlais-tu ?
8. Avec des magistrats sans le dévouement desquels l'État ne peut rester stable.

B. 1. Europa sic appellatur e nomine puellae Europae.
2. Quam puellam Jupiter amabat. Qui in taurum se vertit, a quo ea rapta est.
3. Quae res ubi acta est ?
4. In Creta, cujus insulae omnes qui navigaverunt meminerunt.
5. A qualibus magistris doctus es ? Quid didicisti in ludo ?

■ **bibere** a donné le français *biberon* et *boire*. Un autre verbe, **poto, potere**, qui signifie aussi *boire* a donné *potable*.

■ Ne pas confondre le nom **furor,** *la folie*, et le verbe **furor,** *je dérobe*. Au nom **furor** correspond le verbe **furo, furere,** *être fou*. La racine **fur-** est présente dans *furie, furieux. Du verbe* **furor** dérivent le *furet* (« petit voleur ») et *fureter*.

• **Furia, ae,** *la furie*, est d'abord un nom propre, au pluriel **Furiae,** *les Furies*, trois divinités de la vengeance qui, poursuivant les hommes coupables, les rendaient fous. Ces trois Furies sont **Alecto, Mégère** et **Tisiphone**. Les noms propres *Furie* et *Mégère* sont devenus ensuite des noms communs.

• D'autres mots expriment la *folie* : **demens, tis** ou **amens, amentis** ; littéralement, *qui a perdu l'esprit* **(de-mens, a-mens)** ; on trouve encore **insanus, a, um**, littéralement *non sain d'esprit*, qui nous a laissé *insane, insanité* ;
deliro, as, are, avi, atum, *être fou. délirer*, c'est, au sens premier, *extravaguer, sortir du sillon* : **de** *hors de* **lira** *le sillon*
Les « fous » sont souvent désignés par des participes présents substantivés : **furentes,** *les furieux*, **delirantes,** *les délirants*.

Quos perdere volunt, eos dei dementes faciunt
Les dieux rendent fous ceux qu'ils veulent perdre

C 4 HISTOIRE LÉGENDAIRE

On ne sait pas précisément pourquoi l'*Europe* s'appelle l'Europe. En effet **Europe** était fille d'**Agenor**, roi de **Tyr** en **Asie Mineure** (actuel *Liban*). Enflammé par sa beauté, **Zeus** se transforme en taureau blanc aux cornes semblables à un croissant de lune, et vient s'étendre aux pieds de la jeune fille qui joue sur la plage : **Europe** caresse l'animal puis s'assied sur son dos

Aussitôt le taureau se relève et s'élance vers la mer, Europe cramponnée à ses cornes. Ils arrivent ainsi jusqu'en **Crète**, où Zeus s'unit à Europe près d'une source, sous un platane qui en gardera le privilège de ne pas perdre ses feuilles. De cette union naîtront trois fils dont **Minos** qui, devenu roi de **Crête** épousera **Pasiphaé**. (Laquelle Pasiphaé, sous le coup de la vengeance de **Vénus**, tombera amoureuse d'un taureau dont elle aura un fils, **le Minotaure**, que Minos fera enfermer dans le **Labyrinthe. Minos** et **Pasiphaé** ont deux filles, **Ariane** et **Phèdre.**)

Lorsqu'Europe mourut, elle eut droit aux honneurs divins. Et le taureau dont Zeus avait pris la forme devint une constellation parmi les Signes du Zodiaque.

A 1 PRÉSENTATION

■ A partir de **quis ?** *qui ?* se forment des pron. et adj. indéfinis :

PRONOM	ADJECTIF
quis, quae, quid, *qqun, qqchose* **aliquis, a, id,** *qqun, qqchose* **quidam, quaedam, quiddam** *un(e) certain(e), qqun, qqch* (indéterminé) **quisque, quaeque, quidque,** *chacun(e), chaque*	**qui, quae, quod,** *quelque...* **aliqui, ae, od,** *quelque...* **quidam, quaedam, quoddam,** *un(e) certain(e)* **quisque, quaeque, quodque,** *chaque*

■ **uterque, utraque, utrumque** *l'un et l'autre* (de deux)
neuter, neutra, neutrum *ni l'un ni l'autre* (de deux)

■ Pronom négatif :

	M/F	N
N	**nemo** *personne*	**nihil** *rien*
Acc.	**neminem**	**nihil**
Gén.	**nullius**	**nullius rei**
Dat.	**nulli**	**nulli rei**
Abl.	**nullo, nulla**	**nulla re**

orior, iris, iri, ortus sum *se lever, naître*
oriens, ntis (part. présent) *levant, orient*
occido, is, ere, occidi, occasum *tomber, arriver, se coucher*
occidens, ntis (part. présent) *couchant, occident*
occido, is, ere, occisum *faire tomber, abattre, tuer*
origo, originis (f.) *l'origine, la naissance*
genus, generis (n.) *le genre, l'espèce, la race*
(ad) miror, aris, ari, atus sum *s'étonner* (**alicujus,** *de qqch*)
admirer (**aliquem,** *qqun*)

A 2 APPLICATION

1. **Quidam venit. Cujus nominis nemo meminit.**
2. **Amasne graecam et latinam linguam ? Neutri linguae studui.**
3. **Si quis credit solem ab occidente oriri, errat.**
4. **Uterque nostrum in utramque partem disputat.**
5. **Se ipse occidit, nullo intelligente. Mirum est genus humanum.**
6. **Quisque homo aliquando miratus est solis orientis.**
7. **De nulla re quibusdam mirantibus, persequor.**
8. **Aliquis dicet nihil magni sine labore fieri posse.**
9. **De Romae originibus multi libri scripti sunt.**

A 3 REMARQUES

■ Tous les composés de **quis** se déclinent sur le modèle de **quis**. Exception : **aliquis** pronom fait au féminin **aliqua**.

■ **Quis** indéfini s'emploie à la place de **aliquis** après **num, ne, si** : **si quis venit** *si quelqu'un vient.*

■ Le pronom négatif **nemo/nihil** emprunte certaines de ses formes à l'adjectif **nullus, a, um** *nul(le)* qui combine avec **res, rei** *la chose.*

■ Attention aux gén. et dat. sg des pronoms/adjectifs : ils sont toujours en **-ius** et **-i : utrius, neutrius** (gén.) **utri, neutri** (dat.)

■ **Quisque,** *chaque*, s'emploie surtout après :
- un pronom réfléchi : **sua cuique** *à chacun ses affaires.*
- un superlatif : **doctissimus quisque** *tous les plus savants* (m. à m. chacun le plus savant)

Dans les autres cas, le latin emploie **omnis, e,** *chaque, tout(e).*

■ **Nihil** peut être substantif *(rien)* ou adverbe *(en rien)*. Substantif, il est parfois suivi du gén. : **Nihil novi** *rien de nouveau.*

A 4 TRADUCTION

1. Quelqu'un est venu, mais personne ne se rappelle son nom.
2. Aimes-tu le latin et le grec ? Je n'ai étudié aucune de ces deux langues.
3. Si quelqu'un croit que le soleil se lève à l'occident, il se trompe.
4. Chacun de nous deux discute le pour et le contre. (sur chacune des deux parties)
5. Il s'est tué, sans que personne n'ait compris. (personne ne comprenant. Les hommes sont étonnants ! (le genre humain)
6. Chaque homme s'est un jour étonné de ce que le soleil se levait. (du soleil se levant)
7. Certains ne s'étonnant de rien, je poursuis.
8. L'on dira que rien de grand ne peut se faire sans labeur.
9. Beaucoup de livres ont été écrits sur les origines de Rome.

B 1 PRÉSENTATION

■ Les indéfinis (suite)
alius, a, ud *un(e) autre (de plus de 2), autre, différent(e)*
alter, a, um *l'autre (de deux)*

■ **unus, a, um** *un(e) seul(e), unique*
ullus, a, um *un(e), quelque* **nullus, a, um** *nul(le), aucun(e)*
nonnullus, a, um *un, quelque*

■ Les nombres *un, deux, trois* se déclinent :

	M	F	N	M	F	N	M	F	N
N.	unus	una	unum	duo	duae	duo	tres	tres	tria
Acc.	unum	unam	unum	duo(s)	duas	duo	tres	tres	tria
Gén.	←	unius	→	duorum	duarum	duorum	←	trium	→
Dat.	←	uni	→	duobus	duabus	duobus	←	tribus	→
Abl.	uno	una	uno	duobus	duabus	duobus	←	tribus	→

signus, i (m.) *le signe, le signal*
modus, i (m.) *le mode, la manière, la façon*
honos, honoris (m.) *l'honneur, l'hommage, la charge*
alienus, a, um *qui appartient à autrui. étranger(e), autre*
ceterus, a, um employé surtout au pl. : **ceteri, ae, a** *tout le reste. tous(tes), les autres*
cupidus, a, um (+gén.) *désireux(se)* (de)
praefero, -ers. -ere, -tuli, -latum *mettre en avant, préférer*
aliter *autrement*

B 2 APPLICATION

1. **Ad alteram ripam fluminis duas puellas conspicio.**
2. **Quarum altera alteri aliquid narrare videtur.**
3. **Dicit Jovem, et multos alios deos unius matris liberos esse, sed omnes ex aliis patribus ortos esse.**
4. **Gloria, imperium, honos, nihilque magni alienum fuit Caesari, nisi pax animi.**
5. **Cui soli Caesari erat totius Galliae et ceterarum provinciarum cura.**
6. **Alio modo vivere malo, nam nullius honoris nec ullius imperii cupidus sum, quibus duos aut tres amicos praefero.**
7. **Aliter cum aliis loqueris.**

B 3 REMARQUES

■ Les indéfinis sont souvent employés en corrélation : **alii... alii,** *les uns... les autres.* Employés à des cas différents, ils marquent :

- la réciprocité :
  alii alios amant *ils s'aiment les uns les autres, ils s'aiment*
  alter alteri odio est *ils se détestent l'un l'autre* (m. à m.. l'un est à l'autre en haine)
- la diversité :
  alii aliis modis vivunt *ils vivent d'une manière différente les uns des autres* (m. à m. les (gens) différents vivent de différentes manières)

■ Tous les indéfinis ont leur gén. et dat. en **-ius** et **-i** :
alterius, alteri, de même que **solus, a, um** *seul(e)* et **totus, a, um** *tout(e) entier(e)*
totius urbis *de la ville entière* **soli Marco** *au seul Marc*

■ **Unus, a, um** *un(e) seul(e)* ne s'emploie au pl. qu'avec des noms n'existant qu'au pl. : **una castra** *un seul camp* (n. pl.).

■ Le sing. de **ceteri, ae, a**, *tout le reste* est très rare. Le neutre plur. **cetera** est souvent employé à la fin d'une énumération : **et cetera** *et tout le reste, et ainsi de suite* ; il est resté en français sous sa forme abrégée : *etc.* **(et cetera)**.

■ **Ullus, a, um** s'emploie surtout dans les liaisons négatives : **nullus deus nec ullus dominus** *ni dieu ni maître*

B 4 TRADUCTION

1. Sur l'autre rive du fleuve, j'aperçois deux jeunes filles.
2. L'une d'elles semble raconter quelque chose à l'autre.
3. Elle dit que Jupiter et bien d'autres dieux sont les enfants d'une seule mère, mais que tous sont nés de pères différents.
4. Gloire, pouvoir, honneur : rien de grand ne fut étranger à César, si ce n'est la paix intérieure (de l'esprit).
5. Car il avait seul le souci de la Gaule tout entière, et de toutes les autres provinces.
6. Je préfère vivre d'une autre manière car je ne suis désireux d'aucun pouvoir, ni d'aucun honneur ; à cela (auxquels) je préfère deux ou trois amis.
7. Tu parles différemment aux uns et aux autres. (m. à m. tu parles différemment aux différentes personnes)

A. **Version**

1. Homo sum ; humani nihil a me alienum puto. **(Terentius d.)**
2. Aliud est gaudere, aliud est non dolere. **(Cicero d.)**
3. E Jovis genere liberi multi orti sunt, quorum matres aliis deae, aliis humanae mulieres sunt.
4. Ut eas, quarum cupidus erat, deciperet, Jupiter in quoddam animal se vertere solebat.
5. Alterum utrum : aut totum aut nihil capies.

B. **Thème**

Aucun autre remède que la guerre n'ayant été trouvé, les soldats revinrent, les uns de Gaule, les autres de Grande Bretagne ; parmi eux certains partirent sous la conduite de César (César étant le chef). Quelques-uns traversèrent l'Europe entière ; d'autres entre-temps arrivèrent jusqu'à l'autre rive de la (notre) mer. Mais aucun d'entre eux ne comprenait les langues étrangères ; c'est pourquoi personne, aucun homme, ni aucune femme, ne put leur dire que des habitants se battaient alors entre eux.

C 2 CORRIGÉ

A. **Version**

1. Je suis homme ; je pense que rien de ce qui est humain ne m'est étranger. *(Térence)*
2. C'est une chose que de se réjouir, c'en est une autre que de ne pas souffrir. *(Cicéron)*
3. De la race de Jupiter sont nés beaucoup d'enfants dont les mères étaient pour les uns des déesses, pour les autres des (femmes) humaines.
4. Pour séduire celles qu'il désirait, Jupiter se changeait (avait coutume de...) en animal.
5. De deux choses l'une : tu prendras tout ou rien.

B. **Thème**

Nullo remedio alio praeter bello invento, milites, alii e Gallia, alii e Britannia redierunt ; quorum quidam, Caesare duce, profecti sunt. Nonnulli Europam totam transierunt ; alii interim usque ad alteram ripam maris nostri advenerunt. Quorum nemo alienas linguas intellegebat ; quare nemo, neque ullus vir, neque ulla mulier, eis dicere potuit incolas tum inter se pugnare.

■ On emploie souvent les pronoms/adjectifs indéfinis pour traduire les articles indéfinis français : **aliquae mulieres,** *des femmes* (non déterminées), **quidam viri,** *certains hommes.* **Quidam** désigne quelqu'un qu'on pourrait nommer, mais que l'on préfère ne pas nommer. Il est resté en français : *un quidam*, avec une nuance légèrement péjorative.

C 4 ÉTYMOLOGIE

■ **Alienus, a, um** *autre* nous a donné le français *aliéné(e), aliéner, rendre autre (aliéner une propriété). L'aliéné mental* est ainsi celui qui est autre à lui-même, qui n'est plus lui-même.

■ **Alter, a, um** *autre (de deux)* nous a donné *altérer, rendre autre, changer (une altération musicale :* le dièze ou le bémol *altèrent* la note).

■ **Neuter, tra, trum** vient de **ne uter,** *ni l'un, ni l'autre : est neutre* ce qui n'est ni positif ni négatif ; ni masculin, ni féminin ; celui qui ne prend parti ni pour l'un ni pour l'autre.

■ **Occido** *tuer* et **occido** *tomber* ne sont pas le même verbe, comme en témoignent leurs participes passés : **occisus, a, um** *tué(e)* et **occasus, a, um** *tombé(e).*

- Dans le premier le **i** est long : le verbe se compose de : **ob-caedo,** *j'abats devant.*
- Dans le second le **i** est bref : le verbe se compose de : **ob-cado** *je tombe devant.*
- **Occido occisus** nous a laissé **occire, occis**, et surtout les suffixes en *-cide* que l'on retrouve dans : *insecti-cide, regi-cide* **(rex, regis)** *qui tue un roi ; parricide* **(pater, patris)** *qui tue un parent, un père ; suicide* **(se, sui)** *qui se tue lui-même ; géno-cide* **(genus, generis)** *qui tue un peuple.*
- **Occido, occasus** nous a laissé *occasion* (ce qui tombe là, ce qui se présente).

■ **Cupidus, a, um** *désireux* vient de **cupido** *je désire.* Le sens latin n'est pas le sens français de *cupide = avare* : il marque le désir, l'attachement, et donne son nom à **Cupidon**, dieu du désir amoureux (qui correspond à **Éros** chez les Grecs).

XXXIII ■ In quadraginta lectionibus linguam latinam discitis.

A 1 PRÉSENTATION

■ Les chiffres romains : 7 lettres de l'alphabet **(I, V, X, L, C, D, M : 1, 5, 10, 50, 100, 500, 1000)** désignent ce qui apparaîssait aux Romains comme les chiffres-clés.

■ Les chiffres romains cardinaux sont indéclinables jusqu'à 100, sauf *un, deux* et *trois* :

1. I : unus, a um **2. II : duo, ae, a** **3. III : tres, tres, tria**

■ **21. XXI : viginti unus, 28. XXVIII : duodetriginta** (2 ôtés de **30**) (cf. tableau dans le mémento, p. 271)

■ **100. C : centum** est indéclinable, mais **200, 300**, etc., sont déclinables : **200. CC : ducenti, ae, a ; 300. CCC : trecenti, ae, a ; 500. D : quingenti, ae, a ; 900. CM : nongenti, ae, a** (cf. mémento) ; **1000. M :** mille est indéclinable, mais **2000. MM** se dit **duo milia**, et se décline ; **10 000. $\overline{M}$: decem milia** (cf. mémento).

numerus, i (m.)	*le nombre*	**numero, as, are, avi, atum**	*compter*
angulus, i (m.)	*l'angle*	**quadratus, a, um**	*carré(e)*
pateo, es, ere, patui	*s'étendre, s'étaler*	**longitudo, inis** (f.)	*la longueur*
latitudo, inis (f.)	*la largeur*	**trivium, i** (n.)	*le carrefour (à 3 voies)*
mensis, is (m.)	*le mois*	**libra, ae** (f.)	*la livre*
mercator, is (m.)	*le marchand le commerçant*	**as, assis** (m.)	*l'as (monnaie)*
scripulus ou **scrupulus, i** (m.)	*le scrupule*	**uva, ae** (f.)	*le raisin*
vendo, is, ere vendidi, ditum	*vendre*	**ferme**	*à peu près*

A 2 APPLICATION

1. **A Julio Caesare, annus CCCLXV (trecenti sexaginta quinque) dies numerat, id est XII (duodecim) menses, qui ipsi XXVIII (duodetriginta), XXIX (undetriginta), XXX (triginta) aut XXXI (triginta unus) dies numerant.**
2. **Fines Helvetiorum in longitudinem CCXL (ducenta et quadraginta) milia passuum, in latitudinem CLXXX (centum et octoginta) patebant. (Caesar d.)**
3. **Ubi tres viae inter se occurrunt, trivium est. In trivium apud domum quadratis lapidibus structam, quattuor mercatores vendunt, triginta assibus, uvarum tres libras (id est ferme CCCXXVII [trecentos viginti septem] scripulos).**

A 3 REMARQUES

■ Le *zéro* n'existe pas en latin. L'idée s'exprime par **nihil** *rien* ; **nullus, a, um** *aucun(e)* ; **neuter, tra, trum** *aucun(e) des deux.*

■ Dans chaque dizaine, les deux dernières unités se forment par soustraction : **duodeviginti : 18** (*=2 ôtés de 20*), les autres unités se forment par addition : **viginti unus, duo, tres, quattuor ... milites :** *21, 22, 23, 24 ... soldats.*

■ **100. C : centum** est indéclinable : **cum centum hominibus** *avec cent hommes* ; mais **cum ducentis hominibus :** *avec deux cents hommes.*

• A partir de **100**, les nombres se composent comme en français :
1989 : **MCMLXXXIX : mille nongenti octogintanovem**
mille neuf cent quatre vingt neuf.

■ **Mille. M** est indéclinable : **cum mille hominibus** *avec 1000 hommes.* Mais à partir de 2000, il devient un nom : **milia, milium**, *les milliers*, et se construit avec un génitif : **cum duobus milibus hominum** *avec 2000 hommes* (m. à m. avec 2 milliers d'hommes).

■ Le **scripulus** (ou **scrupulus**) est le petit caillou pointu (diminutif de **scrupus, i** (m.) *pierre pointue*) qui désigne à la fois une *petite partie, une fraction, une parcelle* (d'un poids, d'un moment...) et le sentiment de gêne, d'embarras que peut procurer un petit caillou dans la chaussure : *le scrupule.*

■ *trivial(e)* au sens de « vulgaire » vient de **trivium,** *le carrefour* : c'est ce qui relève d'un comportement « de rue », donc populaire et peu distingué. Le mot *vulgaire* vient lui de **vulgus, i** (n.) *la foule, le commun des hommes* (mais n'est en rien péjoratif chez les Romains. Cf. en français : la langue « vulgaire » est la langue de tous les jours).

A 4 TRADUCTION

1. Depuis Jules César, l'année compte 365 jours, c'est à dire douze mois qui eux-mêmes comptent 28, 29, 30 ou 31 jours.
2. Le territoire des Helvètes s'étendaient en longueur sur 240 mille pas, en largeur sur 180 mille. (César)
3. Lorsque 3 routes se rencontrent, c'est un carrefour. Au carrefour, près de la maison construite en pierres de taille, quatre marchands vendent, au prix de 30 as, trois livres de raisins (c'est-à-dire à peu près 327 scrupules).

XXXIII ■ Haec est tricesima tertia lectio.

B1 PRÉSENTATION

■ Les adj. ordinaux sont tous déclinables (1re classe) : cf. p. 271.

■ **21° : vicesimus (a, um) primus (a, um)**
29° : unodetricesimus, a, um... 50° : quinquagesimus, a, um
100° : centesimus, a, um 1000° : millesimus, a, um. (cf. mémento, p. 271)

■ Les adjectifs distributifs sont toujours au pluriel :
singuli, ae, a *1 par 1, chacun 1* **bini, ae, a** *2 par 2, chacun 2*

■ On traduit *tous les 3 mois* par l'ordinal : **quarto quoque mense** (m. à m. *chaque 4e mois*).

■ Adverbes multiplicateurs : **semel,** *une fois,* **bis,** *2 fois,* **ter,** *3 fois,* **quaterni, ae, a,** *4 fois...*

hora, ae (f.)	*l'heure*	**legio, onis** (f.)	*la légion, le régiment*
fames, is (f.)	*la faim*	**panes, is** (m.)	*le pain*
ostrea, ae (f.)	*l'huître*	**anisatus, a, um**	*anisé* (de **anisum, i** (n.) *l'anis*)
sextarius, i (m.)	*le setier* (mesure)	**lectus, i** (m.)	*le lit, le lit de table*

dimidius, a, um (f.)	*demi, de moitié*
addo, is, ere, addidi, itum (f.)	*ajouter*
offendo, is, ere, -ensi, sum (f.)	*rencontrer, heurter*
edo, is, ere, edi	*manger*
gusto, as, are, avi, atum	*goûter, déguster*
intereo, is, ire, ivi, itum *mourir*	
proficiscor, eris, i, -ectus	*partir*

B2 APPLICATION

1. **Quinto quoque anno trecentesimus sexagesimus dies secundo mensi additur, quem februarium* vocamus.**
2. **Medio in foro offendi undecim amicos qui mecum in quarta decima legione pugnaverant.**
3. **Apud primum, quaterni in tribus lectis, gustavimus.**
4. **Primo anisatum vinum bibimus, secundo ducentas ostreas edimus.**
5. **Ad septimam horam te exspectavi. Fame interibam.**
6. **In prima taberna apud trivium, dimidium panem edi, et quartam partem sextarii vini bibi.**

* Cf. p. 209.

B 3 REMARQUES

■ L'adjectif *ordinal* marque un numéro d'ordre, du latin **ordo, ordinis** (m.) *l'ordre, le rang*. *Cardinal* vient de **cardo, cardinis** (m.) *le gond, le pivot* : d'où le *point extrême, principal*. Le mot nous a donné aussi bien le *cardan* automobile (rotule) que les points *cardinaux* (essentiels).

■ Le même chiffre romain note les ordinaux et les cardinaux :
17e régiment **XVII legio** *17 régiments* **XVII legiones**

■ Dans les adjectifs ordinaux, tous les éléments se déclinent :
XXV legio vicesima quinta *la vingt cinquième* (m. à m. *la 20e 5e*).

■ On utilise l'adjectif ordinal pour noter un numéro d'ordre :
Ludovicus quartus decimus *Louis XIV* (m. à m. *14e*)
Liber quartus *livre 4 (4e), Le Quart Livre* (de Rabelais).

■ Les ordinaux sont souvent employés adverbialement :
primo *premièrement* (Ab. n. sg. : *en premier*) **secundo, tertio...**

■ Les fractions se marquent par le nom **pars, partis** (f.) *la partie*, précédé :
- de l'ordinal quand le numérateur est 1 :
  quarta pars anisati *1/4 d'anis*
- du cardinal quand le numérateur est inférieur d'1 unité au dénominateur :
  tres partes aquae *3/4 d'eau*
- du cardinal suivi de l'ordinal pour les autres fractions :
  septem decimae partes *les 7 dixièmes*

■ Le système *décimal* tire son nom de **decem, 10,** et repose sur le fait que les hommes comptent sur leurs dix doigts.
Décimer une population, c'est *tuer une personne sur 10*.

B 4 TRADUCTION

1. Tous les quatre ans (chaque 5e année) un 366e jour est ajouté au 2e mois, que nous appelons février.
2. Au milieu de la place, j'ai rencontré onze amis qui avait combattu avec moi au 14e régiment (légion).
3. Chez le premier, nous avons pris l'apéritif (une dégustation) sur trois lits, à quatre par lit.
4. Premièrement, nous avons bu de l'anisette (du vin anisé), deuxièmement nous avons mangé 200 huîtres.
5. Je t'ai attendu jusqu'à la 7e heure. Je mourais de faim.
6. Dans la première taverne, près du carrefour, j'ai mangé un demi pain et bu un quart de setier de vin.

A. **Version**

1. Gallia est omnis divisa in partes tres*, quarum unam incolunt Belgae, aliam Aquitani, tertiam qui ipsorum lingua Celtae, nostra Galli appellantur. Hi omnes lingua, institutis, legibus inter se differunt.

* Auctor meridianam partem jamdiu a Romanis subjectam tacet, quae regio « Provincia » vocatur.

2. Haec scripta e libro primo Commentariorum De Bello Gallico excerpta sunt, quae commentaria Caesar scripsit ubi Galliam subjecit, inter annos DCXCVI et DCCV ab Urbe Condita, id est inter annos LIX et L ante J.C. natum.

B. **Thème**

Les trois quarts du temps, j'ai cent ennuis domestiques. Que dis-je ! Non pas cent ! Mille ! Dix mille ! Car j'ai non seulement un père, une mère, un mari*, un fils unique, mais encore deux sœurs, cinq neveux*-et un sixième bientôt (m. à m. et de plus un 6e arrive bientôt) et enfin trois chiens, dix-huit chats*. Or ma maison ne compte que 60 pas carrés.

* Cf. p. 252.

C2 CORRIGÉ

A. **Version**

1. La Gaule dans son ensemble (m. à m. toute la Gaule) est divisée en trois* parties, dont l'une est habitée par les Belges (m. à m. desquels les Belges habitent une partie), l'autre par les Aquitains, la troisième par ceux qui, dans leur propre langue (m. à m. par la langue d'eux-mêmes) s'appellent les Celtes, dans la notre les Gaulois. Tous ces peuples (m. à m. eux tous) diffèrent entre eux par la langue, les lois et les coutumes.

* L'auteur ne tient pas compte (tait, fait silence sur...) de la partie méridionale de la Gaule, depuis longtemps soumise aux Romains ; cette région, on l'appelle la Province (Provence)

2. Ce texte (m. à m. ces écrits) est extrait du livre premier des Commentaires sur la Guerre des Gaules ; et ces commentaires, César les a écrits quand il a soumis la Gaule, entre 696 et 705 depuis la Fondation de la Ville, c'est-à-dire entre 59 et 50 avant (la naissance de) J.-C.

B. **Thème**

Tres partes anni sunt mihi domesticae curae centum : Quid dicam ! Non centum ! Sed Mille ! Decem milia curarum ! Mihi enim sunt non solum pater et mater et maritus et filius unus, sed etiam duae sorores, et quinque nepotes — et immo sextus mox advenit — tandem tres canes et duodeviginti felides ; at domus mea tantum sexaginta passuus quadratos numerat.

■ Les mots qui servent à chiffrer attestent, plus nettement que d'autres, de l'origine commune des langues indo-européennes :

Grec	*Latin*	*Sanskrit*	*Italien*	*Espagnol*	*Français*	*Portugais*
Duo **Treis**	**Duo** **Tres**	**Dyan** **Trayas**	**Due** **Tre**	**Dos** **Tres**	**Deux** **Trois**	**Dois** **Tres**

Roumain	*Anglais*	*Allemand*	*Russe*	*Breton*
Doi, două **Trei**	**Two** **Three**	**Zwei** **Drei**	**Dva** **Tri**	**Daou** **Tri**

■ De **quattuor, 4**, nous viennent la *quadrature*, le **quadrans** devenu *cadran*, le *quadrille*. De **quartus, a, um,** *4°*, viennent le *quart, le quartier* et *le carré*. La pierre *é-quar-ie* est la pierre taillée *au carré* : la pierre de taille.

Les Romains ne comptaient pas le temps par les années. Ce sont les historiens romains qui, sous l'Empire, ont compté le temps **Ab Urbe Condita (A.U.C.)** *depuis la Fondation de la Ville* (Rome étant la Ville par excellence), qu'ils situent en −753. Ils comptent parfois aussi à *partir de la chute de la royauté*, **Post Reges exactos** *(après les Rois chassés)*, en −509. Sous la République, on datait les années par le nom des consuls en exercice :

Lucio Tullo et Marco Lepido consulibus *sous le consulat de L.M Tullus et de M. Lepidus* (abl. absolu).

■ Le *mois* **(mensis, is, m)** est désigné par un adjectif :

Januarius, a, um	Februarius, a, um	Martius, a, um	Aprilis, e
Maius, a, um	Junius, a, um	(Quintilis, e) Julius, a, um	(Sextilis, e) Augustus, a um
September, bris	October, bris	November, bris	December, bri

■ Les noms des 5° **(quintilis)**, 6° **(sextilis)**, 7° **(september)**, 8° **(october)**, 9° **(november)** et 10° **(december)** mois de l'année s'expliquent : en effet jusqu'en −45, l'année commençait tantôt en *Mars*, tantôt en *Janvier*. Lorsqu'on a fixé le début de l'année en Janvier, on a cependant gardé l'ancienne numérotation. Mais **Quintilis** est devenu **Julius** *(Juillet)* en l'honneur de Jules César et **Sextilis → Augustus** (*Auguste*, puis *Août*), en l'honneur d'**Octave**, empereur *auguste*.

A1 PRÉSENTATION

Les propositions circonstancielles de temps

■ Selon que la question porte sur une date ou sur une durée, le complément circonstantiel de temps se construit différemment :

• A la question **quando ?** *quand ?* on répond généralement par l'ablatif seul + un adjectif ordinal :

Quando venies ? Tertia hora veniam

Quand viendras-tu ? Je viendrai à la troisième heure

• A la question **quanto tempore ?** *en combien de temps ?* on répond par l'ablatif seul + un adjectif cardinal :

Quanto tempore id fecisti ? Tribus mensibus feci

En combien de temps as-tu fait cela ? Je l'ai fait en trois mois

• A la question **quamdiu ?** *pendant combien de temps ?* on répond par l'accusatif et l'adjectif cardinal :

Quamdiu regnavit ? Regnavit quattuor annos

Combien de temps a-t-il régné ? Il a régné quatre ans

• A la question **quamdudum ?** *depuis combien de temps ?* on répond par l'accusatif, l'adjectif ordinal + **jam :**

Quamdudum exspectas ? Exspecto jam tertiam horam

Il y a 2 heures que j'attends (depuis la 3ᵉ heure)

• A la question **ex quo tempore ?** *depuis quand ?* on répond par l'accusatif, l'adjectif cardinal + **abhinc :**

Ex quo tempore mortuus est ? abhinc decem annos mortuus est

Depuis quand est-il mort ? Il est mort depuis dix ans

• **Mortuus, a, um,** *mort(e)* - **necesse** (adj. indécl.) *nécessaire* **dignus, a, um** + ablatif *digne de* (+ 1 nom) - **abhinc** *depuis* - **tandem** *enfin* - **fruor, eris, i, fructus** (+ abl.) *faire usage (de), jouir de* - **cedo, is, ere, cessi, cessum** *aller, marcher, céder.*

A2 APPLICATION

1. **Quando ambulas ? Vere, bis in die, aestate ter ambulo.**
2. **Quanto tempore haec domus aedificata est ? Duobus mensibus et quindecim diebus aedificavimus.**
3. **Quamdiu laboravistis ? Laboravimus octo horas in diem.**
4. **Ex quo tempore id Romano viro dignum opus inceperatis ?**
5. **Abhinc tres annos inceperamus, at ante hos duo(s) annos laborare non potuimus.**
6. **Quamdudum adestis ? Quartum jam annum adsumus.**
7. **Ex illo tempore pace fruemini.**

A3 REMARQUES

■ Quand on répond à la question **quando ?,** l'ablatif peut être précédé de **in :**

in pace *en temps de paix*
in bello *pendant la guerre*

→ Pour indiquer une date dans l'avenir, ou peut également employer **post** + l'accusatif :

Post tres dies veniemus *nous viendrons dans trois jours*

■ Pour indiquer qu'une date se répète, on intercale l'ablatif de **quisque** chaque entre l'adjectif ordinal et le nom :
Tertio quoque anno (m. à m. chaque 3e année) *tous les 2 ans*

■ Pour indiquer qu'une date se situe avant ou après un événement, on intercale **ante** ou **post** (qui sont alors des adverbes et non des prépositions)

Duobus ante annis *deux ans auparavant*

■ **Quamdiu :** un fait qui dure sans interruption peut s'exprimer
• par **per** + accusatif

Per decem dies laboravimus
nous avons travaillé 10 jours de suite

• par l'ablatif seul, quand il s'agit de noms accompagnés de **totus** ou **omnis**

Tota nocte *toute la nuit*

A4 TRADUCTION

1. Quand te promènes-tu ? Je me promène deux fois par jour au printemps, trois fois par jour en été.
2. En combien de temps cette maison a-t-elle été construite ? Nous l'avons construite en deux mois et quinze jours.
3. Combien de temps avez-vous travaillé ? Nous avons travaillé huit heures par jour.
4. Depuis quand aviez-vous commencé ce travail (digne d'un) de Romain ?
5. Nous l'avions commencé il y a trois ans. Mais il y a deux ans que nous n'avons pu travailler. (nous n'avons pas pu travailler avant ces deux années-ci)
6. Depuis quand êtes-vous là ? C'est la quatrième année que nous sommes là. (nous sommes là depuis trois ans)
7. Depuis ce temps-là vous êtes en paix.

B 1 PRÉSENTATION

■ Pour dater un événement dans le mois, on prend comme repère certains jours du mois :

- **Kalendae, arum** (f., pl.) *les calendes* le 1er du mois
- **Nonae, arum** (f., pl.) *les nones* le 5e (ou le 7e) du mois
- **Idus, uum** (f., pl.) *les ides* le 13e (ou le 15e)

Hoc evenit Kalendis Januariis
C'est arrivé aux calendes de janvier (= le 1er janvier)

■ A partir de ces 3 dates, on compte à rebours :

- **Pridie Kalendas** *la veille des calendes* (ex. : le 31 décembre)
- **Ante diem tertium Kalendas Januarias** (qui s'abrège en **a.d.III. K. Jan.**)
  Le 3e jour avant les calendes de janvier (le 29 décembre)

■ L'âge s'exprime le plus souvent par

- **natus, a, um,** *né(e)* et le nombre cardinal :
  Puer septem annos natus *un enfant de sept ans* (m. à m. *né il y a sept ans*)
- **ago** *(agir, faire, vivre)* et l'ordinal à l'accusatif :
  Frater agit quinquesimum annum *mon frère a 49 ans (il vit sa 50e année)*
- un nom + génitif et cardinal :
  Est vir quinquaginta annorum *c'est un homme de 50 ans*

B 2 APPLICATION

1. **« Post tres dies, a.d.III Idus Apriles, tres rosas carpam.**
2. **Natali die Helenae, id est pridie Idus Apriles, ei rosas mittam.**
3. **Quo die Helena viginti tres annos nata erit.**
4. **Ego undetricesimum annum ago.**
5. **Mihi duo fratres sunt : quorum alter puer duodecim annorum est.**
6. **Usque ad senectutem, nam ad vesperum vitae nostrae, Helenam amabo, ubi et ipsa septuaginta et ego septuaginta quinque annos nati erimus.**
7. **Non desinam in annos carpere rosas, die anniversario amoris nostri. »**
8. **Interea, infelix miles tertiam vigiliam agere debet.**
9. **Postridie ejus dei (id est a.d. V Idus Apriles) etiam somniebat et vigilans dormiebat.**

XXXIV ■ Le 9e jour avant les calendes d'octobre.

B 3 REMARQUES

■ Les *calendes* sont toujours le 1er jour du mois.
Les *nones* sont le 5e jour du mois, mais le 7e en mars et mai.
Les *ides* sont le 13e jour du mois, mais le 15e en juillet et octobre.

Pour passer du calendrier *grégorien* actuel au calendrier *julien*, il faut donc tenir compte, et de la durée du mois (semblable dans les 2 calendriers) et de la date des *nones* et des *ides*.

■ Ne confondez pas : **Nonae, arum,** *les Nones* et **nonae** (fém. plur. de **nonus, a, um**) = *neuvièmes*

■ Autres expression du temps :

Eo tempore	*à cette époque*
Ex eo tempore	*depuis ce temps-là*
Usque ad hanc diem	*jusqu'à ce jour*
In dies	*de jour en jour*
In diem	*au jour le jour*
Ad vesperum	*vers le soir*
Ad senectutem	*jusqu'à la vieillesse*
A pueritia, a puero	*depuis l'enfance*

B 4 TRADUCTION

1. « Dans trois jours, le 3e jour avant les Ides d'avril (le 11 avril), je cueillerai trois roses.
2. Le jour de son anniversaire, c'est-à-dire la veille des Ides d'avril, je les enverrai à Hélène (les roses).
3. Ce jour-là Hélène aura 23 ans (sera âgée de 23 ans).
4. Moi j'ai 28 ans (je vis ma 29e année).
5. J'ai deux frères : l'un est un enfant de 12 ans.
6. J'aimerai Hélène jusqu'à la vieillesse ; jusqu'au soir de notre vie lorsque nous aurons, elle 70 ans et, moi, 75 ans.
7. Et je ne cesserai pas, d'année en année, de cueillir des roses pour les jours anniversaires de notre amour. »
8. En attendant le pauvre soldat doit prendre sa 3e veille.
9. Le lendemain, (c'est-à-dire le 5e jour avant les Ides d'avril : le 9 avril) il rêvait encore et dormait éveillé.

A. **Version** (cf. C 3)

Ea quae secuta est hieme (...) Cn. Pompeio et M. Crasso consulibus, Usipetes Germani et item Teuctheri magna cum multitudine hominum flumen Rhenum transierunt non longe a mari quo Rhenus influit.

Caesar, De Bello Gallico IV

B. **Thème**

1. Quel âge as-tu, Jules ? Et toi, Julie ?
2. J'ai 29 ans. Et moi je suis une mère de famille* de 30 ans (qui vit sa 31e année).
3. Quand es-tu arrivé ? Combien de temps m'as-tu attendu ?
4. Je suis arrivé le 31 mars et je t'ai attendu 2 jours.
5. Depuis combien de temps avez-vous la jouissance de cette maison ?
6. Depuis huit mois. (depuis le 9e mois)
7. Depuis quand M. Crassus est-il arrivé ?
8. Crassus est là depuis 2 heures.
9. Nous partirons le 30 mars et nous enverrons un messager à la 3e heure.

* Cf. p. 252.

C 2 CORRIGÉ

A. L'hiver suivant - c'était l'année ou Pompée et Crassus étaient consuls - les Usipètes, des Germains, ainsi que les Teucthères passèrent en masse le Rhin, non loin de son embouchure.

César, la Guerre des Gaules IV

B.
1. Quot annos natus es Juli ? et tu, Julia, quot annos nata es ?
2. Undetriginta annos natus sum. Ego sum matrona quae tricesimum primum annum agit.
3. Quando advenisti ? Quamdudum me exspectavisti ?
4. Adveni pridie kalendas Apriles, teque duos dies exspectavi.
5. Quamdudum hac domo fruemini ?
6. Nonam jam mensem hac fruimur.
7. Ex quo tempore advenit Crassus ?
8. M. Crassus abhinc duo horas advenit.
9. Abibimus a.d.II Idus Apriles, et tertia hora nuntium mittemus.

La logique, la sensibilité, le « génie » d'une langue sont toujours difficiles, voire impossibles à traduire en « mot à mot » : dans le texte de César ci-joint (**De Bello Gallico Liber IV,** La Guerre des Gaules, livre IV), il faut adapter à la langue française le mot à mot latin :

• **ea hieme** *en cet hiver* **quae secuta est** *qui a suivi*
Le français pensera *l'hiver suivant*

• **C.P.M.C. consulibus** (abl. absolu : *CP et MC étant consuls*)
→ *c'était l'année où P. et C. étaient consuls.*

• **Usipetes Germani** m. à m. *les Usipètes Germains*
les Usipètes, un peuple germain

• **Magna cum multitudine hominum :** m. à. m. *avec une grande multitude d'hommes*, donc : *en masse.*

• **Flumen Rhenus :** le français dit *le Rhin* là où le latin dit « le fleuve Rhin » ;
- **influit** *coule dans :* le français dit *se jette dans...*
- **non longe a mari quo Rhenus influit**
(m. à m. *non loin de la mer, là où le Rhone coule vers elle...)*
en français on dira : *non loin de son embouchure*

C 4 ÉTYMOLOGIE

■ **Vesper, eri** (m.) *le soir*, nous a donné *les Vêpres*, office religieux du soir chez les catholiques, survivance de *la vesprée*, chère au poète Ronsard, qui reste dans *vespéral.*

■ **Quota**, n. plur., de **quotus, a, um**, est passé tel quel en français pour désigner un *nombre limité, fixé.*

Notez au passage que les *quotas* devraient s'écrire sans *s* puisque **quota** est un pluriel (de même pour les *médias*, dont on a oublié qu'ils sont le neutre pluriel de **medius, a, um** *du milieu, moyen(ne) intermédiaire*).

• La racine **quot** *(combien)* nous a aussi laissé le *quotient*, qui vient de **quoties/quotiens ?** *combien de fois ?*

■ **Quando ?** explique le français *quand ?* et **quantus, a, um ?** *combien grand ?* nous a laissé *quantité, quant à...*

La *qualité*, elle, vient de **qualis, e** *quel genre de ?*

■ **Cedo, is, ere, cessi, cessum** a donné *céder* et *cession* et ses composés :

pro-céder, procession **(procedo, cessum)**
de-céder, décès **(decedo, decessum)**
ac-céder, accession **(accedo, ad-cedo, cessum)**

• le *nécessaire* est ce sur quoi l'*on ne peut céder :* **(ne-cess-e).**

A1 PRÉSENTATION

■ L'impératif latin ne se conjugue qu'à la 2e personne, du singulier et du pluriel, mais au présent et au futur

ACTIF Présent		Futur		PASSIF Présent		Futur
es	*sois !*	**esto**	*sois !*			
esto	*soyez !*	**estote**	*soyez !*			
ama	*aime !*	**amato**	*aime !*	**amare**	*sois aimé(e)*	**amator**
amate	*aimez !*	**amatote**	*aimez !*	**amamini**	*soyez aimé(e)s*	
dele	*détruis !*	**deleto**	*détruis !*	**delere**	*sois détruit(e)*	**deletor**
delete	*détruisez !*	**deletote**	*détruisez !*	**delemini**	*soyez détruit(e)s*	
lege	*lis !*	**legito**	*lis !*	**legere**	*sois lu(e)*	**legitor**
legite	*lisez !*	**legitote**	*lisez !*	**legimini**	*soyez lu(e)s*	
cape	*prends !*	**capito**	*prends !*	**capere**	*sois pris(e)*	**capitor**
capite	*prenez !*	**capitote**	*prenez !*	**capimini**	*soyez pris(e)s*	
audi	*écoute !*	**audito**	*écoute !*	**audire**	*sois écouté(e)*	**auditor**
audite	*écoutez !*	**auditote**	*écoutez !*	**audimini**	*soyez écouté(e)s*	

• **Volo** et **malo** n'ont pas d'impératif mais **nolo** en a un :
noli *veuille ne pas...* **nolite** *veuillez ne pas...*

Très souvent utilisé pour donner des ordres négatifs :

Nolite me tangere ! *Ne me touchez pas !*

• **tango, is, ere, tetigi, tactum** *toucher*
noto, as, are, avi, atum *noter*
pagina, ae (f.) *la page*

A2 APPLICATION

1. **Salve ! Dic mihi : ubi sunt liberi ? Responde !**
2. **Domi sunt. Eamus, me sequere ! Date viam mihi !**
3. **Age ! Adduc fratrem huc et mihi fer panem.**
4. **Cave canem, noli adire !**
5. **Confer ad paginam tertiam, lege recto versoque et nota bene.**
6. **Vale ! Da mihi manum et meum cape.**
7. **O magne poeta ! legere ! audire !**
8. **Tacete ! patientia utimini !**

A 3 REMARQUES

■ L'impératif futur s'emploie pour donner un ordre à exécuter plus tard :

memento ! *souviens-toi !* (à l'avenir...)

A la place de l'impératif présent pour **scire, putare**.

scito ! *sache !* **putato !** *pense !*

■ Impératifs irréguliers :

facio → **fac !** *fais !* **duco** → **duc !** *mène !*

dico → **dic !** *dis !* **fero** → **fer !** *porte !*

Mais régulier pour la 2ᵉ pers. du plur. : **facite !** *faites !*

■ Les impératifs font apparaître la forme « nue » du radical :

ama ! dele ! audi ! et pour **eo** → **i !** *va !* **ite !** *allez !*

■ Le latin n'a pas d'impératif à la 1ʳᵉ personne du pluriel. Cette idée s'exprime par le subjonctif : **Eamus !** *allons !*

Arma cedant togae ! (Cicéron) *que les armes (le) cèdent à la toge !* (*la toge* civile, donc la paix doit l'emporter sur les *armes*, donc sur la guerre)

■ **Fio** n'a pas d'impératif : les composés de **facio** en **-ficio**, ont un impératif régulier : **conficio**, j'*achève*, **confice !** *achève !*

Fac ! introduit parfois un subjonctif direct : **fac sciam !** *fais-moi savoir !* (*fais* (que) *je sache*)

■ Remarquez la construction **noli** + infinitif pour donner un ordre négatif (voir C 3).

A 4 TRADUCTION

1. Salut ! Dis-moi : où sont mes enfants ? Réponds !
2. Ils sont à la maison : allons-y, suis-moi ! Laissez-moi passer !
3. Allez ! Fais venir ton frère ici et apporte-moi du pain
4. Attention au chien, n'approche pas !
5. Reporte-toi à la page 3, lis recto et verso et note bien.
6. Salut (m. à m. porte-toi bien) ! Donne-moi la main et prends la mienne.
7. Ô grand poète ! Qu'on te lise ! (Sois lu !) Qu'on t'entende ! (Sois entendu !)
8. Taisez-vous ! Usez de patience !

XXXV ■ Spero te mihi scripturum esse.

B 1 PRÉSENTATION

■ L'infinitif a 3 temps : présent, parfait et futur

Esse	infinitif présent	= *être*
Fuisse	infinitif parfait	= *avoir été*
Futurum esse, fore	infinitif futur	= *devoir être*

■ Le participe a lui aussi un futur (à l'actif uniquement), que l'on forme en ajoutant le suffixe **urus, a, um** au radical du supin : **amat-urus, a, um** *sur le point d'aimer* – **futurus, a, um** *devant être, qui sera*

	INFINITIF ACTIF		INFINITIF PASSIF	
Présent	**cap-ere**	*prendre*	**cap-i**	*être pris(e)*
Passé	**cep-isse**	*avoir pris*	**captum esse**	*avoir été pris(e)*
Futur	**capt-urum esse**	*devoir prendre*	**captum iri**	*devoir être pris(e)*
	PARTICIPE ACTIF		PARTICIPE PASSIF	
Présent	**capiens, ntis**	*prenant*		
Passé			**captus, a, um**	*ayant été pris(e)*
Futur	**capturus, a, um**	*devant prendre*		

■

Credo Julium	**agere**	*Je crois que Jules*	*agit*
	egisse		*a agi*
	acturum esse		*agira*
Credo Juliam	**amari**	*Je crois que Julie*	*est aimée*
	amatam esse		*a été aimée*
	amatum iri		*sera aimée*

■ **tabula, ae** (f.) *la planche, la tablette, le registre*
scriba, ae, m *le scribe, le secrétaire*

B 2 APPLICATION

1. **Qui morituri te salutant !**
2. **Tibi responsura eram cum frater meus nuntiavit te adesse.**
3. **Alpas transiturus est Caesar.**
4. **Hostibus deletis, exercitus deleturus est socios ipsos.**
5. **Dux dicebat quamdam urbem jam captam esse, et se alias multas mox capturum esse.**
6. **Dicit scribam res nuntiatas in tabulas heri non retulisse.**
7. **Credo eum hodie eas referre non posse.**
8. **Speremus eum tandem cras eas relaturum esse !**

B 3 REMARQUES

■ Les temps de l'infinitif reposent sur les 3 radicaux :

Infinitif présent	= radical du présent	= **ama-re**
Infinitif passé	= radical du passé	= **amav-isse**
Infinitif futur	= radical du supin	= **amat-urum esse**

■ Les composés de **esse** suivent les mêmes règles que **esse**, sauf **posse** qui n'a pas d'infinitif futur

■ Après les verbes dont le sens est *espérer, promettre, jurer, menacer* (qui impliquent l'avenir) le latin emploie le futur

Sperat se ambulaturum esse *il espère se promener*

■ On emploie la périphrase **fore ut** ou **futurum esse ut** – subjonctif lorsque les verbes que l'on veut mettre à l'infinitif futur n'ont pas de supin (donc pas d'infinitif ni de participe futurs)

Credo fore ut discam *Je crois que j'étudierai*

(**Fore** ou **futurum esse**, servent d'infinitif futur au verbe **fio**, employé de façon impersonnelle = *il arrive que*)

■ **Volo, nolo, malo**, n'ont pas de supin donc pas d'infinitif ni de participe futur.

■ **ire** *aller* **isse** *être allé* **iturum, (am, um) esse** *devoir aller*
Participe futur = **iturus, a, um**

■ L'infinitif futur passif est indéclinable.

B 4 TRADUCTION

1. Ceux qui vont mourir te saluent.
2. J'allais te répondre quand mon frère m'a annoncé que tu étais là.
3. César s'apprête à traverser les Alpes.
4. Les ennemis détruits, l'armée s'apprête à détruire ses propres alliés.
5. Le chef disait qu'une ville avait déjà été prise et qu'il en prendrait bientôt beaucoup d'autres.
6. Il dit que le scribe n'a pas porté hier les nouvelles sur ses tablettes.
7. Je crois qu'il ne peut pas les inscrire aujourd'hui.
8. Espérons qu'il les inscrira enfin demain !

A. **Version**

1. Vade retro !
2. Desine flere ! Morare ! Iturus est.
3. « Si vis pacem, para bellum. » Agite breviter, agite bene.
4. Fugite omnes ! Abite et de via decedite ! (Plautus)
5. Pinge ! Scio te jam pinxisse, te picturum esse spero.
6. Acta est fabula, plaudite !

B. **Thème**

1. Ceux qui vont partir te saluent !
2. Je pensais que tu saluais ceux qui allaient mourir.
3. J'ai vu que tu ne les avais pas salués et que tu ne les saluerais pas.
4. Salue-les ! N'oublie pas ! Sache que toi aussi un jour tu supplieras les puissants ! (les grands)
5. Julie est sur le point de pleurer : je crois qu'elle a eu pitié de celui qui va mourir.
6. Regarde : elle promet (crie) qu'elle va lui donner un tombeau !

C2 CORRIGÉ

A. 1. Arrière ! (Va en arrière !)
2. Cesse de pleurer ! Attends ! Il va revenir !
3. « Si tu veux la paix, prépare la guerre. » Agissez vite, agissez bien.
4. Fuyez tous, partez, sortez de mon chemin ! (Plaute)
5. Peins ! Je sais que tu as déjà peint, j'espère que tu peindras.
6. La pièce est jouée : applaudissez !

B. 1. Qui sunt exituri te salutant !
2. Putabam te eos qui morituri sunt salutare.
3. Vidi te eos non salutavisse, neque te eos salutaturum esse.
4. Age eos salute ! Noli omittere ! Scito te quoque aliquando magnos oraturum esse !
5. Fletura est Julia ; quam credo ejus qui moriturus est miseritam esse.
6. Vide ! nam clamat se ei sepulchram daturam esse !

■ **Noli** + inf. (*veuille ne pas* + inf.) a été utilisé dans une bulle papale pour interdire le... *tango* (la danse où l'on « *se touche* »). **Noli tangere,** *ne danse pas le « tango »* (m. à m. *ne touche pas*).

■ De nombreux impératifs sont restés tels quels en français :

Nota bene (NB)	*Note bien ; remarque...*
Confer	*Voir à ; reporte-toi à*
Memento	*Souviens-toi*

■ **Acta est fabula, plaudite !** Formule traditionnelle dans le théâtre romain pour dire que la pièce **(fabula)** est finie **(acta est** *elle a été faite*) et qui s'inscrivait dans le corps de la pièce.

■ **Pingo, pinxi, pictus** le français a gardé le radical du supin : **pict-** dans *pictural* et *pittoresque* (m. à m. digne d'être peint) d'après l'italien qui a altéré **pict** en **pitt-.**

■ Le suffixe **-urus, a, um** du participe futur se retrouve dans
capture (**capt-urus** qui est à prendre)
facture (qui doit être fait, payé)
mais surtout dans futur (**futurus** *qui doit être*) construit sur le radical du supin **fut- de esse**

Le mot *avenir* lui, vient de **advenire** *venir vers*

C 4 LITTÉRATURE

■ **Plaute,** auteur comique (– 251 à – 184) : **Titus Maccius Plautus** composa, dit-on, 130 pièces, dont 20 nous sont parvenues. Les sujets sont souvent empruntés à la comédie grecque, autour d'une trame très générale : un jeune homme est amoureux d'une jeune fille, souvent une esclave. Il ne peut parvenir à ses fins que grâce à l'habileté de ses serviteurs, ou par la découverte soudaine que la jeune fille est de naissance libre.

Ce sont ces pièces qui inspireront la **Commedia dell'Arte**, aux valets malins *(Arlequin, Scapin, Crispin)*, aux vieillards acariâtres *(Pantalon)* dont **Molière** et **Beaumarchais** s'inspireront. Ainsi, *l'Avare* de Molière tire ses sources de l'**Aulularia** de Plaute (**aulularia** *petite marmite*, l'équivalent de la fameuse cassette d'*Harpagon*).

Il a aussi créé le **Miles gloriosus** le *soldat fanfaron*, ancêtre de **Matamore** et autres vantards.

■ **Térence** (–190-–159) : **Publius Terentius Afer** (qui doit son surnom à son origine africaine), autre auteur comique, nous a laissé six pièces, au comique plus psychologique, qui s'adressait plutôt aux lettrés épris de culture grecque.

A 1 PRÉSENTATION

Le **gérondif** et le **supin** servent à décliner l'infinitif actif.

■ Le gérondif se forme en ajoutant le suffixe **-nd** au radical du présent : (ad) **ama-ndum** (acc.) *(pour) aimer*
ama-ndi (gén.) *(d') aimer*
ama-ndo (abl.) *(en) aimant*

■ Le supin : acc. **audit-um** *pour entendre*
abl. **audit-u** *à entendre*

■ Emploi du gérondif :
- A l'*accusatif*, il est complément de but, précédé de **ad** :
  Venit ad discendum *Il est venu pour apprendre*
  Avec des adjectifs comme **idoneus, aptus : aptus ad scribendum** *apte à écrire*
- Au *génitif*, il est complément d'un nom exprimant le désir :
  Cupidus sum legendi *Je suis désireux de lire*
- A l'*ablatif*, il est complément de moyen, manière, cause :
  Legendo docta fies *En lisant tu deviendras savante*

■ Emploi du supin :
- A l'*accusatif*, il exprime un but quand il complète un verbe de mouvement :
  Eo visum *Je viens voir* (pour voir)

■ **satis** *assez* **vivo, i, ere, vixi, victum** *vivre*
spolio, as, are, avi, atum *piller*

A 2 APPLICATION

1. **A pueritia cupidus fuit imperandi.**
2. **Breve tempus aetatis satis longum est ad bene vivendum.**
3. **Videndi aut spoliandi causa, milites e castris exeunt.**
4. **Jucundaene tactu sunt feles ?**
5. **Mihi videntur horribiles tactu, et visu.**
6. **Eamus laboratum !**
7. **Adi histriones visum ! Mirabilissimi auditu sunt !**
8. **Agendo et cogitando homines beati sunt.**
9. **Notandi cupidi sunt discipuli.**
10. **Ad pingendum hortor eos qui apti sunt ad videndum.**

A 3 REMARQUES

■ **Gérondif** et **supin** sont des noms verbaux : ils permettent à l'infinitif de se comporter comme un nom, donc de se décliner.

Il y a donc 3 accusatifs possibles pour un infinitif :
- l'infinitif pour un C.O.D. : **volo redire** *je veux revenir*
- le gérondif avec **ad : hortor ad redeundum** *j'exhorte à revenir*
- le supin : complément de but avec verbe de mouvement :
  eo auditum *je vais (pour) écouter*

■ L'ablatif du supin n'existe que pour les verbes comme **videre** *voir* **(visu) ; audire** *entendre* **(auditu) ; dicere** *dire* **(dictu) ; facere** *faire* **(factu) ; intellegere** *comprendre* **(intellectu).** Il s'emploie comme complément de certains adjectifs comme :

jucundus, a, um *agréable* **horribilis, e** *horrible*
mirabilis, e *étonnant, admirable* **turpis, e** *honteux*
facilis, e ; difficilis, e *facile ; difficile*
incredibilis, e *incroyable*
Res horribilis dictu, incredibilis auditu
une chose horrible à dire, incroyable à entendre

Le supin est important surtout à cause de son radical sur lequel se bâtissent les participe passé (passif) et futur (actif) :

fact-us, a, um	**fact-urus, a, um**
fait(e)	*sur le point de faire*

A 4 TRADUCTION

1. Depuis l'enfance, il fut avide de commander.
2. Le bref temps de la vie est assez long pour bien vivre.
3. Les soldats sortent du camp pour voir et piller.
4. Les chats sont-ils agréables à toucher ?
5. Ils me paraissent horribles à toucher et à voir.
6. Allons travailler !
7. Viens voir les comédiens ! Ils sont très étonnants à entendre !
8. Grâce à l'action et la réflexion, les hommes sont heureux.
9. Les élèves sont désireux de prendre des notes.
10. J'exhorte à peindre ceux qui savent voir. (qui sont aptes à voir)

B1 PRÉSENTATION

■ L'**adjectif verbal :** il ressemble au gérondif, mais n'a pas le même sens ; c'est une forme passive qui exprime une idée d'obligation : **amandus, a, um** *devant être aimé(e)*

■ 1) attribut du sujet :

Delenda est Carthago *il faut* (on doit) *détruire Carthage*
(m. à m. Carthage est devant être détruite)
Son complément est au datif d'intérêt
Nobis delenda est Carthago *il nous faut détruire Carthage*
(m. à m. il faut détruire Carthage en ce qui nous concerne)

2) Il peut remplacer le gérondif quand ce dernier doit avoir un C.O.D. :

— On dit : **tempus est legendi** *il est temps de lire*
— On peut dire : **tempus est legendi historiam**
— On dit plutôt : **tempus est legendae historiae**
il est temps de lire l'histoire
(m. à m. il est temps de l'histoire devant être lue)

ACCUSATIF	*pour lire l'histoire*	**ad legendam historiam**
DATIF	*à lire l'histoire*	**legendae historiae**
ABLATIF	*du fait de lire l'histoire*	**ex legenda historia**

■ **trado, is, ere, idi, itum** — *remettre, transmettre*
pons, tis (m.) — *le pont*
opprimo, is, ere, pressi, pressum — *opprimer*
inviso, is, ere, i — *visiter aller voir*

■ **facultas, atis** (f.) — *la faculté, le pouvoir, la possibilité*
Antonius, i, m — *Antoine* (nom)

B2 APPLICATION

1. **Tuorum verborum notandorum cupidi sunt discipuli.**
2. **Facultatem populi opprimendi Antonio non dabimus.**
3. **Romam tibi redeumdum est ad praemium capiendum.**
4. **In sapientia tradenda nihil omittendum est.**
5. **Parati sunt ad omnia dicenda.**
6. **Vitam in libris legendis non agamus !**
7. **Cupidi sumus novarum terrarum invisendarum.**
8. **Tegendae erunt domus tegulis.**
9. **Tradunt Caesarem pontem faciendum curavisse.**
10. **Morbus et labor nobis ferenda sunt.**

B3 REMARQUES

■ Au passif impersonnel, l'adjectif verbal est au neutre singulier : **Pugnandum est** *il faut (on doit) combattre*

■ Le passif impersonnel peut avoir un complément au datif d'intérêt : **Omnibus hominibus pugnandum est**
Tous les hommes doivent combattre

■ Avec les verbes **dare** *donner,* **tradere** *transmettre,* **mittere** *envoyer,* **ducere** *mener,* **habere** *avoir,* **curare** *s'occuper, avoir soin de,* **relinquere** *laisser,* **suscipere** *se charger de,* l'adjectif verbal prend une nuance de but, d'intention :

Mihi tradidit legendos libros *il m'a remis des livres à lire* (m. à m. devant être lus)

■ Il peut avoir la nuance de possibilité marquée par les adjectifs français en **-ible** ou **-able**

ferendus, a, um *supportable* (devant, pouvant être supporté(e))

■ Gérondif ou adjectif verbal :

• Tournure par le gérondif :
Cupidus est videndi matrem *il est désireux de voir sa mère* (**matrem** est C.O.D. de **videndi**)

• Tournure (préférable) par l'adjectif verbal :
cupidus est matris videndae (**matris,** complément de l'adj. **cupidus** (+ gén.) ; **videndae,** épithète de **matris** : il est désireux de sa mère devant être vue)

B4 TRADUCTION

1. Les élèves sont désireux de noter tes paroles.
2. Nous ne donnerons pas à Antoine la possibilité d'opprimer le peuple.
3. Il te faut retourner à Rome pour (y) prendre ta récompense.
4. Dans la transmission de la sagesse, il ne faut rien oublier.
5. Ils sont prêts à tout dire.
6. Ne passons pas notre vie à lire des livres !
7. Nous désirons visiter de nouvelles terres.
8. Il faudra recouvrir les maisons avec des tuiles.
9. On raconte que César fit construire un pont.
10. La maladie et la fatigue nous sont supportables.

A. **Version**

1. Latina lingua non difficilis intellectu est.
2. Litterae latinae difficillimae conversu sunt.
3. In saxis labendo cecidit.
4. Ad magna agenda Romam redeo.
5. Tempus est historiae tradendae.
6. Boum equorumque ducendorum in forum non cupidus sum.

B. **Thème**

1. Il n'y a rien à faire.
2. Je n'ai pas la possibilité de visiter la (G^{de}) Bretagne.
3. En se hâtant, nous n'agissons pas mieux.
4. C'est plus facile à dire qu'à faire.
5. Il prend plaisir à lire.
6. Il prend plaisir à lire les poètes.

C. **Substituer au gérondif l'adjectif verbal et traduisez :**

- Ad scribendum litteras
- De tradendo mores
- Cognoscendi urbes

C 2 CORRIGÉ

A. Version

1. Le latin n'est pas difficile à comprendre.
2. Traduire la littérature latine est très difficile.
3. En glissant des rochers, il est tombé.
4. Je reviens à Rome pour faire de grandes choses.
5. Il est temps de transmettre l'histoire.
6. Je ne suis pas désireux d'amener des bœufs et des chevaux au marché.

B. Thème

1. Nihil agendum est.
2. Mihi Britanniae invisendae non est facultas.
3. Festinando non melius agimus.
4. Id facilius est dictu quam factu.
5. Voluptatem capit e legendo.
6. Voluptatem capit e poetis legendis.

C.
- Ad litteras scribendas = *pour écrire une lettre*
- De moribus tradendis = (au sujet) *de la transmission des coutumes*
- Cognoscendarum urbium = *de connaître les villes*

TEXTE CORRIGÉ

Extrait de De Bello Gallico (La Guerre des Gaules) de César.

■ **Caesari nuntiatum est Ariovistum cum suis omnibus copiis ad occupandam Vesontionem, quod est oppidum maximum Sequanorum, contendere.**

1) **Caesari nuntiatum est** *il fut annoncé à César ;* la proposition principale est complétée par une proposition infinitive dont le sujet est **Ariovistum**, et le verbe **contendere**.
2) **Contendo, is, ere, -si, -sum** *tendre vers, aller vers, se diriger*
3) **Ariovistus, i, n** *Arioviste* (chef gaulois)
4) **Cum suis omnibus copiis** : complément de manière : *avec toutes ses troupes*
5) **ad occupandam Vesontionem :** complément de lieu et de but (m. à m. vers Besançon devant être occupée).
6) **Quod est ... Sequanorum** : proposition relative introduite par **quod**, dont l'antécédent est **Vesontionem. Quod**, sujet de **est**, est au nominatif neutre (bien que son antécédent **Vesontionem** soit au féminin) par attraction de l'attribut **oppidum** qui est neutre, il faut sous entendre :
   Besançon (place forte) qui est la plus grande des Séquanes

Traduction : *On annonça à César qu'Arioviste se dirigeait avec toutes ses troupes vers Besançon, qui est la place forte la plus importante des Séquanes, pour l'occuper.*

C 4 ÉTYMOLOGIE

■ Le mot *traduction* vient de **traduco, traductus :** *mener de l'autre côté.* Ce n'est pas le mot latin employé pour exprimer l'idée de *traduire* : on préfère **converto, conversus** *tourner, convertir*, pour désigner la *traduction* d'une langue à une autre.

■ Ne pas confondre **traduco** *je mène de l'autre côté*
avec **trado** *je remets, je transmets*
dont le supin **traditus** nous a donné *tradition* tandis que **transmitto, -missus** *envoyer de l'autre côté* nous a donné *transmettre, transmission.*

■ **Labor, eris, i, lapsus sum** *glisser* : la racine du présent nous est restée dans *labile (instable).* Celle du supin dans *relaps.*

• **Lapsus linguae** *glissement de la langue* (le latin dit que la langue a glissé, le français dit que la langue *a fourché).*

XXXVII ■ Acta fabula, credo omnes abiisse.

A1 PRÉSENTATION

Propositions subordonnées sans mot subordonnant :

■ Ablatif absolu (cf. p. 56-57)

- Dans la phrase **Partibus factis, dux dixit...** *les parts ayant été faites, le chef dit...*
  — **Partibus** est le sujet de la subordonnée
  — **factis,** p. passé est le verbe
  La proposition en elle-même a une fonction : complément circonst. de temps (= *quand les parts eurent été faites*)
- Le verbe de l'ablatif absolu peut être au participe passé ou présent :
  Romulo regnante *Romulus régnant, sous le règne de...*

On peut trouver un ablatif absolu sans verbe exprimé

Cicerone consule *César étant consul, sous le consulat de...*

Le verbe *être* est sous-entendu : **esse,** *être,* n'a pas de participe présent.

■ Subordonnée au subjonctif sans mot coordonnant

Avec **velle, nolle, malle, facere, licet, oportet,** on peut trouver un subjonctif direct :

fac sciam	*fais-moi savoir*
volo veniat	*je veux qu'il vienne*

■ Rappel : **spero** se construit obligatoirement avec un inf. futur
spero te venturam esse *j'espère que tu viendras*

festino, as, are, avi atum *se hâter*

A2 APPLICATION

1. **Tibiis auditis, populus ad theatrum festinavit.**
2. **Ponte facto, Romani Rhodanum transierunt.**
3. **Cicerone dicente, omnes audiunt.**
4. **Cicerone dicente, nemo audit.**
5. **Dicitur Cicero maximus orator fuisse.**
6. **Dicunt Romanos vias multas aedificavisse.**
7. **Dicebantur milites vias multas aedificare.**
8. **Nuntiati sunt milites vias novas aedificaturi esse.**
9. **Agricola dixit rosas pulchras futuras esse hoc vere.**

A3 REMARQUES

— La <u>morphologie</u> (du grec **morphè,** *la forme*) est l'étude de la forme des mots.

— La <u>syntaxe</u> (du grec **sun-taxis,** *action de poser ensemble, mise enordre, disposition*) est l'étude de la phrase.

■ **Syntaxe :** dans la phrase dite complexe, comprenant au moins une principale et une subordonnée, on distingue plusieurs types de subordonnées ; parmi celles qui ne sont pas introduites par un mot subordonnant, on distingue :
1) la proposition participiale ou ablatif absolu
2) la proposition au subjonctif sans subordonnant (cf. A 1)
3) la proposition infinitive (cf. p. 68-69).

■ En plus de la valeur de subordonnée circonstancielle de temps, l'ablatif absolu peut avoir une nuance :

- <u>de cause</u> :
  Nuntiato Flaviae matrimonio, Julius abiit
  Comme on avait annoncé le mariage de Flavie, Julius s'en alla
- <u>de concession</u> :
  Nuntiato Flaviae matrimonio, Julius non abiit
  Bien que l'on eût annoncé le mariage de Flavie, Julius ne partit pas
- <u>de condition</u> :
  Nuntiato Flaviae matrimonio, Julius abiisset
  Si l'on avait annoncé le mariage de Falvie, Julius serait parti

A4 TRADUCTION

1. Ayant entendu les flûtes (les f. ayant été entendues), le peuple se hâta vers le théâtre.
2. Le pont fait, les Romains traversèrent le Rhône.
3. Comme Cicéron parle, tous écoutent.
4. Bien que Cicéron parle, personne n'écoute.
5. On dit que Cicéron fut un très grand orateur.
6. On dit que les Romains ont construit de nombreuses routes.
7. On disait que les soldats construisaient de nombreuses routes.
8. On a annoncé que les soldats allaient construire de nouvelles routes.
9. Le paysan a dit que les roses seraient belles, ce printemps.

B 1 PRÉSENTATION

■ L'interrogative indirecte : son verbe est toujours au subjonctif
- **Quis venit ?** *Qui vient ?* interrogation directe
- **Quaero quis veniat** *je demande qui vient* interrogation indirecte

■ Les mêmes pronoms et adjectifs interrogatifs introduisent l'interrogation directe ou indirecte. Mais :
- **num,** dans l'interrogation indirecte peut remplacer **ne** :
  Quaero num venias *je demande si tu viens*
- **an,** *si ... ne pas*, après un verbe marquant le doute : **nescio, dubito**
  Nescio an veniat *je ne sais pas s'il vient (peut-être vient-il)*

■ Adverbes interrogatifs :
Quomodo ? *comment ? (de quelle manière)*
Cur ? quare ? *pourquoi ? pour quelle raison ?*
introduisent les interrogatives directes ou indirectes.

■ **Dubito an** *Je me demande si*
dubium est an } *on se demande si*
incertum est an }
Nugae, arum (f.) *les niaiseries, les bêtises, les balivernes*
Tot (indéclinable) *tant de*

B 2 APPLICATION

1. **Te rogo num aliquis venerit.**
2. **Dubitabam an Flavia veniret.**
3. **Scisne num Julia adsit ?**
4. **Me jam rogavisti quae mulieres adessent aut abessent.**
5. **Ignoramus quot et quomodo eae venerint.**
6. **Dubito quam multae mulieres ad theatrum venturae sint.**
7. **Cur dubitas ? Heri non dubitabas quin multae venturae essent.**
8. **Miror quomodo tot nugas dicere possis.**
9. **Non quaesivisti quare ita risissem.**

B3 REMARQUES

■ Les prop. sub. introduites par 1 mot subordonnant sont :

— les interrogatives indirectes : *je demande qui est venu*

— les relatives : *l'homme que je vois est venu*

— les conjonctives qui peuvent être :
1) complétives : *je dis que tu es venu*
2) circonstancielles *(quand, où, parce que, bien que, si...)*

■ La concordance des temps dans l'interrogation indirecte :

1) Si la principale est au présent ou au futur :

quaero quis *je demande qui*	**veniat** *vient*	simultanéité (subj. prés.)
	venerit *est venu*	antériorité (subj. parf.)
	venturus sit *viendra*	postériorité (urus + sim)

2) Si la principale est à un temps du passé (imparfait, parfait, + que parfait)

quaesivi quis *j'ai demandé qui*	**veniret** *venait*	simultanéité (subj. imp.)
	venisset *était venu*	antériorité (subj. + que parf.)
	venturus esset *viendrait*	postériorité (urus + essem)

B4 TRADUCTION

1. Je te demande si quelqu'un est venu.
2. Je me demandais si Flavie venait.
3. Sais-tu si Julie est là ?
4. Tu m'as déjà demandé quelles femmes étaient là ou non (ou n'étaient pas là).
5. Nous ignorons combien et comment elles sont venues.
6. Je me demande combien de femmes viendront au théâtre.
7. Pourquoi te le demandes-tu ? Hier tu ne doutais pas que beaucoup viendraient.
8. Je m'étonne que (comment) tu puisses dire tant de bêtises.
9. Tu ne m'as pas demandé pourquoi j'avais ri ainsi.

A. **Version**

1. Ludis confectis, rogamus quis vicerit.
2. Nescio an via nova ad mare ductura sit.
3. Quaesivimus quae puellae ad Minervae templum iturae essent.

B. **Thème**

1. La guerre faite et les Gaulois vaincus, les Romains restèrent en Gaule.
2. Personne n'a demandé si vous étiez là.
3. Je savais que personne ne le demanderait.
4. Je demande pourquoi tu m'as interrogé.

C. **Mettez à l'interrogative indirecte et traduisez :**

1. Je t'ai demandé : « pourquoi ne viens-tu pas ? »
2. Tu m'as dit : « je ne viendrai pas seule. »
3. J'ignore : « les Romains aimaient-ils les Gaulois ? ».
4. Nous ne savons pas : « aimez-vous le cirque et le théâtre ? »

C 2 CORRIGÉ

A. **Version**

1. Une fois les jeux terminés, nous demandons qui a gagné (vaincu).
2. Je ne sais si la route nouvelle mènera à la mer. (Peut-être la route nouvelle mènera-t-elle à la mer.)
3. Nous avons demandé quelles jeunes filles iraient au temple de Minerve.

B. **Thème**

1. Bello facto et Gallis victis, Romani in Gallia manserunt.
2. Nemo rogavit num adessetis.
3. Scibam neminem id rogaturum esse.
4. Quaero cur me interrogaveris.

C. **Exercice**

1. Tibi rogavi cur non venires : je t'ai demandé pourquoi tu ne venais pas.
2. Mihi dixisti te solam non venturam esse : tu m'as dit que tu ne viendrais pas seule.
3. Ignoro num Gallos Romani amaverint : j'ignore si les Romains ont aimé les Gaulois.
4. Nescimus an circum et theatrum ametis : nous ne savons pas si vous aimez le cirque et le théâtre.

■ **Quantum consilio, quantum dicendi gravitate et copia Pompeius valeat, vos, Quirites, cognovistis. (Cicero d.)**

1) **valeat :** 3ᵉ personne sg. subjonctif de **valeo** *se bien porter, être vigoureux, valoir*
Le subjonctif est introduit par **quantum... quantum** *combien* = subordonnée interrogative indirecte.
2) **Cognovistis** : 2ᵉ personne pl. de l'indicatif parfait de **cognosco** *vous avez appris → vous savez* : verbe principal.
3) **Vos Quirites** : sujet et apposition au sujet : *vous, les Quirites.*
— **Pompeius** : nom sg. **Pompeius :** sujet de **valeat**
— **consilio** : abl. sg. **consilium, ii** (n.)
— **gravitate** : abl. sg. **gravitas, atis** (f.) : *la gravité, le poids*
— **copia** : abl. sg. **copia, ae** (f.) : *l'abondance, l'ampleur*
abl. complément de moyen de **valeat**

— **dicendi** : gérondif au gén. de **dicere,** *dire* ; compl. des noms **gravitate** et **copia** (m. à m. *par le poids et l'ampleur du parler*)

On aboutit donc à une traduction en mot à mot :

« Combien Pompée vaut par l'intelligence, combien il vaut par le poids et l'ampleur du parler, vous, Quirites, vous (le) savez. »

Ce qui peut se dire plus élégamment :

« La valeur intellectuelle de Pompée, le poids et l'ampleur de sa parole, vous les connaissez, citoyens romains ! »

• Les *Quirites* (**Quirites, ium** (m. pl.)) : les *citoyens* **(cives),** dans la vie civile. Sinon ils sont appelés **milites** *(soldats).*

C4 HISTOIRE

Pompée **(Cneius Pompeius Magnus)** : Homme politique romain (–106/–48) qui pacifia l'Espagne (–71), mit fin à la révolte de **Spartacus** (–71) ;

Consul en –70, il se fait donner des pouvoirs extraordinaires pour lutter contre les pirates en Méditerranée (–67). Il soumet les provinces d'Orient et revient triomphalement à Rome en –61 ; il y forme, avec **César** et **Crassus** le premier triumvirat (**trium** = 3, **vir** = homme). Après la mort de Crassus, il reçoit les pleins pouvoirs en –52, et somme César, alors en Gaule, d'abandonner son armée. C'est le début de la guerre civile : César franchit le Rubicon (–50). Pompée s'enfuit en Grèce, puis affronte César. Il est vaincu à la bataille de **Pharsale** (–48) et se réfugie en Égypte, où il sera assassiné. César règne.

XXXVIII ■ Cur taces ? Taceo quod audio.

A 1 PRÉSENTATION

■ **Quod** peut signifier *le fait que* ou *parce que*

Quod rediisti mihi mirum videtur
Le fait que tu sois revenu me semble étonnant
Redii quod nihil timeo
Je suis revenu parce que je ne crains rien

■ A la question **cur ?** *pourquoi ?* ou **quare,** *pour quelle raison ?* on répond par **quod, quia** *parce, que* ou **quoniam,** *puisque*, suivis de l'indicatif :

Quoniam id cupis, maneo *puisque tu le désires, je reste*

ou bien par **quod** (parce que), **cum** (comme) suivis du subjonctif :

Cum id cupias, maneo *comme tu le désires, je reste*

■ Suivi de l'indicatif, **quod** exprime une cause réelle :

Gaudeo quod vales *je me réjouis parce que tu vas bien*

Suivi du subjonctif, **quod** exprime une cause dont on ne peut affirmer la réalité, pensée d'autrui, « on-dit », prétexte.

Gaudeo quod valeas *je me réjouis à l'idée que tu ailles bien*

■ **Non quod (non quo)** *non que*, est toujours suivi du subjonctif

Venio, non quod cupiam, sed quod cogor
Je viens, non que je le désire, mais parce que j'y suis contraint

accuso, as, are, avi, atum	*accuser*
inquam, inquis, inquit	*dis-je, dis-tu, dit-il* (verbe défectif)
cogo, is, ere, coegi, coactum	*pousser* (de force), *contraindre*
scelus, sceleris (n.)	*le crime*
corrumpo, is, ere, rupi, ruptum	*détruire, gâter, corrompre*
juventus, -tutis (f.)	*la jeunesse*

A 2 APPLICATION

1. **Quoniam vita brevis est, decet ea frui.**
2. **Cur rides quod a Marco Caïus vincatur ?**
3. **Socrates accusatus est quod juventutem corrumperet.**
4. **Tibi gratias ago quod me laborare coegisti.**
5. **Quod servos interficis, inquit, mihi scelus videtur.**
6. **Cum amicus sis, nihil dicam.**
7. **Abiimus, non quod voluerimus, sed quod coactae sumus.**
8. **Cogiturne Julius manere quod valeat ?**
9. **Cum timeat, abeat !**

A3 REMARQUES

■ Parmi les subordonnées introduites par une conjonction, on distingue les complétives (qui complètent, c'est-à-dire sont C.O.D. d'une proposition principale) et les circonstancielles (compléments de cause, concession, temps, but...).
Quod peut introduire une proposition complétive :

Quod id scis mihi gaudio est *que tu saches cela me réjouit*

[quod id scis] est attribut de **est**
Ou une proposition circonstancielle de cause :

Id facio quod mihi placet *je fais cela parce que cela me plaît*

On retrouve ici la distinction entre l'indicatif, mode de la réalité, et le subjonctif, mode de l'irréalité :

Non venit, quod aegrotabat *il n'est pas venu, parce qu'il était* (réellement) *malade*
Non venit quod aegrotaret *il n'est pas venu, sous prétexte qu'il était malade* (l'était-il réellement ?)

■ **Quia** ou **quod** sont parfois utilisés en corrélation avec **eo, hoc, idcirco, ideo, propterea,** qui annoncent la raison : *par cela ... que.*

■ **Inquam, inquis, inquit** sont les trois 1res personnes d'un verbe qui n'existe qu'à ces 3 personnes, et dans lequel on reconnaîtra la racine de **loquor** *je parle.* Ces formes sont utilisées très fréquemment dans le discours ou le récit, et toujours en « incise » (de **incido (in-caedo), is, ere, cidi, cisum,** *entailler, inciser*)

Marcus, inquis, heri venit *Marc, dis-tu, est venu hier.*

A4 TRADUCTION

1. Puisque la vie est courte, il faut en profiter.
2. Pourquoi ris-tu de ce que Caïus a été battu par Marc ?
3. Socrate fut accusé de corrompre la jeunesse.
4. Je te remercie (m. à m. je te rends grâce) de m'avoir forcé à travailler.
5. Que tu tues un esclave, dit-il, cela me paraît (être) un crime.
6. Comme tu es mon ami, je ne dirai rien.
7. Nous sommes parties, non que nous l'ayons voulu, mais parce que nous y avons été contraintes.
8. Jules est-il obligé de rester sous prétexte qu'il va bien ?
9. Puisqu'il a peur, qu'il s'en aille !

XXXVIII ■ Tametsi cupio, non possum loqui.

B 1 PRÉSENTATION

■ Les propositions de concession (toujours au subjonctif en français) sont introduites par :

Quamquam, tametsi, etsi *bien que, quoique*, toujours suivis de l'indicatif (B 2. 1)

■ Comme en français, ces 3 conjonctions peuvent s'employer sans verbe conjugué :

Quamquam innocens, accusatur *bien qu'innocent, il est accusé*

■ **Cum**, *bien que, alors que* et **quamvis** (+adverbe ou adj.) *quelque ... que*, sont toujours suivis du subjonctif (cf. B 2. 2 et 4)

■ L'ablatif absolu peut aussi marquer la concession :

Hostibus victis, tamen non gaudet *les ennemis vaincus, il ne se réjouit pourtant pas*

■ La conjonction de concession est souvent en corrélation avec un adverbe : **tamen** *cependant* ; **at, certe** *du moins* ; **nihilo minus** *néanmoins*.

carcer, eris (m.) *la prison*
inimicus, i (m.) *l'ennemi personnel, privé*
sollers, ertis *adroit(e), habile, ingénieux(se)*
innocens, entis *innocent(e), qui ne peut nuire* (← **in-noceo**)
iniquus, a, um *injuste, inique*
observo, as, are, avi, atum *observer, respecter*
decipio, is, ere, cepi, ceptum *tromper, abuser,*
laudo, as, are, avi, atum *louer, féliciter, flatter*
ignosco, is, ere, ignovi, ignotum (+dat.) *pardonner (à)*

B 2 APPLICATION

1. **Tametsi inimici sunt, tamen eis ignovi.**
2. **Cum posset e carcere duci, Socrates, quamquam innocens, noluit.**
3. **Ut lex iniqua sit, nihilominus observanda est.**
4. **Quamvis magni sint reges, sunt quales sumus.**
5. **Nullo vocante, tamen venit.**
6. **Quamquam sollers, Philippus a sollertiore viro deceptus est.**
7. **Quamvis brevis vita sit, jucunda tamen mihi videtur.**
8. **Cum multos amicos numeraret, solus tamen in rebus adversis fuit.**
9. **Quamquam oratores laudari solent, eis poetas antepono.**

B 3 REMARQUES

■ La concession vient de **concedo, is, ere, concessum** *je concède, j'admets, j'accorde* ; la proposition subordonnée concessive indique donc malgré quel obstacle, se fait l'action de la principale (on l'appelle aussi proposition d'opposition).

■ **Etsi (et si)** et **tametsi (tam et si)** se construisent avec l'indicatif. Mais **etiam si,** *même si* (en 2 mots) se construit avec le subj. (comme **si**).

■ **Quamvis** n'est pas à l'origine une conjonction mais **quam vis** (2ᵉ pers. du sg. de **volo** *je veux*) *autant que tu le veux*, et indique que l'opposition porte sur le degré d'une qualité.

■ **ut** + subj. peut signifier *à supposer que*
ut vires desint, tamen manet virtus
à supposer que les forces manquent, reste cependant le courage
dans ce cas, la négation est **non** :
ut vires non desint *à supporter que les forces ne manquent pas*

■ **Nihilominus** est formé de **nihilo**, ablatif de **nihil** *rien, néant*, et de **minus** *moins*, comme l'est le français *néan(t) moins.*

B 4 TRADUCTION

1. Bien qu'ils soient mes ennemis, je leur ai néanmoins pardonné.
2. Alors qu'il pouvait sortir (être emmené hors) de prison, Socrate, bien qu'innocent, a refusé.
3. A supposer que la loi soit inique, il faut néanmoins l'observer. (elle est devant être observée)
4. Pour grands que soient les rois, ils sont ce que nous sommes. (Corneille)
5. Alors que personne ne l'appelait, il est cependant venu.
6. Bien qu'habile, Philippe a cependant été trompé par plus habile que lui.
7. Si brève que soit la vie, elle me paraît pourtant agréable.
8. Alors qu'il comptait de nombreux amis, il s'est cependant retrouvé (il fut) seul dans l'adversité.
9. Bien qu'on ait coutume de louer les orateurs, je leur préfère les poètes.

■ **Traduisez, en vous aidant des notes ci-dessous, des remarques en C 3 et du lexique :**

Ipsa pacifera laurus ... in gremio Jovis Optimi Maximi deponitur, quoties laetitiam nova victoria attulit ; idque non quia perpetuo vigeat, nec quia pacifera sit (praeferenda[1] ei utroque[2] olea sed quia spectatissima[1] in monte Parnasso ideoque[3] grata Apollini et quia fulmine sola[4] non icitur.

Ob has causas equidem crediderim[5] honorem ei habitum in triumphis potius quam quia suffimentum sit[6] caedis hostium.

(d'après Caius Plinius Secundus)

1. Le verbe *est* est sous-entendu.
2. Neutre singulier *pour chacune de ces 2 choses, pour ces 2 raisons.*
3. **Ideo (id eo),** *pour cette raison.*
4. Sous entendre **sola (arborum)** *le seul parmi les arbres.*
5. Subjonctif d'atténuation *je croirais volontiers, à mon avis.*
6. Le subjonctif après **quia** marque que la raison alléguée n'est pas valable pour Pline.

C 2 CORRIGÉ

Quant au laurier, il est porteur de paix. On le dépose sur les genoux du Très Grand et Très Bon Jupiter chaque fois qu'une nouvelle victoire a apporté la joie ; et ce n'est pas parce qu'il est éternellement vert ni parce qu'il apporte la paix (pour ces 2 raisons l'olivier lui est préférable) mais parce qu'il est la plante la plus remarquable sur le Mont Parnasse – à cause de cela, il est agréable à Apollon – et parce qu'il est le seul arbre à ne pas être frappé par la foudre.

C'est pour ces raisons que j'ai tendance à croire qu'il est mis à l'honneur lors des triomphes, plutôt que parce qu'il serait une purification du carnage des ennemis.

D'après *Pline.*

Nota bene :

Triumphus, i, m *le triomphe, ancien* **triumpus**, vient du cri *«Triompe ! »* : exclamation que lançaient les soldats ou la foule lors du défilé d'un général victorieux jusqu'au Capitole. Le mot désigne ensuite l'entrée solennelle à Rome du général vainqueur, qui, la tête **palmata**, c. à d. *ceinte d'une couronne de lauriers*, monte au Capitole sur un char traîné par des chevaux blancs.

■ **Paciferus** m. à m. *qui porte la paix* (**fero** + **pax, pacis**)

■ **Olea, ae** (f.) désigne *l'olivier* ou *l'olive* (du grec **elaia**) et **oleum, i** (n.) *l'huile d'olive* d'abord, puis l'huile en général.

Le français *huile* dérive de **olea,** dont le radical s'est maintenu dans *oléagineux.*

■ Le **Mont Parnasse,** dans la mythologie grecque **Parnassos,** est la montagne (2 500 m) dont le versant sud domine **Delphes.** Consacré d'abord à **Dionysos,** le Parnasse le fut ensuite à **Apollon,** dieu des Arts, puis aux **Muses ;** ces divinités sœurs, qui dépendent d'Apollon, sont d'abord les chanteuses divines dont les chœurs et les hymnes réjouissent les Dieux. Mais elles président à la Pensée sous toutes ses formes :

Calliope	→ Poésie épique	**Melpomène**	→ tragédie
Clio	→ histoire	**Thalie**	→ comédie
Polymnie	→ pantomine	**Uranie**	→ astronomie
Euterpe	→ flûte	**Terpsichore**	→ danse
		Erato	→ chant lyrique

Selon les traditions, elles sont les filles de **Zeus** et **Mnémosyne** (*la Mémoire* radical grec **mnem-** devenu **mem-** en latin : **memini**) ou d'**Harmonie** ou de **Gè** *(la Terre)* et **Ouranos** *(le Ciel) :* ces ascendances et le fait que les Muses sont avant tout des chanteuses indiquent une conception du Monde ou la musique prime.

Par ailleurs, **Calliope,** la première des Muses, est la mère d'**Orphée,** le Chanteur par excellence qui incarne la Poésie et la Musique, inséparables chez les Anciens.

C4 LITTÉRATURE

Pline l'Ancien (23-79 ap. J.-C.) fut un esprit très actif. Sur les 160 volumes qu'il écrivit dans des domaines très variés, histoire, traités militaires, grammaire, notes, seuls nous sont parvenus les 37 livres *d'Histoire Naturelle* **(Naturae Historiarum libri)** œuvre énorme qui veut décrire l'univers : géographie, ethnographie, zoologie, botanique, minéralogie, Beaux Arts... Cette immense encyclopédie témoigne d'une curiosité qui fut d'ailleurs fatale à l'auteur en 79 : il commandait la flotte de **Misène** (dans le golfe de Naples) quand le **Vésuve** entra en éruption, détruisant **Pompéi** et **Herculanum.**

Pline s'approcha pour observer l'éruption (et pour porter secours) et mourut étouffé par les cendres.

C'est son neveu et fils adoptif *Pline le Jeune* **(Caïus Plinius Caecilius Secundus),** avocat et orateur, qui nous a laissé, dans sa correspondance, un des premiers récits de la catastrophe du 24 août 79.

XXXIX ■ Cogita quo melius intellegas !

A 1 PRÉSENTATION

■ Les propositions sub. circonstancielles de but sont au subj.

■ Introduites par **ut** *(pour que, afin que)* ou **ne** *(pour que ... ne pas)* (cf. A 2 n° 9) elles se coordonnent par **et** ou par **neve, neu**.

■ Quand la proposition subordonnée de but comporte un comparatif, on remplace **ut** par **quo** *(afin que par là)* (cf. A 2 n° 3).

■ Un pronom relatif suivi du subjonctif peut avoir valeur de proposition circonstancielle de but (cf. A 2 n° 4).

■ Les verbes de crainte **(timere, metuere, vereri...)** se construisent avec **ne** ou **ne non** (cf. A 2 n° 7).

■ Les verbes d'empêchement se construisent :
- avec **ne** si le verbe d'empêchement est affirmatif (A 2. 5) ;
- avec **quin** ou **quominus** *que... ne pas* si le verbe d'empêchement est négatif ou interrogatif.

impedio, is, ire, ivi, itum	*empêcher, interdire*
defendo, is, ere, ensi, ensum	*défendre, protéger*
egredior, eris, eri, egressus sum	*sortir de*
obliviscor, eris, i, oblitus sum	*oublier*
tabella, ae (f.)	*la tablette*
peregrinus, i, m	*l'étranger, le voyageur*
claudo, is, ere, si, sum	*fermer*

A 2 APPLICATION

1. **Romani tabellis utebantur ut scriberent et pingerent.**
2. **Clausae sunt nocte portae ne ullus peregrinus iniret neve exiret.**
3. **Oppidum in summo colle aedificaverunt quo id melius defenderetur.**
4. **Dux equites misit qui Gallos terrerent.**
5. **Impedivit consul ne quis tabellas legeret.**
6. **Quid impediet quominus eas legant cives ?**
7. **Timebamus ne amici non venirent.**
8. **Decet homines tantum nefas dicere, ne unquam quisquam id obliviscatur.**

A3 REMARQUES

■ Pour éviter qu'une 2e négation ne détruise la 1re dans la proposition de but introduite par **ne**, on emploie toujours un mot positif après **ne** ou **neve :**

> **ne quis, ne quid** *pour que personne, pour que rien*
> **ne ullus, a, um** *pour qu'aucun(e)*

■ La construction latine des verbes d'empêchement ou de crainte avec **ne** explique le *ne* « explétif » français (de **ex-pleo, is, ere, evi, etum** *remplir, compléter*).

Dans la phrase *je crains qu'il ne vienne,* le mot **ne** complète, vient en plus. Il n'est pas indispensable ni d'ailleurs toujours obligatoire *(je crains qu'il vienne).*

■ Récapitulatif : divers moyens d'exprimer le but :
Tibi mitto nuntios...
Je t'envoie des messagers...
1. **Ut nuntient** (cf. p. 175) *pour t'informer*
2. **Ad nuntiandum** (cf. p. 222-223) *pour t'informer*
3. **Ad res novas nuntiandas** (avec C.O.D.) (cf. p. 224-225) *pour t'informer des nouveautés*
4. **Nuntiatum** (cf. p. 222-223) *pour t'informer*
5. **Qui nuntient** (cf. p. 240) *pour t'informer*
6. **Quo celerius nuntient** (avec un comparatif) (cf. p. 240) *pour t'informer plus vite*

A4 TRADUCTION

1. Les Romains utilisaient des tablettes pour écrire et pour peindre.
2. La nuit, les portes sont fermées pour qu'aucun étranger ne pénètre dans la ville ou n'en sorte.
3. Ils ont construit leur ville au sommet d'une colline pour mieux la défendre. (m. à m. pour qu'elle soit mieux défendue)
4. Le chef envoya des cavaliers pour terroriser les Gaulois.
5. Le consul a interdit qu'on lise les tablettes.
6. Qu'est-ce qui empêchera que les citoyens ne les lisent ?
7. Nous craignions que nos amis ne vinssent pas.
8. Il faut que les hommes parlent d'un si grand crime afin que jamais personne ne l'oublie.

B1 PRÉSENTATION

■ Les propositions circonst. de conséquence sont toujours au subjonctif, introduites par **ut,** *si bien que, de telle sorte que, de telle manière que* :

■ **Ut** annonçant une circonst. de conséquence est la plupart du temps en corrélation avec un adverbe ou un adjectif :

tam ut... ita ... ut, sic ... ut, adeo ... ut	*tellement ... que*
talis, is, e ... ut	*tel(le) ... que*
tantus, a, um ... ut	*si grand(e) ... que*
tot (indécl.) **... ut**	*si nombreux ... que*

■ Si la prop. de conséquence est négative, on emploie **ut ... non.**

■ Les subordonnées de comparaison sont à l'indicatif :
ut + indicatif *comme* **Ut mos est** *comme c'est la coutume*
ita ut + indicatif *de la même manière que*
ita laborat ut ludit *il travaille de la même manière qu'il joue*
talis(e) ... qualis(e) *tel(le) ... que*
tantus (a, um) ... quantus (a, um) *aussi nombreux(ses)... que*
tantum gaudium hodie mihi est quantus dolor heri fuit
Ma joie est aussi grande aujourd'hui que le fut hier ma douleur

B2 APPLICATION

1. **Ita aetate confectus erat senex, ut jam se sustinere non posset.**
2. **Tam clarum fuit Jovis templum, ut omnes mirarentur.**
3. **Tanta est patientia tibi, ut amici tui laudent.**
4. **Tot bella egit miles ut pacem non jam pateretur.**
5. **Homines non tales sunt quales videntur.**
6. **Tam dives es ut omnes tibi invideant.**
7. **Ut deo sic tibi invident omnes.**
8. **Ut solet, Cicero longam orationem egit.**
9. **Quamvis sollers, ut solebat, fuerit, nemo tamen ei credidit.**

B3 REMARQUES

■ *Conséquence,* vient de **consequor,** *suivre, s'ensuivre.*

La conséquence indique le résultat qui *suit* une action.

Ici **ut** introduit la plupart du temps un fait réel, à la différence de ce qui se passe dans la subordonnée de but.

■ De même que la conséquence négative s'exprime par **ut non,** on traduira : *de sorte que personne par* **ut nemo.**

■ Après une principale négative, **quin** peut remplacer **ut** :

Nemo tam sollers est quin decepi non possit
Personne n'est assez habile pour n'être jamais trompé

■ La règle stricte de la concordance des temps peut être altérée selon que la conséquence d'une action passée est elle-même passée ou dure encore ; on peut trouver le parfait du subjonctif si l'on veut insister sur la réalité d'une conséquence passée :

Tam sollers fuit ut non decepi potuerit
Il était si habile qu'on n'a pas pu le tromper

■ Ne confondez pas { **ita, sic ... ut** + indicatif = comparaison
{ **ita, sic ... ut** + subjonctif = conséquence-

ita est ut optavisti	*il en est ainsi que tu l'as souhaité*
ita fecit ut gauderem	*il a fait en sorte que je me suis réjoui*

B4 TRADUCTION

1. Le vieillard était si affaibli (achevé) par l'âge qu'il ne pouvait plus se tenir debout. (se soutenir)
2. Le temple de Jupiter était si renommé que tout le monde l'admirait.
3. Tu as tant de patience que tes amis te félicitent.
4. Le soldat a mené tant de guerres qu'ils ne supportait plus la paix.
5. Les hommes ne sont pas tels qu'ils le paraissent.
6. Tu es si riche que tous t'envient.
7. Tous t'envient comme un dieu.
8. Comme d'habitude, Cicéron a fait un long discours.
9. Bien qu'habile, et il l'était, (m. à m. comme il avait coutume de l'être) personne cependant ne lui fit confiance.

A. **Traduire en employant tous les moyens d'expression du but :**
1. Le comédien entre en scène pour jouer la pièce.
2. Nous partirons au début de la nuit pour mieux observer les étoiles.

B. **Thème**
1. Rien n'a jamais empêché les Romains d'aller au théâtre.
2. Qui interdira à un homme juste de proclamer la vérité ?
3. Les étrangers étaient innocents, si bien qu'ils sont sortis de prison.
4. Ces étrangers - dis-je - sont aussi innocents que les citoyens romains.
5. Comme d'habitude (m. à m. comme il en avait l'habitude) le chef dînait avec ses compagnons*.

C. **Version**
1. Ut rogaveratis ita feci.
2. Sunt Lutetiae tot aves quot ruri.
3. Sunt tot aves ut impediant ne dormiamus.
4. Exempla profero quo facilius intellegatis.

* Cf. p. 252.

C 2 CORRIGÉ

A. 1. Ingreditur histrio in scaenam...
   1) Ut fabulam agat
   2) qui fabulam agat
   3) ad fabulam agendam
   4) fabulae agendae causa
   5) fabulam actum

2. Prima nocte abibimus quo melius astra observemus
   ut eo melius astra observemus
   ad astra melius observanda

B. **Thème**
1. Nihil unquam obstitit quominus Romani in theatrum irent.
2. Quis impediet quin aequus vir vera clamet ?
3. Peregrini ita innocentes erant ut e carcere educerentur.
4. Qui peregrini, inquam, ita innocentes sunt ut cives romani.
5. Ut solebat, cenabat dux cum comitibus.

C. **Version**
1. J'ai fait comme vous l'aviez demandé.
2. Il y a autant d'oiseaux à Lutèce qu'à la campagne.
3. Il y a tant d'oiseaux qu'ils nous empêchent de dormir.
4. Je donne des exemples pour que vous compreniez plus facilement.

■ Rappel

La concordance des temps s'applique dans toutes les propositions subordonnées :

- Principale au présent ou au futur = subordonnée au subjonctif présent (ou parfait)
- Principale à un temps du passé = subordonnée au subjonctif imparfait ou plus-que-parfait

  Venit (veniat) ut videat (viderit)
  Il vient (viendra) pour voir (avoir vu)

Venerat (venit, veniebat) ut videret (vidisset)
Il était venu (vint, venait) pour voir (avoir vu)

■ Récapitulatif

- divers emplois de **ut**
  - **ut** + indicatif
    1) *quand* (temps) *dès que* négation : **ut non**
    2) *comme* (comparaison)
  - **ut** + subjonctif
    1) *afin que, pour que* (but) négation : **ne**
    2) *en sorte que* (conséquence) négation : **ut non**
- Divers emplois de **ne**
  - Adverbe de négation (défense, souhait) **ne ... pas**
  - **Conjonction (+ subjonctif)** *que ne pas* **(timeo ne...)**
    pour que ne pas (but)
  - Particule interrogative enclitique
    intelligisne ? *comprends-tu ?*

C 4 ÉTYMOLOGIE - CIVILISATION

■ **Claudere, clausus** nous a donné *clore* qui n'est plus guère employé que dans *forclore, éclore, enclore* et d'où dérivent *clos, enclos, closerie, cloison.*

C'est cette racine qui est présente dans les toponymes indiquant une fermeture, ou un défilé fermé : une *cluse, La Clusaz, Cluses, La Clue, le Vaucluse.*

■ **Peregrinus,** littéralement *celui qui va* **per agros** : *à travers le territoire*, c'est l'*étranger-voyageur*, citoyen d'une autre cité, qui s'oppose au *citoyen* fixé à Rome avec les droits politiques et juridiques qui s'y rattachent (→ cf. *pérégrinations*).

■ *Les tablettes* à écrire (**tabella** est un diminutif de **tabula, ae** (f.) *la planche*) sont des planchettes de bois enduites de cire au recto desquelles on écrit au poinçon (**stilus** *poinçon*).

A 1 PRÉSENTATION

■ Le discours indirect rapporte les paroles ou pensées de quelqu'un sous la forme d'une subordonnée.
Si le discours direct est :

- une principale, ou une indépendante, le discours indirect s'exprime par une proposition infinitive :
  Dicis : « Ego civis romanus sum » *Tu dis : « Je suis un citoyen romain »* (direct)
  Dicis te civem romanum esse *tu dis que tu es un citoyen romain* (indirect)
- une phrase interrogative, le discours indirect s'exprime par l'interrogation indirecte :
  Rogo : « Cur venis ? » *Je demande : « Pourquoi viens-tu ? »* (direct)
  Rogo cur venias *Je demande pourquoi tu viens* (indirect)
- un ordre, un souhait, un regret, le discours indirect s'exprime par le subjonctif seul, sans subordonnant :
  Dicit : « Mihi responde ! » *Il dit : « Réponds-moi ! »* (direct)
  Dicit sibi respondeam *Il me dit de lui répondre* (indirect)
- une relative ou une conjonctive, le discours indirect s'exprime par cette même proposition, au subjonctif :
  Dicit : « Relinquo provinciam quam tenebam » *Il dit : « J'abandonne la province que je détenais »* (direct)
  Dicit se provinciam quam teneret relinquere *Il dit qu'il abandonne la province qu'il détenait* (indirect).

Haedui, orum (m.) *les Héduens* (peuple gaulois)
obsis, obsidis (m.) *le gage, la garantie, l'otage*
mandata, orum (n. pl.) *le mandat, le message*

A 2 APPLICATION

I. **Discours direct**
Caesar legatos cum his mandatis misit : « haec sunt quae ab te postulo : primum noli multitudinem hominum in Galliam traducere ; deinde obsides redde quos ab Haeduis tenes ; noli his sociisque bellum inferre ».

II. **Discours indirect**
Caesar legatos cum his mandatis misit : haec esse quae ab eo postularet : primum ne multitudinem hominum in Galliam traduceret ; deinde obsides redderet quos ab Haeduis teneret neve his sociisque bellum inferret.

A 3 REMARQUES

■ Tous les verbes dans le discours indirect sont soit à l'infinitif, soit au subjonctif.

■ La concordance des temps se fait par rapport au verbe qui introduit le discours indirect :

Dicit se venire	*il dit qu'il vient*
Dicit se venisse	*il dit qu'il est venu*
Dicit se venturum esse	*il dit qu'il viendra*
Dicebat se venire	*il disait qu'il venait*
Dicebat se venisse	*il disait qu'il était venu*
Dicebat se venturum esse	*il disait qu'il viendrait*

■ Une proposition infinitive peut inclure une relative ou une conjonctive :

Dico me, quia abessem, libros quos mihi dederis non legisse
je dis que, parce que je n'étais pas là, je n'ai pas lu les livres que tu m'as donnés.

■ On trouve réunies, dans le cas du discours indirect, très fréquent en latin, des règles étudiées ailleurs :

- la proposition infinitive (cf. p. 68, 69, 137)
- les temps de l'infinitif (cf. p. 218, 219)
- l'interrogation indirecte (cf. p. 230, 231)
- les propositions conjonctives (cf. p. 231)
- la concordance des temps (cf. p. 177, 218, 219, 231)

A 4 TRADUCTION

I. César envoya ses ambassadeurs avec ce message : « Voici ce que je te demande : d'abord, ne fais pas passer en Gaule une foule d'hommes ; ensuite rends les otages que tu tiens des Héduens et ne leur fais pas la guerre ni à eux ni à leurs alliés ».

II. César envoya ses ambassadeurs avec ce message : Voici ce qu'il lui demandait : d'abord de ne pas faire passer en Gaule une foule d'hommes ; ensuite de rendre les otages qu'il tenait des Héduens et de ne pas leur faire la guerre ni à eux ni à leurs alliés.

XL ■ Dico me, si latinam linguam ames, beatam futuram esse.

B1 PRÉSENTATION

■ La condition s'exprime dans les propositions infinitives par :

• l'infinitif futur en **-urus, a, um esse,** pour le futur ou le potentiel : **Dico te laetum futurum esse si hunc librum**

— **legas :** *je dis que tu seras heureux si tu lis ce livre* (futur)
— **legeres :** *je dis que tu serais heureux si tu lisais ce livre* (potentiel)

• une forme en **-urus, a, um fuisse,** pour l'irréel du présent ou du passé : **Dico te laetam futuram fuisse si hunc librum**

— **legeres :** *Je dis que tu serais heureuse si tu lisais ce livre* (irréel du présent : mais tu ne le lis pas)
— **legisses :** *Je dis que tu aurais été heureuse si tu avais lu ce livre* (irréel du passé : mais tu ne l'as pas lu)

■ Lorsque, dans le discours direct, **si** est suivi de l'indicatif (futur ou fut. antérieur), il est toujours suivi du subjonctif dans le discours indirect.

■ Les pronoms personnels sont tous à la 3e personne dans le discours indirect. On emploie le réfléchi **se** et le possessif **suus, a, um** lorsque le sujet de la proposition indirecte renvoie au sujet de la proposition dans laquelle il se trouve (réfléchi direct) ou à celui de la principale (réfléchi indirect) ; on emploie le pronom de rappel **is, ea, id** ou un démonstratif, (et le gén. **ejus** ou **eorum** pour marquer la possession) dans les autres cas (cf. B 3).

B2 APPLICATION

1. **Dicit : « Pueri legent si libros habuerint ».**
2. **Dicebat pueros lecturos esse si libros habuerint.**
3. **Dicebat pueros lecturos fuisse si libros habuissent.**
4. **Dea respondet : « Vos, Romani, vestrique socii, hostes eorumque socios vincetis si me verebimini ».**
5. **Dea respondet Romanos sociosque suos hostes eorumque socios victuros esse si se vereantur.**
6. **Dea respondit : « Vos, Romani, vestrique amici eorumque uxores flebitis nisi templum mihi aedificaveritis.**
7. **Dea respondit Romanos, et suos amicos eorumque uxores fleturos fuisse nisi templum sibi aedificavissent.B 3 REMARQUES**

B3 REMARQUES

■ Pour exprimer la condition dans le discours indirect il y a deux transferts à opérer :

1er transfert : discours direct → discours indirect

2e transfert : concordance des temps

■ En règle générale, le pronom réfléchi **se** renvoie à la personne dont les paroles ou pensées sont rapportées :

Julius dicit : « Veniam cum fratre meo »
Jules dit : « Je viendrai avec mon frère »
Julius dicit se cum fratre suo venturum esse
Jules dit qu'il viendra avec son frère

Jules est à la fois le sujet du verbe dire, le sujet du verbe venir, et le frère est celui du sujet, Jules.

- On emploie le pronom **is, ea, id** ou les démonstratifs quand les sujets sont différents.

Julius dicit : « venies cum fratre tuo ejusque uxore
Jules dit : « tu viendras avec ton frère et sa femme »
Julius dixit eam cum suo fratre ejusque uxore venturam ess
Jules dit qu'elle viendra avec son frère et la femme de celui-ci

B4 TRADUCTION

1. Il dit : « Les enfants liront s'ils ont des livres ». (indicatif fut. antérieur)
2. Il disait que les enfants liraient s'ils avaient des livres.
3. Il disait que les enfants auraient lu s'ils avaient eu des livres.
4. La déesse répond : « Vous, les Romains et vos alliés, vous vaincrez vos ennemis et leurs alliés si vous me craignez ».
5. La déesse répond que les Romains et leurs alliés vaincront leurs ennemis et leurs alliés s'ils la craignent.
6. La déesse répondit : « Vous, les Romains, vos amis et les épouses de ceux-ci, vous pleurerez si vous ne me (pour moi) construisez pas un temple ».
7. La déesse répondit que les Romains, leurs amis et les épouses de ceux-ci pleureraient s'ils ne lui construisaient pas un temple

A. **Traduisez, en vous aidant des notes et du lexique :**
Clamat Epicurus, is quem vos nimis voluptatibus deditum esse dicitis, non posse jucunde vivi (1), nisi sapienter, honeste, justeque vivatur, nec sapienter, honeste, juste (2) nisi jucunde. Neque enim civitas in seditione beata esse potest nec in discordia dominorum domus ; quo minus animus a se ipse secumque discordans gustare partem ullam liquidae voluptatis et liberae potest. Atqui pugnantibus et contrariis studiis consiliisque semper utens nihil quieti videre, nihil tranquilli potest.

Cicero : De Finibus Bonorum et Malorum, Liber Primus.

C 2 CORRIGÉ

1. *Mot à mot :*
Épicure proclame, lui que vous dites être trop adonné aux plaisirs, qu'il ne peut être vécu agréablement s'il n'est pas vécu sagement, honorablement, justement, mais non pas (qu'il ne peut être vécu) sagement, honorablement, justement, sinon (s'il n'est pas vécu) agréablement. Et ni en effet une cité dans la sédition ne peut être heureuse, ni (ne peut être heureuse) dans la discorde des maîtres, une maison. Et encore moins l'esprit se séparant de lui-même et en discorde avec lui-même ne peut (potest en fin de phrase) goûter une seule partie du plaisir liquide et libre. Or (l'esprit) usant toujours de goûts (studiis) et de desseins se combattant (pugnantibus) et contraires ne peut voir rien de calme, rien de tranquille.

2. *Traduction :*
Il proclame, cet Épicure dont vous dites qu'il est trop asservi aux plaisirs, que l'on ne peut vivre agréablement si l'on ne vit pas dans la sagesse, l'honneur et la justice ; et que l'on ne vit pas dans la sagesse, l'honneur et la justice si l'on ne vit pas agréablement. En effet, le bonheur n'est possible ni pour une cité en proie à la sédition, ni pour une maison en proie à la discorde de ses maîtres. Encore moins l'âme déchirée, en conflit avec elle-même, peut-elle goûter la moindre parcelle de plaisir sans retenue, de plaisir libre. Or lorsqu'en elle se combattent des tendances et avis contraires, elle ne peut connaître ni le repos ni la paix.

Cicéron : ***Des Fins Dernières du Bien et du Mal, Livre 1***

(1) **vivi** : infinitif passé impersonnel (**de vivere** *vivre*) *être vécu*, cf. plus loin **vivatur** *qu'il soit vécu*.
(2) sous entendre : **non posse vivi.**

C 4 LITTÉRATURE - HISTOIRE

■ *Cicéron* **(Marcus Tullius Cicero)**, né en −106, fut à la fois un homme politique et un grand orateur. Avocat, il fut aussi questeur, puis consul ; et son ambition était de jouer un rôle politique de premier plan. Exilé en Grèce par le triumvirat (cf. leçon XXXVII), il prit ensuite le parti de **César** contre **Pompée**. Après l'assassinat de César, en −44, il est proscrit par **Antoine**, qui favorise **Octave** (futur **Auguste**).

L'action dans la cité (**civitas** *la cité, l'état*), le souci des affaires publiques **(res publicae)** sont pour lui des valeurs suprêmes.

Son activité d'auteur est immense, et il représente l'apogée de l'art oratoire romain, que ce soit dans ses plaidoyers **(Pro Milone, Pro Murena, Verrines...)** ou dans ses discours politiques *(Catilinaires, Philippiques...)*. Théoricien de l'éloquence, il propose la règle d'or du discours public : **doçere** *(prouver, démontrer)*, **delectare** *(plaire)*, **movere** *(émouvoir)*. Penseur, il a créé dans ses traités philosophiques **(De Republica, De Legibus, De Amicitia, De Finibus, De Senectute...)** la prose philosophique latine (jusque là, c'est en grec que l'on philosophait). Il laisse aussi une énorme correspondance (900 lettres). Il est mort assassiné sur l'ordre d'Antoine en −43.

■ Le texte ci-contre est tiré du traité **De finibus...** : il reprend la pensée du philosophe grec Épicure, que Cicéron en fait traduit en latin, après s'être posé la question de la validité de la langue latine en philosophie.

Ainsi pouvons-nous établir, à travers l'inquiétude méthodologique d'un grand auteur latin, la filiation plus lointaine de la culture romaine avec la culture grecque, et établir ce que notre langue et notre culture doivent à l'héritage gréco-romain.

12 POINTS CLÉ DU LATIN

1. **La notion de radical et de désinence** : Leçons I (B 3,C 3), II (A 3), VI (A 3), IX (C 3)
2. **La préposition et la préfixation dans les mots composés** : X (C 3), XI (C 3), XII (B 3, C 3), XIII (A 3, B 3), XIV (B 3)
3. **La proposition infinitive** : X (B 3), XXI (C 3)
4. **L'ablatif absolu** : VIII (B 1, B 3), XXXVII (A 1)
5. **Questions de lieu** : XI, XII
6. **Comparatifs et superlatifs** : XVIII, XIX
7. **Le relatif de liaison** : XXI
8. **L'adjectif verbal et le gérondif** : XXXVI
9. **La concordance des temps** : XXVIII, XXXVII (B 3), XXXIX (C 3)
10. **Le discours indirect** : XXXVII (B 3), XL (B 3)
11. **L'expression de la condition** : XXII (B 3), XL (A 1)
12. **Pronoms/adjectifs de rappel** : XXIX (B 1, B 3)

FRANÇAIS-LATIN

Quelques mots soulignés dans les exercices de thème n'ont pas été donnés dans le vocabulaire. Pour les retrouver dans le lexique latin-français, aidez-vous des indications suivantes :

L'amitié → pensez à la racine : amical
le chat → pensez à la racine : félin
le compagnon → pensez à la racine : comité
enlever → pensez à la racine : rapt
informer → traduisez : rendre plus cert-ain (comparatif de *certain*)
le mari →pensez à la racine : marital
la mère de famille → pensez à la racine : matrone
le neveu →pensez à la racine : népotisme
le tombeau →pensez à la racine : sépulcre
se transformer →pensez à la racine : version, con-vertir

MEMENTO*

---

* impératif futur de **meminisse,** *se souvenir = souviens-toi !*

1. Le verbe *être* **sum, es, esse, fui**

	INDICATIF	SUBJONCTIF OU CONDITIONNEL	INFINITIF	IMPÉRATIF
PRÉSENT	*je suis* sum es est sumus estis sunt	*que je sois,* ou *je serais* (potentiel) sim sis sit simus sitis sint	*être* esse	Imp. Présent es *sois* este *soyez* Imp. Futur esto *sois* estote *soyez*
IMPARFAIT	*j'étais* eram eras erat eramus eratis erant	*que je fusse,* ou *je serais* (irréel) essem esses esset essemus essetis essent		PARTICIPE
FUTUR	*je serai* ero eris erit erimus eritis erunt		*devoir être* futurum, am, um, esse *ou :* fore	(futur) *sur le point d'être* futurus, a, um
PARFAIT	*j'ai été, je fus, j'eus été* fui fuisti fuit fuimus fuistis fuerunt	*que jaie été* fuerim fueris fuerit fuerimus fueritis fuerint	*avoir été* fuisse	
PLUS-QUE-PARFAIT	*j'avais été* fueram fueras fuerat fueramus fueratis fuerant	*que j'eusse été, j'aurais été* fuissem fuisses fuisset fuissemus fuissetis fuissent		
FUTUR ANTÉRIEUR	*j'aurai été* fuero fueris fuerit fuerimus fueritis fuerint			

2. Deux composés du verbe **esse,** *être* :

posse, *pouvoir* **prodesse,** *être utile*

	INDICATIF	SUBJONCTIF OU CONDITIONNEL	INFINITIF	IMPÉRATIF
Présent	*je peux* pos**sum** pot**es** pot**est** pos**sumus** pot**estis** pos**sunt**	*que je puisse*, ou *je pourrais* (potentiel) pos**sim** pos**sis** pos**sit** pos**simus** pos**sitis** pos**sint**	*pouvoir* pos**se**	pas d'impératif PARTICIPE
Imparfait	*je pouvais* pot**eram** etc.	*que je pusse*, ou *je pourrais* (irréel) pos**sem**, pos**ses** etc.		pas de participe
Futur	*je pourrai* pot**ero** etc.			GÉRONDIF
Parfait	*j'ai pu, je pus* pot**ui** etc.	*que j'aie pu,* *je pourrais* potu**erim** etc.	*avoir pu* potu**isse**	pas de gérondif
Plus-que-parfait	*j'aivais pu* potu**eram** etc.	*que j'eusse pu,* *j'aurais pu* potu**issem** etc.		SUPIN
Futur antérieur	*j'aurai pu* potu**ero** etc.			pas de supin
				IMPÉRATIF
Présent	*je suis utile* pro**sum** prod**es** prod**est** pro**sumus** prod**estis** pro**sunt**	*que je sois utile,* ou *je serais utile* pro**sim** pro**sis** pro**sit** pro**simus** pro**sitis** pro**sint**	*être utile* prod**esse**	**Présent** *sois utile* prod**es** *soyez utile* prod**este**
Imparfait	*j'étais utile* prod**eram** etc.	*que je fusse utile* prod**essem, -esses** etc.		**Futur** prod**esto** prod**estote** PARTICIPE
Futur	*je serai utile* prod**ero** etc.		*devoir être utile* pro**futurum esse**	Futur pro**futurus, a, um** *devant être utile*
Parfait	*j'ai été utile* pro**fui** etc.	*que j'aie été utile* pro**fuerim** etc.		GÉRONDIF pas de gérondif
Plus-que-parfait	*j'avais été utile* pro**fueram** etc.	*que j'eusse été utile* pro**fuissem** etc.		SUPIN
Futur antérieur	*j'aurai été utile* pro**fuero** etc.			pas de supin

3. 1re conjugaison (ACTIF) : *aimer*, **amo, as, are, avi, atum**

	INDICATIF	SUBJONCTIF OU CONDITIONNEL	INFINITIF	PARTICIPE
PRÉSENT	*j'aime* am**o**. ama**s** ama**t** ama**mus** ama**tis** ama**nt**	*que j'aime*, ou *j'aimerais* (potentiel) ame**m** ame**s** ame**t** ame**mus** ame**tis** ame**nt**	*aimer* ama**re**	*aimant* ama**ns,** (gén.) ama**ntis**
IMPARFAIT	*j'aimais* amaba**m** amaba**s** amaba**t** amaba**mus** amaba**tis** amaba**nt**	*que j'aimasse*, *j'aimerais* (irréel) amare**m** amare**s** amare**t** amare**mus** amare**tis** amare**nt**		
FUTUR	*j'aimerai* amab**o** amab**is** amab**it** amab**imus** amab**itis** amab**unt**		*devoir aimer* amat**urum,** **am, um** esse	*sur le point d'aimer* amat**urus, a,** **um**
PARFAIT	*j'ai aimé, j'aimai, j'eus aimé* amav**i** amav**isti** amav**it** amav**imus** amav**istis** amav**erunt**	*que j'aie aimé* amav**erim** amav**eris** amav**erit** amav**erimus** amav**eritis** amav**erint**	*avoir aimé* amav**isse**	SUPIN *pour aimer* amat**um** *à aimer* amat**u**
PLUS-QUE-PARFAIT	*j'avais aimé* amav**eram** amav**eras** amav**erat** amav**eramus** amav**eratis** amav**erant**	*que j'eusse aimé, j'aurais aimé* amav**issem** amav**isses** amav**isset** amav**issemus** amav**issetis** amav**issent**	GERONDIF Acc. (ad) ama**ndum** Gén. ama**ndi** Dat. ama**ndo** Abl. ama**ndo**	 pour aimer d'aimer à aimer en aimant
FUTUR ANTÉRIEUR	*j'aurai aimé* amav**ero** amav**eris** amav**erit** amav**erimus** amav**eritis** amav**erint**	**IMPERATIF** **Présent** ama *aime* ama**te** *aimez*	 **Futur** ama**to** *aime* ama**tote** *aimez*	

4. 1re conjugaison (PASSIF) : *être aimé(e)*, **amor, aris, ari, atus (a, um) sum**

	INDICATIF	SUBJONCTIF OU CONDITIONNEL	INFINITIF	
PRÉSENT	*je suis aimé(e)* am**or** ama**ris** ama**tur** ama**mur** ama**mini** ama**ntur**	*que je sois aimé(e), je serais aimé* am**er** (potentiel) am**eris** am**etur** am**emur** am**emini** am**entur**	*être aimé(e)* ama**ri**	
IMPARFAIT	*j'étais aimé(e)* ama**bar** ama**baris** ama**batur** ama**bamur** ama**bamini** ama**bantur**	*que je fusse aimé(e), je serais aimé* (irréel) ama**rer** ama**reris** ama**retur** ama**remur** ama**remini** ama**rentur**		
FUTUR	*je serai aimé(e)* ama**bor** ama**beris** ama**bitur** ama**bimur** ama**bimini** ama**buntur**		*devoir être aimé(e)* ama**tum** iri	ADJECTIF VERBAL *devant être aimé(e), à aimer* amand**us, a, um**
PARFAIT	*je fus, j'ai été, j'eus été aimé(e)* amat**us, a, um** sum amat**us** es amat**us** est amat**i, ae, a** sumus amat**i** esti amat**i** sunt	*que j'aie été aimé(e)* amat**us, a, um** sim amat**us** sis amat**us** sit amat**i, ae, a** simus amat**i** sitis amat**i** sint	*avoir été aimé(e)* ama**tum, am, um** esse	PARTICIPE PASSE *ayant été aimé(e)* amat**us, a, um**
PLUS-QUE-PARFAIT	*j'avais été aimé* amat**us, a, um** eram amat**us** eras amat**us** erat amat**i, ae, a** eramus amat**i** eratis amat**i** erant	*que j'eusse été aimé(e), j'aurais été aimé(e)* amat**us, a, um** essem amat**us** esses amat**us** esset amat**i, ae, a** essemus amat**i** essetis amat**i** essent		
FUTUR ANTÉRIEUR	*j'aurai été aimé* amat**us, a, um** ero amat**us** eris amat**us** erit amat**i, ae, a** erimus amat**i** eritis amat**i** erunt	IMPERATIF **Présent** ama**re** *sois aimé(e)* ama**mini** *soyez aimés(ées)* **Futur** ama**tor** *sois aimé(e)*		

5. 2ᵉ conjugaison (ACTIF) : *détruire,* **deleo, es, ere, evi, etum**

	INDICATIF	SUBJONCTIF OU CONDITIONNEL	INFINITIF	PARTICIPE
PRÉSENT	*je détruis* dele**o** dele**s** dele**t** dele**mus** dele**tis** dele**nt**	*que je détruise,* *je détruirais* (potentiel) dele**am** dele**as** dele**at** dele**amus** dele**atis** dele**ant**	*détruire* dele**re**	*détruisant* dele**ns,** (gén.) dele**ntis**
IMPARFAIT	*je détruisais* dele**bam** dele**bas** dele**bat** dele**bamus** dele**batis** dele**bant**	*que je détruisisse,* *je détruirais* (irréel) dele**rem** dele**res** dele**ret** dele**remus** dele**retis** dele**rent**		
FUTUR	*je détruirai* dele**bo** dele**bis** dele**bit** dele**bimus** dele**bitis** dele**bunt**		*devoir détruire* delet**urum,** **am, um** esse	*sur le point de détruire* delet**urus, a,** **um**
PARFAIT	*j'ai détruit,* *je détruisis,* *j'eus détruit* delev**i** delev**isti** delev**it** delev**imus** delev**istis** delev**erunt**	*que j'aie détruit* delev**erim** delev**eris** delev**erit** delev**erimus** delev**eritis** delev**erint**	*avoir détruit* delev**isse**	SUPIN *pour détruire* delet**um** *à détruire* delet**u**
PLUS-QUE-PARFAIT	*j'avais détruit* delev**eram** delev**eras** delev**erat** delev**eramus** delev**eratis** delev**erant**	*que j'eusse détruit,* *j'aurais détruit* delev**issem** delev**isses** delev**isset** delev**issemus** delev**issetis** delev**issent**	GERONDIF Acc. (ad) delen**dum** pour détruire Gén. delen**di** de détruire Dat. delen**do** à détruire Abl. delen**do** en détruisant	
FUTUR ANTÉRIEUR	*j'aurai détruit* delev**ero** delev**eris** delev**erit** delev**erimus** delev**eritis** delev**erint**	IMPERATIF **Présent** dele *détruis* dele**te** *détruisez*	**Futur** dele**to** *détruis* dele**tote** *détruisez*	

6. 2e conjugaison (PASSIF) : *être détruit(e),* **deleor, eris, eri, etus (a, um) sum**

	INDICATIF	SUBJONCTIF OU CONDITIONNEL	INFINITIF	
PRÉSENT	*je suis détruit(e)* dele**or** dele**ris** dele**tur** dele**mur** dele**mini** dele**ntur**	*que je sois détruit(e), ou je serais détruit(e)* dele**ar** (potentiel) dele**aris** dele**atur** dele**amur** dele**amini** dele**antur**	*être détruit(e)* dele**ri**	
IMPARFAIT	*j'étais détruit(e)* dele**bar** dele**baris** dele**batur** dele**bamur** dele**bamini** dele**bantur**	*que je fusse détruit(e), je serais détruit(e)* delere**r** (irréel) delere**ris** delere**tur** delere**mur** delere**mini** delere**ntur**		
FUTUR	*je serai détruit(e)* dele**bor** dele**beris** dele**bitur** dele**bimur** dele**bimini** dele**buntur**		*devoir être détruit(e)* dele**tum** iri	ADJECTIF VERBAL *devant être détruit(e), à détruire* de**lendus, a, um**
PARFAIT	*je fus, j'ai été, j'eus été détruit(e)* dele**tus, a, um** sum dele**tus** es dele**tus** est dele**ti, ae, a** sumus deleti estis deleti sunt	*que j'aie été détruit(e)* dele**tus,** sim dele**tus, a, um** sis dele**tus** sit dele**ti, ae, a** simus deleti sitis deleti sint	*avoir été détruit(e)* dele**tum, am, um** esse	PARTICIPE PASSE *ayant été détruit(e)* dele**tus, a, um**
PLUS-QUE-PARFAIT	*j'avais été détruit(e)* dele**tus, a, um** eram dele**tus** eras dele**tus** erat dele**ti, ae, a** eramus deleti eratis deleti erant	*que j'eusse été, j'aurais été détruit(e)* dele**tus,** essem dele**tus, a, um** esses dele**tus** esset dele**ti, ae, a** essemus deleti essetis deleti essent		
FUTUR ANTÉRIEUR	*j'aurai été détruit(e)* dele**tus, a, um** ero dele**tus** eris dele**tus** erit dele**ti, ae, a** erimus deleti eritis deleti erunt	IMPERATIF **Présent** dele**re** *sois détruit(e)* dele**mini** *soyez détruits(tes)* **Futur** dele**tor** *sois détruit(e)*		

7. 3e conjugaison (ACTIF) : *lire*, **lego, is, ere, legi, lectum**

	INDICATIF	SUBJONCTIF OU CONDITIONNEL	INFINITIF	PARTICIPE
PRÉSENT	*je lis* leg**o** leg**is** leg**it** leg**imus** leg**itis** leg**unt**	*que je lise*, ou *je lirais* (potentiel) lega**m** lega**s** legat lega**mus** lega**tis** lega**nt**	*lire* lege**re**	*lisant* lege**ns,** (gén.) lege**ntis**
IMPARFAIT	*je lisais* lege**bam** lege**bas** lege**bat** lege**bamus** lege**batis** lege**bant**	*que je lusse*, ou *je lirais* (irréel) legere**m** legere**s** legeret legere**mus** legere**tis** legere**nt**		
FUTUR	*je lirai* lega**m** lege**s** leget lege**mus** lege**tis** lege**nt**		*devoir lire* lect**urum, am, um** esse	*sur le point de lire* lect**urus, a, um**
PARFAIT	*j'ai lu, je lus, j'eus lu* leg**i** leg**isti** leg**it** leg**imus** leg**istis** leg**erunt**	*que j'aie lu* leg**erim** leg**eris** leg**erit** leg**erimus** leg**eritis** leg**erint**	*avoir lu* leg**isse**	SUPIN *pour lire* lect**um** *à lire* lect**u**
PLUS-QUE-PARFAIT	*j'avais lu* leg**eram** leg**eras** leg**erat** leg**eramus** leg**eratis** leg**erant**	*que j'eusse lu*, ou *j'aurais lu* legisse**m** legisse**s** legisset legisse**mus** legisse**tis** legisse**nt**	GERONDIF Acc. (ad) lege**ndum** pour lire Gén. lege**ndi** de lire Dat. lege**ndo** à lire Abl. lege**ndo** en lisant	
FUTUR ANTÉRIEUR	*j'aurai lu* leg**ero** leg**eris** leg**erit** leg**erimus** leg**eritis** leg**erint**	IMPERATIF **Présent** leg**e** *lis* leg**ite** *lisez* **Futur** leg**ito** *lis* leg**itote** *lisez*		

8. 3ᵉ conjugaison (PASSIF) : *être lu(e),* **legor, eris, legi, lectus (a, um) sum**

<table>
<tr><th></th><th>INDICATIF</th><th>SUBJONCTIF OU CONDITIONNEL</th><th>INFINITIF</th><th></th></tr>
<tr><td>PRÉSENT</td><td>je suis lu(e)
legor
legeris
legitur
legimur
legimini
leguntur</td><td>que je sois lu(e),
je serais lu(e)
legar (potentiel)
legaris
legatur
legamur
legamini
legantur</td><td>être lu(e)
legi</td><td></td></tr>
<tr><td>IMPARFAIT</td><td>j'étais lu(e)
legebar
legebaris
legebatur
legebamur
legebamini
legebantur</td><td>que je fusse lu(e),
je serais lu(e) (irréel)
legerer
legereris
legeretur
legeremur
legeremini
legerentur</td><td></td><td></td></tr>
<tr><td>FUTUR</td><td>je serai lu(e)
legar
legeris
legetur
legemur
legemini
legentur</td><td></td><td>devoir être lu(e)
lectum iri</td><td>ADJECTIF VERBAL
devant être lu(e), à lire
legendus, a, um</td></tr>
<tr><td>PARFAIT</td><td>je fus, j'ai été,
j'eus été lu(e)
lectus, a, um sum
lectus es
lectus est
lecti, ae, a sumus
lecti estis
lecti sunt</td><td>que j'aie été lu(e)
lectus, a, um sim
lectus sis
lectus sit
lecti, ae, a simus
lecti sitis
lecti sint</td><td>avoir été lu(e)
lectum, am, um esse</td><td>PARTICIPE PASSE
ayant été lu(e)
lectus, a, um</td></tr>
<tr><td>PLUS-QUE-PARFAIT</td><td>j'avais été lu(e)
lectus, a, um eram
lectus eras
lectus erat
lecti, ae, a eramus
lecti eratis
lecti erant</td><td>que j'eusse été lu(e),
j'aurais été lu(e)
lectus, a, um essem
lectus esses
lectus esset
lecti, ae, a essemus
lecti essetis
lecti essent</td><td></td><td></td></tr>
<tr><td>FUTUR ANTÉRIEUR</td><td>j'aurai été lu(e)
lectus, a, um ero
lectus eris
lectus erit
lecti, ae, a erimus
lecti eritis
lecti erunt</td><td colspan="3">IMPERATIF
Présent
legere sois lu(e)
legimini soyez lus(es)
Futur
legitor sois lu(e)</td></tr>
</table>

9. 3e conjugaison mixte (ACTIF) : *prendre*, **capio, is, ere, cepi, captum**

	INDICATIF	SUBJONCTIF OU CONDITIONNEL	INFINITIF	PARTICIPE
PRÉSENT	*je prends* capi**o** capi**s** capi**t** capi**mus** capi**tis** capiu**nt**	*que je prenne*, ou *je prendrais* (potentiel) capia**m** capia**s** capia**t** capia**mus** capia**tis** capia**nt**	*prendre* cape**re**	*prenant* capie**ns,** (gén.) capie**ntis**
IMPARFAIT	*je prenais* capieba**m** capieba**s** capieba**t** capieba**mus** capieba**tis** capieba**nt**	*que je prisse*, *je prendrais* (irréel) capere**m** capere**s** capere**t** capere**mus** capere**tis** capere**nt**		
FUTUR	*je prendrai* capia**m** capie**s** capie**t** capie**mus** capie**tis** capie**nt**		*devoir prendre* capt**urum,** **am, um** esse	*sur le point de prendre* capt**urus, a,** **um**
PARFAIT	*j'ai pris, je pris,* *j'eus pris* cep**i** cep**isti** cep**it** cep**imus** cep**istis** cep**erunt**	*que j'aie pris* ceperi**m** ceperi**s** ceperi**t** ceperi**mus** ceperi**tis** ceperi**nt**	*avoir pris* cep**isse**	**SUPIN** *pour prendre* capt**um** *à prendre* capt**u**
PLUS-QUE-PARFAIT	*j'avais pris* cepera**m** cepera**s** cepera**t** cepera**mus** cepera**tis** cepera**nt**	*que j'eusse pris,* *j'aurais pris* cepisse**m** cepisse**s** cepisse**t** cepisse**mus** cepisse**tis** cepisse**nt**	**GERONDIF** Acc. (ad) capie**ndum** Gén. capie**ndi** Dat. capie**ndo** Abl. capie**ndo**	 pour prendre de prendre à prendre en prenant
FUTUR ANTÉRIEUR	*j'aurai pris* ceper**o** ceperi**s** ceperi**t** ceperi**mus** ceperi**tis** ceperi**nt**	**IMPERATIF** **Présent** cap**e** *prends* capi**te** *prenez*	**Futur** capi**to** *prends* capi**tote** *prenez*		

10. 3e conjugaison mixte (PASSIF) : *être pris(e)*, **capior, eris capi, captus (a, um) sum**

	INDICATIF	SUBJONCTIF OU CONDITIONNEL	INFINITIF	
PRÉSENT	*je suis pris(e)* capio**r** cape**ris** capi**tur** capi**mur** capi**mini** capiu**ntur**	*que je sois pris(e), je serais pris(e)* (potentiel) capia**r** capia**ris** capia**tur** capia**mur** capia**mini** capia**ntur**	*être pris(e)* cap**i**	
IMPARFAIT	*j'étais pris(e)* capieba**r** capieba**ris** capieba**tur** capieba**mur** capieba**mini** capieba**ntur**	*que je fusse pris(e), je serais pris(e)* (irréel) capere**r** capere**ris** capere**tur** capere**mur** capere**mini** caper**entur**		
FUTUR	*je serai pris(e)* capia**r** capie**ris** capie**tur** capie**mur** capie**mini** capie**ntur**		*devoir être pris(e)* cap**tum** iri	ADJECTIF VERBAL *devant être pris(e), à prendre* capie**ndus, a, um**
PARFAIT	*je fus, j'ai été, j'eus été pris(e)* cap**tus, a, um** sum cap**tus** es cap**tus** est cap**ti, ae, a** sumus capti estis capti sunt	*que j'aie été pris(e)* cap**tus, a, um** sim cap**tus** sis cap**tus** sit cap**ti, ae, a** simus capti sitis capti sint	*avoir été pris(e)* cap**tum, am, um** esse	PARTICIPE PASSE *ayant été pris(e)* cap**tus, a, um**
PLUS-QUE-PARFAIT	*j'avais été pris(e)* cap**tus, a, um** eram cap**tus** eras cap**tus** erat cap**ti, ae, a** eramus capti eratis capti erant	*que j'eusse été pris(e), j'aurais été pris(e)* cap**tus, a, um** essem cap**tus** esses cap**tus** esset cap**ti, ae, a** essemus capti essetis capti essent		
FUTUR ANTÉRIEUR	*j'aurai été pris(e)* cap**tus, a, um** ero cap**tus** eris cap**tus** erit cap**ti, ae, a** erimus capti eritis capti erunt	IMPERATIF **Présent** cap**ere** *sois pris(e)* capi**mini** *soyez pris(es)* **Futur** capi**tor** *sois pris(e)*		

11. 4ᵉ conjugaison (ACTIF) : *entendre*, **audio, is, ire, ivi, itum**

	INDICATIF	SUBJONCTIF OU CONDITIONNEL	INFINITIF	PARTICIPE
PRÉSENT	*j'entends* audi**o** audi**s** audi**t** audi**mus** audi**tis** audi**unt**	*que j'entende*, ou *j'entendrais* (potentiel) audia**m** audia**s** audia**t** audia**mus** audia**tis** audia**nt**	*entendre* audi**re**	*entendant* audie**ns,** (gén.) audie**ntis**
IMPARFAIT	*j'entendais* audieba**m** audieba**s** audieba**t** audieba**mus** audieba**tis** audieba**nt**	*que j'entendisse, j'entendrais* (irréel) audire**m** audire**s** audire**t** audire**mus** audire**tis** audire**nt**		
FUTUR	*j'entendrai* audia**m** audie**s** audie**t** audie**mus** audie**tis** audie**nt**		*devoir entendre* audit**urum, am, um** esse	*sur le point d'entendre* audit**urus, a, um**
PARFAIT	*j'ai entendu, j'entendis, j'eus entendu* audivi audivi**sti** audivi**t** audivi**mus** audivi**stis** audiv**erunt**	*que j'aie entendu* audiv**erim** audiv**eris** audiv**erit** audiv**erimus** audiv**eritis** audiv**erint**	*avoir entendu* audiv**isse**	**SUPIN** *pour entendre* audit**um** *à entendre* audit**u**
PLUS-QUE-PARFAIT	*j'avais entendu* audiv**eram** audiv**eras** audiv**erat** audiv**eramus** audiv**eratis** audiv**erant**	*que j'eusse entendu, j'aurais entendu* audiv**issem** audiv**isses** audiv**isset** audiv**issemus** audiv**issetis** audiv**issent**	**GERONDIF** Acc. (ad) audie**ndum** pour entendre Gén. audie**ndi** d'entendre Dat. audie**ndo** à entendre Abl. audie**ndo** en entendant	
FUTUR ANTÉRIEUR	*j'aurai entendu* audiv**ero** audiv**eris** audiv**erit** audiv**erimus** audiv**eritis** audiv**erint**	**IMPERATIF** **Présent** audi — *entends* audi**te** — *entendez* **Futur** audit**o** — *entends* audit**ote** — *entendez*		

12. 4e conjugaison (PASSIF) : *être entendu(e),* **audior, audiris, audiri, auditus (a, um) sum**

	INDICATIF	SUBJONCTIF OU CONDITIONNEL	INFINITIF	
PRÉSENT	*je suis entendu(e)* audio**r** audi**ris** audi**tur** audi**mur** audi**mini** audi**untur**	*que je sois entendu(e), je serais entendu* audia**r** (potentiel) audia**ris** audia**tur** audia**mur** audia**mini** audia**ntur**	*être entendu(e)* audi**ri**	
IMPARFAIT	*j'étais entendu(e)* audieba**r** audieba**ris** audieba**tur** audieba**mur** audieba**mini** audieba**ntur**	*que je fusse entendu(e), je serais entendu* (irréel) audire**r** audire**ris** audire**tur** audire**mur** audire**mini** audire**ntur**		
FUTUR	*je serai entendu(e)* audia**r** audie**ris** audie**tur** audie**mur** audie**mini** audie**ntur**		*devoir être entendu(e)* audit**um** iri	ADJECTIF VERBAL *devant être entendu(e), à entendre* aud**iendus, a, um**
PARFAIT	*je fus, j'ai été, entendu(e)* *j'eus été entendu(e)* audit**us, a, um** sum audit**us** es audit**us** est audit**i, ae, a** sumus auditi estis auditi sunt	*que j'aie été entendu(e)* audit**us, a, um** sim audit**us** sis audit**us** sit audit**i, ae, a** simus auditi sitis auditi sint	*avoir été entendu(e)* audit**um, am, um** esse	PARTICIPE PASSE *ayant été entendu(e)* audit**us, a, um**
PLUS-QUE-PARFAIT	*j'avais été entendu* audit**us, a, um** eram audit**us** eras audit**us** erat audit**i, ae, a** eramus auditi eratis auditi erant	*que j'eusse été entendu(e), j'aurais été entendu(e)* audit**us, a, um** essem audit**us** esses audit**us** esset audit**i, ae, a** essemus auditi essetis auditi essent	IMPERATIF **Présent** audi**re** *sois entendu(e)* audi**mini** *soyez entendus(es)* **Futur** audi**tor** *sois entendu(e)*	
FUT. ANT.	*j'aurai été entendu* audit**us, a, um** ero audit**us** eris audit**us** erit	audit**i, ae, a** erimus auditi eritis auditi erunt		

13. V. irrégulier (cf. 3ᵉ conjugaison) ACTIF : *porter*, **fero, fers, ferre, tuli, latum**

	INDICATIF	SUBJONCTIF OU CONDITIONNEL	INFINITIF	PARTICIPE
PRÉSENT	*je porte* fer**o** fer**s** fer**t** fer**imus** fer**itis** fer**unt**	*que je porte, ou je porterais* (potentiel) fer**am** fer**as** fer**at** fer**amus** fer**atis** fer**ant**	*porter* fer**re**	*portant* fere**ns**, (gén.) fere**ntis**
IMPARFAIT	*je portais* fereba**m** fereba**s** fereba**t** fereba**mus** fereba**tis** fereba**nt**	*que je portasse, je porterais* (irréel) ferre**m** ferre**s** ferre**t** ferre**mus** ferre**tis** ferre**nt**		
FUTUR	*je porterai* fera**m** fere**s** fere**t** fere**mus** fere**tis** fere**nt**		*devoir porter* lat**urum, am, um** esse	*sur le point de porter* lat**urus, a, um**
PARFAIT	*j'ai porté, je portai, j'eus porté* tul**i** tul**isti** tul**it** tul**imus** tul**istis** tul**erunt**	*que j'aie porté* tul**erim** tul**eris** tul**erit** tul**erimus** tul**eritis** tul**erint**	*avoir porté* tul**isse**	**SUPIN** *pour porter* lat**um** *à porter* lat**u**
PLUS-QUE-PARFAIT	*j'avais porté* tul**eram** tul**eras** tul**erat** tul**eramus** tul**eratis** tul**erant**	*que j'eusse porté, j'aurais porté* tul**issem** tul**isses** tul**isset** tul**issemus** tul**issetis** tul**issent**	**GERONDIF** Acc. (ad) fere**ndum** — pour porter Gén. fere**ndi** — de porter Dat. fere**ndo** — à porter Abl. fere**ndo** — en portant	
FUTUR ANTÉRIEUR	*j'aurai porté* tul**ero** tul**eris** tul**erit** tul**erimus** tul**eritis** tul**erint**	**IMPERATIF** **Présent** fer — *porte* fer**te** — *portez*	**Futur** fer**to** — *porte* fer**tote** — *portez*	

14. V. irrégulier (cf. 3ᵉ conjugaison) PASSIF : *être porté(e)*, **feror, ferris, ferri, latus (a, um) sum**

	INDICATIF	SUBJONCTIF OU CONDITIONNEL	INFINITIF	
PRÉSENT	*je suis porté(e)* fer**or** fer**ris** fer**tur** fer**imur** fer**imini** fer**untur**	*que je sois porté(e), je serais porté* (potentiel) fera**r** fera**ris** fera**tur** fera**mur** fera**mini** fera**ntur**	*être porté(e)* fer**ri**	
IMPARFAIT	*j'étais porté(e)* fereba**r** fereba**ris** fereba**tur** fereba**mur** fereba**mini** fereba**ntur**	*que je fusse porté(e), je serais porté* (irréel) ferre**r** ferre**ris** ferre**tur** ferre**mur** ferre**mini** ferre**ntur**		
FUTUR	*je serai porté(e)* fera**r** fere**ris** fere**tur** fere**mur** fere**mini** fere**ntur**		*devoir être porté(e)* lat**um** iri	ADJECTIF VERBAL *devant être porté(e), à porter* feren**dus, a um**
PARFAIT	*je fus, j'ai été, j'eus été porté(e)* lat**us, a, um** sum lat**us** es lat**us** est lat**i, ae, a** sumus lat**i** estis lat**i** sunt	*que j'aie été porté(e)* lat**us, a, um** sim lat**us** sis lat**us** sit lat**i, ae, a** simus lat**i** sitis lat**i** sint	*avoir été porté(e)* lat**um, am, um** esse	PARTICIPE PASSE *ayant été porté(e)* lat**us, a, um**
PLUS-QUE-PARFAIT	*j'avais été porté(e)* lat**us, a, um** eram lat**us** eras lat**us** erat lat**i, ae, a** eramus lat**i** eratis lat**i** erant	*que j'eusse été porté(e), j'aurais été porté(e)* lat**us, a, um** essem lat**us** esses lat**us** esset lat**i, ae, a** essemus lat**i** essetis lat**i** essent		
FUTUR ANTÉRIEUR	*j'aurai été porté(e)* lat**us, a, um** ero lat**us** eris lat**us** erit lat**i, ae, a** erimus lat**i** eritis lat**i** erunt	IMPERATIF **Présent** fer**re** *sois porté(e)* fer**imini** *soyez portée(ées)*		

15. V. irrégulier (cf. 4ᵉ conjugaison) ACTIF : *aller*, **eo, is, ire, ii ou ivi, itum** • **Remarque : eo** et ses composés n'ont de passif qu'à la forme impersonnelle (3ᵉ pers. du sing.)

	INDICATIF	SUBJONCTIF OU CONDITIONNEL	INFINITIF	PARTICIPE
PRÉSENT	*je vais* eo is it imus itis eunt	*que j'aille*, ou *j'irais* (potentiel) eam eas eat eamus eatis eant	*aller* ire	*allant* iens, (gén.) euntis
IMPARFAIT	*j'allais* ibam ibas ibat ibamus ibatis ibant	*que j'allasse*, *j'irais* (irréel) irem ires iret iremus iretis irent		
FUTUR	ibo *j'irai* ibis ibit ibimus ibitis ibunt		*devoir aller* iturum, am, um esse	*sur le point d'aller* iturus, a, um
PARFAIT	*je suis allé(e)*, *j'allai*, *je fus allé(e)* ii ou ivi iisti ou ivisti iit ou ivit iimus ou ivimus iistis ou ivistis ierunt ou iverunt	*que je sois allé(e)* ierim/iverim ieris/iveris ierit/iverit ierimus/iverimus ieritis/iveritis ierint/iverint	*être allé(e)* iisse ivisse	**SUPIN** *pour aller* itum *à aller* itu
PLUS-QUE-PARFAIT	*j'étais allé(e)* ieram/iveram ieras/iveras ierativerat ieramus/iveramus ieratis/iveratis ierant/iverant	*que je fusse allé(e)*, *je suis allé(e)* iissem/ivissem iisses/ivisses iisset/ivisset iissemus/ivissemus iissetis/ivissetis iissent/ivissent	**GERONDIF** Acc. (ad) eundum — pour aller Gén. eundi — d'aller Dat. eundo — à aller Abl. eundo — en allant	
FUTUR ANTÉRIEUR	*je serai allé(e)* iero ieris ierit ierimus ieritis ierint	**IMPERATIF** **Présent**: i *va*; ite *allez* **Futur**: ito *va*; itote *allez*		

16. V. irrégulier : *je deviens,* **fio, fis, fieri, factus (a, um) sum**
Remarques :
1) sert de passif au verbe **facio,** *je fais = je suis fait(e)*
2) pas de participe présent, pas de participe futur, pas de gérondif, pas de supin.

ACTIF		
	INDICATIF	SUBJONCTIF OU CONDITIONNEL
PRÉSENT	*je suis fait, je deviens* fi**o** fi**s** fi**t** fi**mus** fi**tis** fiu**nt**	*que je sois fait(e), je serais fait(e)* (potentiel) fia**m** fia**s** fia**t** fia**mus** fia**tis** fia**nt**
IMPARFAIT	*j'étais fait(e), je devenais* fieba**m** etc.	*que je fusse fait(e) je serais fait(e.* (irréel) fiere**m** etc.
FUTUR	*je serai fait(e) je deviendrai* fia**m** fie**s**, etc. fie**t** fie**mus** fie**tis** fie**nt**	
IMPERATIF (très rare)		
	fi *deviens* fi**te** *devenez*	

PASSIF		
	INDICATIF	SUBJONCTIF
PARFAIT	*j'ai été fait(e) je suis devenu(e)* fact**us (a, um) sum**	*que j'aie été fait(e) que je sois devenu(e)* fact**us (a, um) sim**
PLUS-QUE-PARFAIT	*j'avais été fait(e) j'étais devenu(e)* fact**us (a, um) eram**	*que j'eusse été fait(e) j'aurais été fait(e)* fact**us (a, um) essem**
FUTUR ANTÉRIEUR	*j'aurai été fait(e) je serais devenu(e)* fact**us (a, um) ero**	

PARTICIPE PARFAIT	ADJECTIF VERBAL
ayant été fait(e) étant devenue(e) fact**us, a, um**	*devant être fait(e)* facie**ndus, a, um**

INFINITIF	
PRÉSENT	*être fait (e) devenir* fier**i**
PARFAIT	*avoir été fait être devenu* fact**um a, um** esse
FUTUR	*devoir être fait* fa**ctum** iri *devoir devenir* fore ou f**uturum, am, um,** esse

17. Trois verbes irréguliers (cf. 3ᵉ conjugaison) :

- *je veux,* **volo, vis, velle, volui**
- *je ne veux pas,* **nolo, non vis, nolle, nolui**
- *je préfère,* **malo, mavis, malle, malui**

	INDICATIF			SUBJONCTIF		
PRÉSENT	*je veux* volo vis vult volumus vultis volunt	*je ne veux pas* nolo non vis non vult nolumus non vultis nolunt	*je préfère* malo mavis mavult malumus mavultis malunt	*que je veuille je voudrais* velim velis velit velimus velitis velint	*que je ne veuille pas je ne voudrais pas* nolim nolis nolit nolimus nolitis nolint	*que je préfère je préférerais* malim malis malit malimus malitis malint
IMPARFAIT	*je voulais* volebam	*je ne voulais pas* nolebam	*je préférais* malebam	*que je voulusse ou je voudrais* vellem, es	*que je ne voulusse pas je ne voudrais pas* nollem	*que je préfère je préférerais* mallem
FUTUR	*je voudrai* volam	*je ne voudrai pas* nolam	*je préférerai* malam			
PARFAIT	*j'ai voulu* volui	*je n'ai pas voulu* nolui	*j'ai préféré* malui	*que j'aie voulu* voluerim	*que je n'aie pas voulu* noluerim	*que j'aie préféré* maluerim
PLUS-QUE-PARFAIT	*j'avais voulu* volueram	*je n'avais pas voulu* nolueram	*j'avais préféré* malueram	*que j'eusse voulu j'aurais voulu* voluissem	*que je n'eusse pas voulu je n'aurais pas voulu* noluissem	*que j'eusse préféré j'aurais préféré* maluissem
FUT. ANT.	*j'aurai voulu* voluero	*je n'aurai pas voulu* noluero	*j'aurai préféré* maluero			

IMPERATIF

uniquement pour nolo

2ᵉ sg.	noli	Pr.	*veuille ne pas*
2ᵉ pl.	nolite	Pr.	*veuillez ne pas*
2ᵉ sg.	nolito	Fut.	*veuille ne pas*
2ᵉ pl.	nolitote	Fut.	*veuillez ne pas*

PAS DE GERONDIF
PAS DE SUPIN

INFINITIF

vouloir velle	*ne pas vouloir* nolle	*préférer* malle
avoir voulu voluisse	*n'avoir pas voulu* noluisse	*avoir préféré* maluisse

PARTICIPE (PRESENT)

(volo et nolo seuls) volens, gén. volentis
nolens, gén. nolentis

18. Les numéraux : cardinaux et ordinaux

		Chiffres romains communs		
CARDINAUX			ORDINAUX	
1	unus, a, um	**I**	**1er**	primus, a, um
2	duo, duae, duo	**II**	**2e**	secundus ou alter
3	tres, tres, tria	**III**	**3e**	tertius, a, um
4	quattuor	**IV** ou **IIII**	**4e**	quartus, a, um
5	quinque	**V**	**5e**	quintus, a, um
6	sex	**VI**	**6e**	sextus, a, um
7	septem	**VII**	**7e**	septimus, a, um
8	octo	**VIII**	**8e**	octavus, a, um
9	novem	**IX** ou **VIIII**	**9e**	nonus, a, um
10	decem	**X**	**10e**	decimus, a, um
11	undecim	**XI**	**11e**	undecimus, etc.
12	duodecim	**XII**	**12e**	duodecimus
13	tredecim	**XIII**	**13e**	tertius decimus
14	quattuordecim	**XIV**	**14e**	quartus decimus
15	quindecim	**XV**	**15e**	quintus decimus
16	sedecim	**XVI**	**16e**	sextus decimus
17	septemdecim	**XVII**	**17e**	septimus decimus
18	duodeviginti (2 de 20)	**XVIII**	**18e**	duodevicesimus
19	undeviginti (1 de 20)	**XIX**	**19e**	undevicesimus
20	viginti	**XX**	**20e**	vicesimus
21	viginti unus ou unus et viginti	**XXI**	**21e**	vicesimus primus ou unus et vicesimus
22	viginti duo ou duo et viginti	**XXII**	**22e**	vicesimus alter ou alter et vicesimus
29	undetriginta	**XXIX**	**29e**	undetricesimus
30	triginta	**XXX**	**30e**	tricesimus
40	quadraginta	**XL**	**40e**	quadragesimus
50	quinquaginta	**L**	**50e**	quinquagesimus
60	sexaginta	**LX**	**60e**	sexagesimus
70	septuaginta	**LXX**	**70e**	septuagesimus
80	octoginta	**LXXX**	**80e**	octogesimus
90	nonaginta	**XC**	**90e**	nonagesimus
100	centum (indéclinable)	**C**	**100e**	centesimus
101	centum unus	**CI**	**101e**	centesimus primus
200	ducenti, ae, a	**CC**	**200e**	ducentesimus
300	trecenti, ae, a	**CCC**	**300e**	trecentesimus
400	quadringenti, ae, a	**CCCC** ou **CD**	**400e**	quadringentesimus
500	quingenti, ae, a	**D** ou **IↃ**	**500e**	quingentesimus
600	sescenti, ae, a	**DC**	**600e**	sescentesimus
700	septingenti, ae, a	**DCC**	**700e**	septingentesimus
800	octingenti, ae, a	**DCCC**	**800e**	octingentesimus
900	nongenti, ae, a	**DCCCC** ou **CM**	**900e**	nongentesimus
1 000	mille (indéclinable)	**M**	**1 000e**	millesimus
2 000	duo milia	**MM** ou $\overline{II}$	**2 000e**	bis millesimus
3 000	tria milia	**MMM** ou $\overline{III}$	**3 000e**	ter millesimus
10 000	decem milia	$\overline{X}$ou **CCI**	**10 000e**	decies millesimus
100 000	centum milia	$\overline{C}$	**100 000e**	centies millesimus
1 000 000	decies centena milia	$\lvert\overline{X}\rvert$	**1 000 000e**	decies centies millesimus

19. Les numéraux : distributifs et multiplicatifs

	ADJECTIFS DISTRIBUTIFS	ADVERBES MULTIPLICATIFS (Indéclinables)
I	**singuli, ae, a** 1 par 1, chacun 1	**semel**, 1 fois
II	**bini**, 2 par 2, chacun 2	**bis**, 2 fois
III	**terni**, 3 par 3, chacun 3, etc.	**ter**, 3 fois
IV	**quaterni**, 4 par 4, chacun 4	**quater**, 4 fois
V	**quini**, 5 par 5, chacun 5	**quinquies** ou **quinquiens**, 5 fois
VI	**seni**, 6 par 6, chacun 6	**sexies** ou **sexiens**, 6 fois
VII	**septeni**, 7 par 7, chacun 7	**sepies** ou **septiens**, 7 fois
VIII	**octoni**, 8 par 8, chacun 8	**octies**, 8 fois
IX	**noveni**, 9 par 9, chacun 9	**novies**, 9 fois
X	**deni**, 10 par 10, chacun 10, etc.	**decies**, 10 fois, etc.
XI	**undeni**	**undecies**
XII	**duodeni**	**duodecies**
XIII	**terni deni**	**terdecies**
XIV	**quaterni deni**	**quater decies**
XV	**quini deni**	**quindecies** ou **quinquies decies**
XVI	**seni deni**	**sexies decies**
XVII	**septeni deni**	**septies decies**
XVIII	**octoni deni** ou **duodeviceni**	**octies decies, duodevicies**
XIX	**noveni deni** ou **undeviceni**	**novies decies, undevicies**
XX	**viceni**	**vicies**
XXI	**viceni singuli**	**semel** et **vicies**
XXII	**viceni bini**	**bis** et **vicies**
XXIX	**undetriceni**	**undetricies**
XXX	**triceni**	**tricies**
XL	**quadrageni**	**quadragies**
L	**quinquageni**	**quinquagies**
LX	**sexageni**	**sexagies**
LXX	**septuageni**	**septuagies**
LXXX	**octogeni**	**octogies**
XC	**nonageni**	**nonagies**
C	**centeni**	**centies**
CI	**centeni singuli**	**centies semel**
CC	**duceni**	**ducenties**
CCC	**treceni**	**trecenties**
CD	**quadringeni**	**quadrigenties**
D ou **IↃ**	**quingeni**	**quingenties**
DC	**sexceni**	**sexcenties**
DCC	**septingeni**	**septingenties**
DCCC	**octingeni**	**octingenties**
CM	**nongeni**	**nongenties**
M	**singula milia**	**milies**
MM ou $\overline{II}$	**bina milia**	**bis milies**
MMM ou $\overline{III}$	**terna milia**	**ter milies**
$\overline{X}$ ou **CCI**	**dena milia**	**decies milies**
$\lvert\overline{I}\rvert$	**centena milia**	**centies milies**
$\lvert\overline{X}\rvert$	**decies centena milia**	**decies centies milies**

LEXIQUE* LATIN-FRANÇAIS

du grec **Lexis** : le mot > liste de mots.

On ne donne pas ici les adjectifs ou adverbes numéraux (se reporter aux tableaux du memento grammatical, pp. 253-272), les pronoms personnels ni les prénoms. Les indications concernant la nature des mots ne sont données que lorsqu'il peut y avoir confusion.

ab (ou **a**) (prép.+abl.)	*de, à partir de, en venant de*
abduco, is, ere, -duxi, - ductum	*emmener, séparer, détourner de*
abeo, is, ire, -ii, -itum	*s'éloigner, s'en aller, partir de*
absum, es, esse, -fui	*être loin de, être absent*
abutor, eris, i, usus sum (+abl.)	*abuser (de)*
accido, is, ere, -cidi	*tomber, se produire, arriver*
accipio, is, ere, -cepi, -ceptum	*recevoir*
accuso, as, are, avi, atum	*accuser, mettre en cause*
acer, acris, (adj.)	*vif (vive) énergique*
acriter (adj.)	*vivement, énergiquement*
actus, a, um (p.p.p. de ago)	*fait(e), fini(e)*
ad (prép.+acc.)	*vers, contre, près de*
addo, is, ere, -didi, ditum	*ajouter*
adduco, is, ere, -duxi, -ductum,	*conduire vers, amener*
adjuvo, as, are, -juvi, jutum	*aider, favoriser*
adulesco, is, ere, adolevi, adultum	*grandir, croître*
adspicio, is, ere, -spexi, -spectum	*regarder, porter son regard vers*
adsum, es, esse, -fui	*être présent, être là, assister*
adulescens, ntis (p. prés de adolesco)	*adolescent jeune homme*
advenio, is, ire, -veni, ventum	*arriver, advenir*
adversus (prép.+acc.)	*contre, en face de*
aedifico, as, are, avi, atum.	*édifier*
Aegyptus, i (f.)	*l'Egypte*
aestivabatis	*l'été*
aestivo, as, are, avi, atum	*passer l'été*
aestivus, a, um	*d'été, estival(e)*
aetas, aetatis (f.)	*l'âge, le temps de la vie, l'époque*
affero, fers, ferre, adtuli, adlatum	*apporter*
age ! (impératif de **ago**)	*aller !*
agens, ntis (p. près de ago)	*agisant, agent*
ager, agri (m.)	*le champ, le territoire*
ago, is, ere, egi, actum	*agir, faire faire avancer*
agricola, ae (m.)	*le paysan l'agriculteur*
albus, a, um	*blanc (he)*
alea, ae, (f.)	*le dé, le jeu de dés, le hasard*
alienus, a, um	*autre, éranger(e), différent(e)*
aliquando (adv.)	*un jour*
aliquis, a, id (pronom)	*quelqu'un, quelque chose*
aliter (adv.)	*autrement*
alius, , ud (pron./adj.) (gén. : alius)	*autre, différent*
alter, a, um, (pron./adj.) **(gén : alterius)**	*l'autre (de 2), le second (de 2)*
altus, a, um	*haut(e), élevé(e)*
ambulo, as, are avi, atum	*se promener, déambuler*
amicitia, ae (f.)	*l'amitié*
amicus, a, um	*amical(e)*
amicus, i (m.)	*l'ami*
amo, as, are, avi, atum	*aimer*
amor, amoris (m.)	*l'amour*
an (conj.)	*si... ne pas*
audeo, es, ee, ausus sum	*oser*
angulus, i (m.)	*l'angle*
angustus, a, um	*étroit(e) angoissant(e)*
animal, animalis (n.)	*l'animal*
animus, i, (m.)	*l'esprit, l'âme le courage*
anisetum, a, um	*anisé(e)*
anniversarius, a, um	*(jour) anniversaire (adj.)*
annus, i (m.)	*l'année*
ante (prép+acc)	*devant, avant*
antepono, is, ere, -posui, positum	*poser devant, préférer*
antequam	*avant que*
antiquus, a, um	*ancien(ne), antique*
aper, apri (m.)	*le sanglier*
apis, is (f.)	*l'abeille*
Apollo, Apollinis (m.)	*Apollon*
appello, as, are, avi, atum	*appeler, nommer*

apud (prép. + acc)	*près de, chez*
aqua, ae (f.)	*l'eau*
Aquitanus, i (m.)	*l'Aquitain, de la Gaule aquitaine*
aremoricus, a, um	*d'Armorique, breton (ne)*
arena, ae (f.)	*e sable*
argumentum, i (n.)	*la preuve, l'argument*
arma, armorum (n. pl.)	*les armes*
ars, artis (f.)	*l'art, la manière*
as, assis (m.)	*l'as (monnaie)*
ascendo, is, ere, -di, -sum	*monter, faire l'ascension de*
asinus, i (m.)	*l'âne*
asper, era, erum	*rude, âpre, rigoureux (se)*
astrum, i (n.)	*l'astre, l'étoile*
at (conj.)	*mais, or*
ater, tra, trum	*noir (e)*
Athenae, arum (f.pl.)	*Athènes*
atqui (conj.)	*or, eh bien, pourtant*
atrium, ii (n.)	*le foyer*
audax, audacis	*audacieux(se)*
audio, is, ire, ivi, itum	*écouter, entendre*
aufero, fers, ferre, abstuli, iblatum	*emporter, enlever*
augustus, a, um,	*auguste, vénérable*
aurum, i (n.)	*l'or*
aut (conj.)	*ou, ou bien*
autem (conj.)	*mais, tandis que*
autumnus, i (m.)	*l'automne*
auxilium, ii (n.)	*l'aide, le secours*
avis, is (m.)	*l'oiseau*
beatus, a, um	*heureux (se)*
Belga, ae (m.)	*le Belge, de la Gaule belgique*
bellum, i (n.)	*la guerre*
bene (adv.)	*bien*
bibo, is, ere, bibi	*boire*
bonus, a, um	*bon(ne)*
bos, bovis (m.)	*le bœuf*
brevis, e	*bref(ve), rapide*
breviter	*brièvement, rapidement*
Britannia, ae (f.)	*la (Grande) Bretagne*
britannicus, a, um	*britannique, de (Grande) Bretagne*
cado, is, ere, cecidi, casum	*tomber, choir, arriver*
caedes, is (f.)	*le meurtre, le massacre*
caelum, i (n.)	*le ciel*
caeruleus, a, um	*bleu (e)*
Caesar, aris (m.)	*César*
calidus, a, um	*chaud(e)*
campus, i (m.)	*la plaine, la campagne*
canis, is (m.)	*le chien*
cano, is, ere, cecini, cantum	*chanter*
capio, is, ere, cepi, captum,	*prendre*
Capitolium, ii (n.)	*le (mont) Capitole*
capra, ae (f.)	*la chèvre*
captivus, a, um	*captif(ve), prisonnier(e)*
captus, a, um (p.p.p. de capio)	*pris(e)*
caput, capitis (n.)	*la tête, le chef*
carcer, eris (m.)	*la prison, l'enceinte carcérale*
carmen, carminis (n.)	*le chant, le poème*
carpo, is, ere, carpsi, carptum,	*cueillir,*
carus, a, um	*cher(e), chéri(e)*
caseus, i (m.)	*le fromage*
castra, orum (n. pl.)	*le camp*
casus, un (m.)	*l'arrivée occasionnelle, le cas,*
causa, ae (f.)	*la cause, la raison*
cedo, is, ere, cessi, cessum	*aller,marcher, céder*
celer, is, ere	*rapide, prompt(e)*
Celta, ae (m.)	*le Celte, de la Gaule celtique*
cena, ae (f.)	*le dîner*
certo (adv.)	*certes, sûrement*
certus, a, um	*déterminé(e), sûr(e), certain(e)*
cervisia, ae (f.)	*la bière*
ceteri, ae, a	*tous les autres, tout le reste*
Cicero, onis (m.)	*Cicéron*
circa (adv. ou prép. + acc.)	*autour (de)*
circum (adv. ou prép. +acc.)	*autour de*
circumfluo, is, ere, fluxi, fluxum	*couler autour, entourer par l'eau*
circus, i (m.)	*le cercle, le cirque*
citerior, ius	*situé(e) en deça*
civis, is (m.)	*le citoyen*
civitas, civitatis (f.)	*la cité, I'Ëtat*
clades, is (f.)	*le désastre*
clamo, as, are, avi, atum	*crier, clamer, proclamer*
clarus, a, um	*connu(e), réputé(e), illustre*
claudo, is, ere, clausi, clausum	*fermer, clore*
cloaca, ae (f.)	*l'égout*
cogito, as, are, avi, atum	*penser, réfléchir*
cognomen, -minis (n.)	*le surnom*
cognosco is, ere, cognovi, -gnotum	*chercher à savoir, apprendre, (d'où au parf. : savoir)*
cogo, is, ere coegi, coactum	*pousser, pousser à, contraindre*
collis, is (m.)	*la colline*
colloquor, eris, i, collocutus sum	*parler avec, bavarder, discuter*

comes, comitis (m.)	*le compagnon (d'armes)*
cometes, is (f.)	*la comète la chevelure*
commentarius, ii (m.) < **ou -ium, ii**, (n.) >	*le commentaire, le mémoire*
comoedia, (f.)	*la comédie*
computo, as, are, avi, atum	*compter, calculer, supputer*
confero, fers, fere, contuli, collatum	*porter ensemble, rapprocher, comparer, se reporter à*
conficio, is, ere, -feci, -fectum	*faire complètement, achever*
confido, is, ere, confisus sum (+dat.)	*avoir confiance (en)*
conjuctus, a, um (p.p.p. de conjungo)	*conjoint (e), lié(e) ensemble*
conjungo, is, ere -junxi, junctum	*unir, joindre conjuguer*
consensus, us (m.)	*l'accord, l'union*
consilium, ii (n.)	*le conseil, l'avis, le dessein*
conspicio, is, ere -spexi, spectum	*regarder, apercevoir, contempler*
consul, consulis (m.)	*le consul (magistrat suprême)*
contingo, is, ere, contigi, contactum	*échoir,arriver, se produire*
contrarius, a, um	*contraire, opposé(e)*
copia, ae (f.)	*l'abondance*
copiae, arum (f. pl.)	*les troupes*
cornu, us(n.)	*la corne,*
corpus, corporis (n.)	*le coin le corps*
corrumpo, is, eres -rupi, -ruptum	*corrompre, détruire, gâter*
cras (adv.)	*demain*
credo, is, ere, credidi, creditum	*croire, faire confiance, le grief,*
crimen, criminis, (n.)	*le chef d'accusation*
cubiculum, i (n.)	*la chambre à coucher*
cubitus, i (m.)	*le coude, la coudée*
cubo, as, are, avi, atum	*être couché(e), reposer*
cum (prép.+abl.)	*avec*
cum (conj.+ ind. ou subj.)	*comme, alors que*
cupio, is, ire, ii (ou ivi), **itum**	*désirer, convoiter*
cupidus, a, um (+gén.)	*désireux(se) (de), passionné(e)*
custos, custodis, (m.)	*le gardien*
cur?	*pourquoi?*
cura, ae (f.)	*le soin, le souci, la peine*
curro, is, ere, cucurri, cursum	*courir*
de (prép. + abl.)	*de, du haut de, au sujet de*
dea, ae (f.)	*la déesse*
decedo, is, ere, -cessi, -cessum	*s'éloigner, s'en aller, décéder*
decet (impersonnel)	*il convient*
decipio, is, ere, -cepi, -ceptum	*tromper, séduire, décevoir*
decorus, a, um	*convenable*
dedico, as, are, avi, atum, (+dat.)	*dédier (à), consacrer (à)*
deduco, is, ere, deduxi, deductum	*faire descendre, séparer, déduire*
defendo, is, ere, defensi, defensum	*défendre, protéger*
deinde (adv.)	*ensuite*
deleo, es, ere, evi etum	*détruire, anéantir*
dens, dentis (m.)	*la dent*
depono, is, ere, deposui, depositum	*déposer*
descendo, is, ere, descendi, descensum	*descendre*
desero, is, ere deserui, desertum	*abandonner, déserter*
desertus, a um (p.p.p. de desero)	*abandonné(e), déserté(e)*
desino, is, ere, desii, desitum.	*mettre un terme, (se) terminer*
desum, es, esse, fui (+dat.)	*manquer (à)*
deus, i (m.)	*le dieu*
dexter, dextra, dextrum	*situé(e) à droite, adroit(e)*
Diana, ae (f.)	*Diane*
dico, is, ere, dixi, dictum	*dire, parler*
dies, diei (m. parfois f.)	*le jour, la journée*
differo, fers, ferre, distuli, dilatum	*être différent, différer, retarder*
difficilis, e	*difficile*
diffido, is, ere diffisus, sum (+dat.)	*se défier (de)*
digitus, i (m.)	*le doigt*
dignus, a, um (+abl.)	*digne (de+un nom)*
dignus, a, um (qui+subj.)	*digne (de+ un verbe*
diligentia, ae (f.)	*l'attention, la diligence*
diligo, is, ere, dilexi, dilectum	*distinguer, chérir, être attentif*
dimidius, a, um	*demi(e), de moitié*
discipula, ae	*l'étude, l'apprentissage, la discipline*
discipulus, i (m.)	*l'élève, le disciple*
disco, is, ere, didici, discitum	*apprendre, faire des etudes*
discordia, ae (f.)	*la discorde, la désunion*

discordo, as, are, avi, atum	*être en désaccord, discordant*
disputo, as, are, avi, atum	*discuter, débattre*
dissimilis, e	*dissemblable*
dives, divitis	*riche, opulent(e)*
do, das, dare, dedi, datum	*donner*
doceo, es, ere, docui, doctum (+acc.)	*apprendre, enseigner (à qq'un)*
docte (adv.)	*savamment*
doctus, a, um (p.p.p. de **doceo**)	*savant(e)*
doleo, es, ere, dolui, dolitum	*avoir mal, souffrir*
dolor, doloris (m.)	*la douleur*
dominus, i (m.)	*le maître de maison*
domus, us (f.) **< locatif : domi >**	*la maison le domaine*
donum, i (n.)	*le don, le cadeau*
dormio, is, ire, ii (ou ivi) **itum**	*dormir*
dubito, as, are, avi, atum (an)	*douter, se demander (si)*
dubium, ii (n.)	*le doute*
duco, is, ere, duxi ductum	*conduire, mener*
dulcis, a	*doux(ce), tendre, gentil(le)*
dum (conj.)	*pendant que*
durus, a, um	*dur(e), rude*
dux, ducis (m.)	*le chef, le meneur, le guide*
edo, is, ere, edi	*manger*
educo, is, ere, eduxi, eductum	*sortir de, évacuer, mener hors*
effectus, us (m.)	*l'effet, le résultat*
effero, fers, ferre, extuli, elatum	*emporter, porter hors de*
efficio, is, ere, effeci, effectum	*faire en sorte que, effectuer*
egredior, eris, i, egressus sum	*sortir de*
eligo, is, ere elegi, electum	*cueillir, trier, choisir, élire*
enim (conj.)	*en effet, car*
eo, is, ire, ii (ou ivi), **itum**	*aller*
epistula, ae (f.)	*la lettre, la missive*
eques, equitis (m.)	*le chevalier, le cavalier*
equidem, (adv.)	*certes, assurément*
equus, i (m.)	*le cheval*
ergo (conj.)	*donc*
erigo, is, ere, erexi, erectum	*ériger, dresser*
erro, as, are, avi atum,	*se tromper, s'égarer, errer*
etiam (adv.)	*aussi, même, encore*
etsi (conj.)	*même si, bien que*
avenio, is, ire, eveni, aventum	*arriver, se produire*
ex (ou e) (prép.+abl.)	*de, hors de, à partir de*
exago, is, ere exegi, exactum	*pousser hors de, expulser*
excerpo, is, ere, excerpsi, excerptum	*cueillir de, tirer de, extraire*
exeo, is, ire, ii, itum,	*sortir de, s'en-aller*
exercitus, us (m.)	*l'armée*
experior, iris, i, experitus sum	*éprouver, mettre à l'épreuve*
exspecto, as, are ari, atum	*attendre, s'attendre à*
exterior, ius	*extérieur(e)*
extremus, a, um	*extrême, l'extrémité de*
faba, ae (f.)	*la fève*
faber, fabri (m.)	*l'artisan*
fabula, ae (f.)	*la fable, la fiction, la pièce de théâtre*
facies, ei (f.)	*l'aspect, le visage, l'air*
facile (adv.)	*facilement*
facilis, e	*facile*
facio, is, ere, feci, factum	*faire*
facultas, atis (f.)	*la faculté, la possibilité*
fallax, fallacis	*trompeur(se), fallacieux(se)*
falsus, um	*faux (fausse), mensonger(e)*
fama, ae (f.)	*la renommée, la réputation*
fames, is (f.)	*la faim*
familia ae (f.)	*la famille*
fas (indéclinable)	*ce qui est permis*
felis, is (f.)	*le chat*
felix, felicis	*heureux(se)*
femina, ae (f.)	*la femme*
ferme (adv.)	*à peu près*
fero, fers, ferre, tuli, latum,	*porter, rapporter, colporter*
ferox, ferocis	*féroce, sauvage*
festino, as, are, avi, atum	*se hâter*
fides, fidei (f.)	*la foi, la fidélité*
fido, es, ere, fisus sum. (+dat.)	*se fier (à)*
filius, ii (m.)	*le fils*
finis, is (f.)	*la fin, limite, terme*
fio, fis, fieri factus, sum,	*devenir, être fait(e)*
fleo, es, ere, evi etum	*pleurer*
flos, floris (f.)	*la fleur*
flumen, fluminia (n.)	*le fleuve*
fluo, is, ere, fluxi fluxum	*couler, s'écouler*
fluvius, ii (m.)	*le cours d'eau, le flot*
fortasse (adv.)	*peut-être*
fortis, e	*courageux(se), fort(e)*
fortuna, ae (f.)	*le sort, la chance, la fortune*
forum, i (n.)	*le forum la place publique*
frater, fratris (m.)	*le frère*
frigidus, a, um	*froid(e)*
frustra (adv.)	*en vain*
frumentum, i (n.)	*le blé, le froment*

fruor, eris, i, fructus sum (+ abl.)	*jouir (de)*
fugio, is, ere, fugi	*fuir*
fulmen, fulminis (n.)	*la foudre*
furor, aris, ari -atus sum,	*voler, dérober*
furor, furoris (m.)	*la folie, la fureur*
futurus, a, um (p. fut de **esse**)	*futur(e), à venir*
Gallia, ae (f.)	*la Gaule*
gallicus, a, um	*gaulois(e)*
gallina, ae (f.)	*la poule*
gallus, i (m.)	*le coq*
Gallus, i (m.)	*le Gaulois*
gaudeo, es, ere, gavisus sum	*se réjouir*
gaudium, i (n.)	*la joie, le bonheur*
gens, gentis (f.)	*la famille, la tribu, le clan*
genus, generis (n.)	*le genre, l'espèce, la race*
gladius, i (m.)	*l'épée, le glaive*
gloria, ae (f.)	*la gloire*
gradus, us (m.)	*le pas, le degré*
Graecia, ae (f.)	*la Grèce*
graecus, a, um	*grec(que)*
germanicus, a, um	*germain(e)*
gracilis, e	*grèle, gracile*
gratus, a, um (+dat.)	*agréable (à), bienvenu(e)*
gravitas, tatis (f.)	*le poids, la gravité*
gremium, ii (n.)	*le giron, le sein, les genoux*
gusto, as are, avi, aturn	*goûter, déguster*
habeo, es, ere, habui, habitum	*avoir, posséder, tenir pour*
Haedui, orum (m. pl.)	*les Héduens (peuple gaulois)*
hebraïcus, a, um	*hébreu(e)*
heri (adv.)	*hier*
hic, haec, hoc (pron./adj.)	*ce, cette, celui, celle*
Hispania, ae (f.)	*l'Espagne*
historia, ae (f.)	*l'histoire*
hiems, hiemis (f.)	*l'hiver*
hodie (adv.)	*aujourd'hui*
homo, hominis (m.)	*l'homme, l'être humain*
honeste (adv.)	*honorablement*
honos, honoris (m.)	*l'honneur, la charge, l'hommage*
hora, ae (f.)	*l'heure*
horribilis, e	*horrible*
hortor, aris, ari, hortatus sum	*exhorter*
hostis, is (m.)	*l'ennemi*
hortus, i (m.)	*le jardin*
humanitas, humanitatis (f.)	*l'humanité, la culture*
humanus, a, um	*humain(e)*
humilis, e	*humble*
humus, i (m.)	*la terre l'humus*
ibi (adv.)	*ici (sans mouvement)*

ico, is, ere, ici, ictum	*frapper, blesser*
idem, eadem, idem (pron./adj.)	*le même, la même*
ideo (conj.)	*pour cette raison*
idoneus, a, um	*propre à, convenable, idoine*
Idus, uum (f. pl.)	*les Ides*
ignarus, a, um	*ignorant(e), ignare*
ignis, is (m.)	*le feu*
ignosco, is, ere, ignovi, ignotum (+acc.)	*pardonner (à)*
ille, illa, illud (pron./adj.)	*celui-là, celle-là, ce, cette*
illustris, e	*célèbre, illustre*
imber, imbris (f.)	*la pluie*
imitor, aris, ari, atus sum	*imiter*
immo (adv.)	*et de plus*
impedio, is, ire, ivi, itum	*empêcher, interdire*
imperator, oris (m.)	*le commandant, le général*
imperium, ii (n.)	*le pouvoir, le commandement, l'ordre, l'empire*
impero, as, are, avi, atum	*commander ordonner*
imus, a, um	*le plus bas, le bas de*
in (+acc. ou abl.)	*dans, vers, contre*
incipio, is, ere, cepi, -ceptum	*commencer, entamer*
incola, ae (m.)	*l'habitant*
incolo, is, ere, incolui (+ acc.)	*habiter, vivre à*
incredibilis, e	*incroyable*
inde (prép.)	*de là*
ineo, in, ire, ii (ivi), itum	*entrer dans, pénétrer*
infactus, a um (ppp. de **inficio**)	*commencé, non achevé*
inferior, ius	*inférieur,*
infimus, a, um	*plus bas le plus bas, le -bas de, infime*
ingeniosus, a, um	*intelligent(e), astucieux(se), ingénieux(se)*
ingredior, eris, i, ingressus sum	*entrer dans, aller dans*
inimicus, i (m.)	*l'ennemi personnel)*
iniquus, a, um	*injuste, inique*
inquam, inquis, inquit (en incise)	*dis-je, dis-tu, dit-il*
instituo, is, ere, -tui, -tutum	*décider, instituer*
insula, ae (f.)	*l'île*
intellego, is, ere, -lexi, -lectum	*comprendre*
inter (prép. = acc.)	*entre, parmi*
intereo, in, ire, ii (ivi), **itum**	*mourir, périr*
interim (adv.)	*entre temps*
interior, ius	*intérieur*
interloquor, eris, i, interlocutus sum	*interrompre, couper la parole*

interrogo, as, are, avi, atum	*interroger, demander*
intersum, es, esse, fui (+ dat.)	*participer (à)*
intimus, a, um	*le plus profond, au fond de*
invenio, is, ire, inveni, inventum	*inventer, trouver*
invidia, ae (f.)	*la jalousie, l'envie, la méchanceté*
inviso, is, ere, invisi, invisum	*aller voir, visiter*
ipse, ipsa, ipsum (pron./adj.)	*lui-même, elle-même*
is, ae, id (pron./adj.)	*lui, elle, le, la, celui, celle*
iste, ista, istud (pron./adj.)	*celui-là, celle-là, ce, cette*
ita (adv.)	*ainsi, oui*
italicus, a, um	*d'Italie, italique*
item (adv.)	*de même, pareillement*
iter, itineris (n.)	*le chemin le voyage*
jacio, is, ere, jeci, jactum	*jeter*
jam (adv.)	*déjà*
jamdiu (adv.)	*depuis longtemps*
jubeo, es, ere, jussi, jussum (+ acc.)	*ordonner (à)*
jucunde (adv.)	*agréablement*
jucundus, a, um	*agréable, aimable*
judaeus, a, um	*de Judée, juif(ve)*
judico, as, are, avi, atum	*juger*
junior, oris (m.)	*plus jeune, jeune homme*
Juno, Junonis (f.)	*Junon*
Jupiter, Jovis (m.)	*Jupiter*
juste (adv.)	*justement, avec justice*
juvenis, is (m.)	*le jeune homme*
juventus, juventutis (f.)	*la jeunesse*
juvo, as, are, juvi, jutum (+ acc.)	*aider, seconder, faire plaisir (à)*
juxta (prép.+acc.)	*à côté de, près de*
Kalendae, arum (f. pl.)	*les Calendes*
labor, eris, i, lapsus sum,	*glisser*
labor, oris, (m.)	*la fatigue, la peine, le travail*
laboro, as, area avi, atum	*travailler, peiner*
lacrima, ae (f.)	*la larme*
lacrimo, as, are, avi, atum	*pleurer, verser des larmes*
lacus, us (m.)	*le lac*
laetitia, ae (f.)	*la joie, la gaieté*
laetus, a, um	*gai(e), joyeux(se)*
lapis, lapidis (f.)	*la pierre*
latitudo, latitudinis (f.)	*la largeur*
latinus, a, um	*latin(e)*
Latium(n.)	*le Latium*
latus, a, um	*large*
laudo, as, are, avi, atum	*louer, féliciter*
laurus, i (f.)	*le laurier*
lavo, as, are, avi, atum	*baigner, laver*
lectio, onis (f.)	*la leçon*
lectus, i (m.)	*le lit, le lit de table*
legatus, i (m.)	*l'envoyé, l'embassadeur*
legio, legionis (f.)	*la légion, le régiment*
lego, is, ere, legi, lectum	*lire*
lex, legis (f.)	*la loi*
liber, libera, liberum	*libre*
liber, libri (m.)	*le livre*
liberi, -orum (m. pl.)	*les enfants*
libertas, -tatis (f.)	*la liberté*
libet (impersonnel)	*il plaît*
libra, ae (f.)	*la livre (poids)*
licet (impersonnel)	*il est permis*
lingua, ae (f.)	*la langue, le langage*
liquidus, a, um	*coulant, fluide, limpide*
littera, ae (f.)	*la lettre (de l'alphabet)*
litterae, arum (f.pl.)	*la lettre (la missive), la littérature*
locus, i (m.)	*le lieu, l'endroit*
longe (adv.)	*loin, de loin*
longitudo, longitudinis (f.)	*la longueur*
longus, a, um	*long(ue)*
loquax, loquacis	*bavard(e), loquace*
loquor, eris, i, locutus sum	*parler, dire*
loceo, es, ere, luxi	*briller, éclairer, luire*
Lucretius, i (m.)	*Lucrèce*
ludus, i (m.)	*le jeu, l'école*
luna, ae (f.)	*la lune*
lupa, ae (f.)	*la louve,*
lupus, i (m.)	*le loup*
Lutetia, ae (f.)	*Lutèce*
lux, lucis (f.)	*la lumière*
magis (adv.)	*plus*
magister magistri (m.)	*le maître, l'enseignant*
magistratus, us (m.)	*le magistrat, le fonctionnaire*
magnificus, a, um	*magnifique, qui fait de grandes choses*
magnopere (adv.)	*grandement*
magnus, a, um	*grand(e)*
major, majoris	*plus grand(e)*
majores, um (m.pl.)	*les aînés, les ancêtres*
male (adv.)	*mal*
maleficium, ii (n.)	*le méfait, la mauvaise situation*
malo, mavis, malle, malui	*préférer*
malum, i (n.)	*la pomme*

malus, a, um	
	mauvais (e)
malus, i (f.)	*méchant (e)*
mandatus, a, um	*le pommie*
(p.p.p. de mando)	*envoyé (e),*
mando, as, are,	*mandaté(e)*
avi, atum (+dat.)	*charger (qq'un)*
maneo, es, ere,	*de,mandater*
mansi, mansum	*rester, demeurer*
mansio,	
mansionis (f.)	*lieu de séjour,*
	demeure, gîte,
manus, un (f)	*auberge*
mare, maris (n.)	*la main*
Mare, Martis (m.)	*la mer*
Massilia, ae (f.)	*Mars*
mater, matris (f.)	*Marseille*
matrimonium, il	*la mère*
(n.)	*le mariage*
matrona, ae (f.)	
maximus, a, um	*la mère de famille*
	le plus (très)
mediterraneus,	*grand(e)*
a, um	*méditerranéen(ne)*
medius, a, um	*au milieu,*
	intermédiaire,
	central(e)
melior, melius	*meilleur(e)*
melius (adv.)	*mieux*
memini,	*se souvenir (de)*
meminisse	
(+gén.)	
mens, mentis (f.)	*l'esprit, la pensée*
mensis, is (m.)	*le mois*
mercator, oris	*le marchand,*
(m.)	*le commerçant*
meridianus, a,	*du midi,*
um	*méridional(e)*
metuo, is, ere,	*craindre, redouter*
metui, metutum	
miles, militis (m.)	*le soldat*
militaris, e	*militaire,*
	guerrier(e)
Minerva, ae (f.)	*Minerve*
minime (adv.)	*pas du tout,*
	très peu
minimus, a, um	*le plus (très)*
	petit(e), minime
minor, minus	*plus petit*
minus (adv.)	*moins*
mirabilis, e	*étonnant(e),*
	admirable
miror, aris, ari,	*s'étonner de,*
miratus sum	*admirer*
mirus, a, um	*étonnant(e),*
	admirable
miser, misera,	*malheureux(se),*
miserum,	*misérable*
misereor, eris,	*avoir pitié (de)*
eri, miseritus	
sum (+gén.)	
missus, a, um	*envoyé(e)*
(p.p.p. de mitto)	
mitto, is, ere,	*envoyer*
misi, missum	
modus, i (m.)	*le mode, la*
	manière, la façon
monstro, as, are,	*montrer*
avi, atum	
morbus, i (m.)	*la maladie*

morior, iris, iri,	*mourir*
mortuus sum,	
moror, aris, ari,	*attendre,*
atus sum	*s'attarder,*
	retarder
mors, mortis (f.)	*la mort*
mortuus, a, um	*mort (e)*
(p.p.p. de morior)	
mos, moris (m.)	*la coutume,*
	l'usage, les mœurs
moveo, es, ere,	*mouvoir, bouger,*
movi, motum.	*émouvoir*
mox (adv.)	*bientôt*
mulier, mulieris	*la femme*
(f.)	
multi, ae, a	*nombreux(ses)*
multitudo,	*la multitude,*
multitudinis (f.)	*la foule*
multum. (adv.)	*beaucoup*
munus, muneris	*la charge, le*
(n.)	*devoir, le service*
muto, as, are,	*changer, muter*
avi, atum	
nam (conj.)	*en effet, car*
narro, as, are,	*raconter, narrer*
avi, atum	
nascor, eris, i	*naître*
natus sum,	
natalis, e	*natal(e),*
	de la naissance
natura, ae (f.)	*la nature, le naturel*
natus, a, um	*née (de),*
(p.p.p. de nascor)	*originaire de*
naufragium, ii (n.)	*le naufrage*
nauta, ae (m.)	*le marin,*
	le navigateur,
	le nautonnier
navigo, as, are,	*naviguer, voyager*
avi, atum	*par voie d'eau*
navis, is (f.)	*le navire, le bateau*
ne (conj.)	*que...ne pas, pour*
	que...ne pas
Neapolis, is (f.)	*Naples*
nec	*et ne...pas*
necesse	*nécessaire*
(adj. indéclinable)	
nefas (nom	*ce qui est interdit,*
indéclinable)	*sacrilège*
negotium, ii (n.)	*le travail, le*
	négoce, l'affaire
Nemausum, i (n.)	*Nîmes*
nemo, neminis	*personne*
(pron.)	
nescio, is, ire, ii	*ne pas savoir,*
(ivi) **itum**	*ignorer*
neuter, neutra	*ni l'un (e) ni l'autre*
neutrum	
neve (conj.)	*et que...ne pas*
nihil (pron.)	*rien*
nihilominus (adv.)	*néanmoins*
nimis (adv.)	*trop*
nisi (conj.)	*si... ne pas*
nobilis, e	*noble*
noceo, es, ere,	*nuire (à),*
nocui, nocitum.	*faire du tort (à)*
(+dat.)	
nolo, non vis,	*ne pas vouloir*
nolle, nolui,	
nomen, nominis	*le nom*
(n.)	

non (conj.)	*ne.. pas, non*
Nonae, arum (f.pl.)	*les Nones*
nondum	*pas encore*
nonne	*est-ce que.. ne pas?*
nonnullus, a, um	*quelque, un, plusieurs*
nonnunquam	*quelquefois (pas jamais)*
nota, as, are, avi, atum	*noter*
notus, a, um (p.p.p de nolo) (+dat.)	*connu(e) (de)*
novus, a, um	*nouveau (nouvelle)*
nox, noctis (f.)	*la nuit*
nugae, arum (f. pl.)	*les bêtises, les balivernes*
nullus, a, um	*aucun(e), nul(le)*
num.?	*est-ce que (par hasard)?*
numero, as, are, avi, atum	*compter, dénombrer, énumérer*
numerus, i (n.)	*le nombre*
nunc (adv.)	*maintenant*
nunquam (adv.)	*jamais*
nuntio, as, are, avi, atum	*annoncer*
nuntius, i (m.)	*le messager*
nuptiae, arum (f.pl.)	*le mariage, les noces*
ob (prép+acc.)	*devant, pour, à cause de*
objicio, is, ere, objeci, objectum	*jeter devant, objecter*
obliviscor, eris, i, oblitus sum	*oublier*
obscurus, a, um	*obscur(e)*
observo, as, are, avi, atum	*observer, respecter*
obsideo, es, ere, obsessi, obsessum	*assieger, obséder*
obsis, obsidis (m.)	*le gage, la garantie, l'otage*
obsto, as, are, obstiti (+dat.)	*faire obstacle (à), empêcher*
occasus, us (m.)	*la chute, le déclin*
occidens, occidentis (p. prés de occido)	*le couchant, l'occident*
occido, is, ere, occidi, occasum	*tomber, se coucher*
occido, is, ere, occidi, occisum	*faire tomber, tuer*
occurro, is, ere, occurri, occursum	*courir au-devant, rencontrer*
offendo, is, ere, offensi, offensum.	*rencontrer, heurter, offenser*
offero, fers, ferre, obtuli, oblatum	*porter devant, offrir*
olea, ae (f.)	*l'olive, l'olivier*
olim (adv.)	*autrefois, jadis*
omitto, is, ere, omisi, omissum	*omettre, oublier*
Olympiae, arum (f.pl.)	*les Jeux Olympiques, les Olympiades*
omnis, e	*chaque, tout (e)*
oportet (impersonnel)	*Il convient, il est opportun*
oppidum, i (n.)	*la place forte, la ville fortifiée*
opprimo, is, ere, oppressi, -pressum	*opprimer, oppresser*
optime (adv)	*le mieux, très bien*
optimus, a, um	*le (la) meilleur(e), très bon(ne)*
opto, as, are, avi, atum	*souhaiter*
opus, operis (n.)	*l'œuvre, l'ouvrage*
oratio, onis (f.)	*le discours*
orator, oris (m.)	*l'orateur*
oriens, orientis (p. prés de orior)	*le levant, l'orient*
origo, originis (f.)	*l'origine*
orior, iris, iri, ortus sum	*se lever, naître*
oro, as, are, avi, atum	*parler, prier, supplier*
ostrea, ae (f.)	*l'huître*
otium, ii (f.)	*le repos, l'oisiveté*
ovum, i (n.)	*l'œuf*
paciferus, arum	*qui porte la paix*
paene (adv.)	*presque*
pagina, ae (f.)	*la page*
Palatium, ii (n.)	*le (mont) Palatin*
pallium, ii (n.)	*le manteau*
pando, is, ere, pandi, pansum	*tendre, étendre, déployer*
panis, is (m.)	*le pain*
parco, is, ere, peperci, parsum. (+dat.)	*épargner (qqun), faire grâce (à)*
pareo, es, ere, parui, paritum (+ dat)	*obéir (à)*
Paris, Paridis	*Pâris (prince troyen)*
paro, as, are, avi, atum,	*préparer*
pars, partis (f.)	*la partie*
patria, ae (f.)	*la patrie*
parvus, a, um	*petit(e)*
passus, us, (m.)	*le pas*
pateo, es, ere, patui	*s'étendre, s'étaler*
pater, patris, (m.)	*le père*
patientia, ae (f.)	*l'endurance, la patience*
patior, eri, i, passus sum	*supporter, souffrir, endurer*
paulum, (adv.)	*un peu*
pauper, eris	*pauvre*
paupertas, -atis (f.)	*pauvreté*
pax, pacis (f.)	*la paix*
pecunia, ae (f.)	*l'argent*
pecus, pecoris (n.)	*le bétail*
per (prép+acc.)	*par, à travers, tout au long, au-delà*
perduco, is, ere, perduxi, -ductum	*conduire jusqu'à, prolonger*

peregrinus, i (m.)	*l'étranger, le voyageur*
pereo, is, ire, ii (ivi) **itum**	*passer au-delà, périr*
perfectus, a, um (p.p.p. de perficio)	*achevé complètement, parfait (e)*
perficio, is, ere, perfeci, perfectum	*achever complètement, parfaire*
periculum, i (n.)	*le danger*
perpetuo (adv.)	*perpétuellement, éternellement*
persequor, eris, i, -cutus sum	*poursuivre, persécuter*
pes, pedis (m.)	*le pied*
pessime (adv.)	*au pire, très mal*
pessimus, a, um	*le (la) pire, très mauvais (e)*
pingo, is ere, pinxi, pictum	*peindre*
piscis, is (m.)	*le poisson*
placeo, es, ere, placui, placitum	*plaire*
plaudo, is, ere, plausi, plausum	*battre, applaudir*
Plautus, i (n.)	*Plaute*
plebs, plebis (f.)	*le peuple, la plèbe*
pluit (défectif)	*il pleut*
plures, plura	*plus nombreux(ses)*
plurimus, a, um	*très nombreux(ses)*
plus	*plus*
poculum, i (n.)	*la coupe (à boire)*
poesis, is (f.)	*la poésie*
poeta, ae (m.)	*le poète*
pollutus, a, um (p.p.p de polluo)	*sale, souillé(e) impur(e)*
pono, is, ere, posui, positum	*poser*
pons, pontis (m.)	*le pont*
populus, i (m.)	*le peuple*
porta, ae f.)	*la porte (de ville)*
positus, a, um (p.p.p. de pono),	*posé(e),situé(e)*
possum, potes, posse, potui	*pouvoir*
post (prép. + acc.)	*après, derrière*
postea (adv.)	*ensuite, après*
posterior, ius	*suivant(e), postérieur(e)*
postquam, (conj.)	*après que*
postremus, a, um	*le dernier (la dernière), la fin de*
postridie (adv.)	*le lendemain*
postulo, as, are, avi, atum	*demander, postuler*
potens, potentis (adj.)	*qui peut, puissant(e), influent(e)*
potestas, -atis (f.)	*le pouvoir,*
potius (adv.)	*plutôt*
prae (prép + abl)	*devant*
praefero, fers, ferre, praetuli, -latum	*mettre devant, préférer*

praemium, ii (n.)	*la récompense, le prix*
praenomen, -nominis (n.)	*le prénom*
praesum, es, esse, fui (+ dat)	*commander à, diriger*
praeter (ou praeterea) (prép.+acc)	*sauf, au-delà*
praetereo, is, ire, ii (ivi), **itum**	*passer au-delà*
praeteritus, a, um (p.p.p. de praetereo)	*passé (e)*
praetexo, is, ere, texui, -tectum	*border*
praetexta, ae (f.)	*la (toge) prétexte*
pridie (adv.)	*la veille*
primum (adv.)	*en premier, d'abord*
primus, a, um	*le premier la première, le début de*
prior, ius	*le premier de deux (la première)*
pro (pré +abl)	*devant, en faveur de, pour*
profero, fers, ferre, protuli, -latum	*porter devant, présenter, proférer*
proficiscor, eri, i, profectus sum	*partir, s'en aller*
progredior, eris, i, progressus sum	*s'avancer, marcher devant, progresser*
proelium, ii (n.)	*le combat*
propinquus, a, um	*proche*
propior, propius	*plus proche*
prosper, a, um	*heureux (se), prospère*
prosum, prodes, prodesse, profui (+dat)	*être utile (à)*
proverbium, ii (n.)	*le proverbe*
provincia, ae (f.)	*la province*
proxime (adv.)	*très proche*
proximus, a, um	*très proche, le plus proche*
prudens, prudentis	*sage, avisé (e), prudent(e)*
publicus, a, um	*public(que)*
puella, ae (f.)	*la jeune fille*
puer, pueri (m.)	*l'enfant*
pueritia ae (f.)	*l'enfance*
pugna, ae (f.)	*le combat (aux poings), l'empoignade*
pugno, as, are, avi, atum	*combattre, se battre (aux poings)*
pugnus, i (m.)	*le poing*
pulcher, pulchra, pulchrum	*beau, belle*
purus, a, um	*pur(e), propre*
puto, as, are, avi	*penser, supputer, estimer*
qua?	*par où?*
quadratus, a, um	*carré (e)*

quaero, is, ere, quaesivi, quaesitum	*chercher, chercher à savoir*
qualis, e	*quel(lle), de quelle qualité*
quam	*que*
quamdiu ?	*pendant combien de temps*
quando ?	*quand ?*
quamdudum ?	*depuis combien de temps ?*
quamvis	*quelque.. que, aussi.. que*
quanquam	*quoique*
quantus, a, um	*combien grand(e)*
quare	*c'est pourquoi, pourquoi*
quasi	*comme*
quercus, us (f.)	*le chêne*
qui, quae, quod	*qui, quel(le)*
quia	*parce que*
quicumque, quaecumque, quodcumque	*quiconque, chacun(e)*
quidam, quaedam, quicidam	*un(e) certain(e), quelqu'un(e)*
quietus, a, um (p,p.p de quiesco)	*tranquille, en paix*
quin	*que.. ne.. pas*
quis, quae, quod ?	*qui ? lequel ? laquelle ?*
quique, quaeque, quidque	*chacun(e)*
quod	*que, parce que*
quominus	*que.. ne.. pas*
quomodo	*comment*
quondam	*un jour, autrefois*
quoque	*aussi*
quot	*combien*
quotidie	*chaque jour, quotidiennement*
quoties	*chaque fois que*
quousque	*jusqu'où*
rapio, is, ere, rapui, raptum	*enlever, faire un rapt*
rarus, a, um	*rare*
ratio, onis (f.)	*le calcul, le plan, la méthode, la raison*
recipio, is, ere, recepi, receptum	*recevoir*
recognosco, is, ere, -gnovi	*reconnaître*
rectus, a, um (p, p.p. de rego)	*droit(e)*
reddo, is, ere, -didi, ditum	*rendre, redonner*
redeo, is, ire, ii (ivi), itum	*revenir, rentrer*
reduco, is, ere, reduxi, reductum	*ramener, reconduire, réduire*
refero, fers, ferre, retuli, relatum	*rapporter, relater*
regio, onis (f.)	*la région, le district*
regno, as, are, avi, atum	*régner, diriger*

rego, is, ere, rexi, rectum	*guider, diriger, régir*
relinquo, is, ere, reliqui, relictum,	*laisser, abandonner*
remedium, ii (n.)	*le remède*
remitto, is, ere, remisi, remissum	*remettre, relâcher*
Remus, i (m.)	*Rémus*
requiesco, is, ere, requievi, -etum	*se reposer, être paisible*
res, rei (f.)	*la chose, l'affaire, la cause juridique*
res adversae (f.pl.)	*l'adversité (les choses adverses)*
res publica (f.)	*l'état, la chose publique, la république*
res secundae (f.pl.)	*le bonheur (les choses qui suivent)*
respondeo, es, ere, respondi, sum	*répondre*
retro (adv.)	*en arrière*
revenio, is, ire, ii (ivi), **atum**	*revenir*
revoco, as, are, avi, atum,	*rappeler, révoquer*
rex, regis (m.)	*le roi*
Rhenus, i (m.)	*le Rhin*
Rhodanus, i (m.)	*le Rhône*
rideo, es, ere, risi, risum	*rire*
rivus, i (m.)	*le ruisseau*
rogo, as, are, avi, atum,	*demander, interroger*
Roma, ae (f.)	*Rome*
romanus, a, um	*romain(e)*
Romulus, i (m.)	*Romulus*
rosa, ae (f.)	*la rose*
ruber, rubra, rubrum	*rouge*
rus, ruris (n.) < locatif : ruri >	*la campagne, l'espace rural*
rusticus, a, um	*de campagne, rural(e), rustique*
sacer, sacra, sacrum	*sacré(e), consacré(e)*
saeculum, i (n.)	*le siècle*
saepe (adv.)	*souvent*
salto, as, are, avi, atum	*sauter, danser*
saltus, us (m.)	*le saut, le bond*
saltus, us (m.)	*le défilé boisé, la gorge (géogr)*
saluto, as, are, avi, atum	*saluer*
salve !	*salut !*
salvo, as, are, avi, atum	*guérir, sauver*
sane	*certes : sûrement, bien sûr*
sanus, a, um	*sain(e), sensé(e)*
sapiens, sapientis (p. prés. de sapio)	*sage, raisonnable, intelligent(e)*
sapientia, ae (f.)	*sagesse, intelligence*
sapienter	*sagement, intelligemment*

sapio, is, ere, ii	*avoir du goût, du jugement, comprendre*
satis (adv.)	*assez*
satisfacio, is, ere, satisfeci, -fectum	*faire assez, satisfaire*
saxum, i (n.)	*le rocher*
scaena, ae (f.)	*la scène, le théâtre*
scelus, sceleris (n.)	*le crime*
scilicet (adv.)	*évidemment*
scio, is, ire, ii, itum	*savoir*
scriba, ae (m.)	*le scribe, le secrétaire*
scribo, is, ere, scipsi, scriptum	*écrire, inscrire*
scriptus, a, um (p.p.p. de scribo)	*l'écrit, écrit (e)*
scripulus (ou scrupulus), i (m.)	*le petit caillou, le scrupule*
seditio, onis (f.)	*la sédition*
Seneca, ae (m.)	*Sénèque*
senex, senis (m.)	*le vieillard*
senior, oris (m.)	*plus âgé, l'homme plus âgé*
Sequana, ae (m.)	*la Seine*
sequor, eris, i, secutus sum	*suivre*
sermo, onis (f.)	*la parole, le discours, le propos*
servio, is, ire, i, itum	*servir, être esclave*
servo, as, are, avi, atum	*garder, conserver, préserver*
servus, i (m.)	*l'esclave*
sextarius, i (m.)	*le setier (mesure)*
si	*si*
sic	*ainsi*
Sicilia, ae (f.)	*la Sicile*
signus, i (m.)	*le signe, le signal*
silva, ae (f.)	*la forêt*
similis, e	*semblable*
simplex, simplicis	*simple*
simul (adv.)	*en même temps*
sine (prép. + abl.)	*sans*
sinister, sinistra, sinistrum	*situé (e) à gauche, sinistre*
sitis, is (f.)	*la soif,*
socius, ii (m.)	*l'allié, l'associé*
Socrates, is (m.)	*Socrate*
sol, solis (m.)	*le soleil*
soleo, es, ere, solitus sum	*avoir coutume de*
sollers, sollertis	*habile, adroit(e), ingénieux(se)*
solus, a, um (génitif : solius)	*seul(e), solitaire*
somnium, i (n.)	*le rêve, le songe*
somnus, i (m.)	*le sommeil*
somnio, as, are, avi, atum	*rêver*
sordidus, a, um	*sale, crasseux(se)*
species, ei (f.)	*l'aspect, l'air*
spectaculum, i (n.)	*le spectacle*
spectatus, a, um (p.p.p. de specto)	*considéré(e), en vue, estimé(e)*

specto, as, are, avi, atum	*regarder, considérer, inspecter*
spero, as, are, avi, atum	*espérer, attendre*
spes, ei (f.)	*l'espoir, l'espérance*
spina, ae (f.)	*l'épine*
spolio, as, are, avi, atum	*piller, spolier*
statim (adv.)	*aussitôt*
statua, ae (f.)	*la statue*
sto, stas, stare, steti, statum	*se tenir, être dressé (e)*
struo, is, ere, struxi, structum	*assembler, construire*
studeo, es, ere, studui (+dat.)	*s'appliquer (à), étudier*
stultus, a, um	*idiot (e), imbécile*
sub (prép +acc. ou abl.)	*sous, dessous*
subito (adv.)	*subitement*
subjicio, is, ere, subjeci, subjectum	*mettre sous, soumettre*
suffimentum, i (n.)	*le parfum la purification*
summus, a, um	*le plus haut, le haut de, le sommet*
super (prep +acc. ou abl.)	*sur, au-dessus, au sujet de*
superbus, a, um	*orgueilleux(se), arrogant(e), superbe*
superior, ius	*supérieur(e), situé au-dessus*
supersum, es, esse, fui (+dat.)	*survivre (à)*
supremus, a, um	*le plus haut, le sommet, suprême*
surgo, is, ere, surrexi, surrectum.	*surgir, se lever*
sustineo, es, ere, sustinui, -tentum	*tenir par dessous, soutenir, assurer*
Syracusae, arum. (f.pl.)	*Syracuse*
tabella, ae (f.)	*la tablette*
taberna, ae (f.)	*la boutique, l'échoppe, la taverne, la loge (de théâtre)*
tabula, ae (f.)	*le tableau, le registre*
taceo, es, ere, tacui, tacitum	*se taire*
talis, e	*tel(le)*
tam	*autant*
tamen (adv.)	*cependant*
tametsi (conj.)	*même si, bien que*
tandem (adv.)	*enfin*
tango, is, ere, tetigi, tactum	*toucher*
tantus, a, um	*aussi grand(e), de telle grandeur*
tarde (adv.)	*tard, tardivement*
tego, is, ere, texi, tectum	*couvrir, protéger*
tegula, ae (f.)	*la tuile*

templum, i (n.)	*le temple*
tempus, temporis (n.)	*le temps*
teneo, es, ere, tenui, tentum	*tenir, occuper, maintenir*
tepidus, a, um	*tiède*
Terentius, ii (m.)	*Térence*
terra, ae	*la terre, le monde*
terreo, es, ere, terrui, territum	*effrayer, terrifier*
testa, ae (f.)	*le vase, le pot, la coquille, le crâne*
theatrum, i (n.)	*le théâtre*
Tiberis, is (m.),	*le Tibre*
tibia, ae (f.)	*le tibia, la flûte*
tibicen, tibicinis (m.)	*le joueur de flûte, le musicien*
timeo, es, ere, timui	*craindre*
toga, ae (f.)	*la toge*
tonat (impersonnel),	*il tonne*
tot	*tant de*
totus, a, um (gén. totius)	*tout (e) entier(e)*
trado, is, ere, tradidi, traditum	*transmettre*
traduco, is, ere, traduxi, traductum	*faire passer, conduire au-delà, traduire*
tranquillus, a, um	*calme, tranquille*
trans (prép+acc.)	*au-delà, de l'autre côté*
transeo, is, ire, ii (ivi), **transitum**	*franchir, traverser*
triumphus, i (m.)	*le triomphe*
trivium, ii (n.)	*le carrefour (à 3 voies)*
tuba, ae (f.)	*le tuba, la trompe, la trompette*
tum	*alors*
turpis, e	*honteux(se)*
ubi ?	*où ?*
ubi (conj.)	*quand, lorsque*
ullus, a, um (genitif : ullius)	*un(e), quelque*
ulterior, ius	*ultérieur(e), au-delà*
ultimus, a, um	*dernier(e) ultime, l'extrémité de*
unde ?	*d'où ?*
unguentum, i (n.)	*le parfum, l'onguent*
unus, a, um (génitif : unius)	*un(e), unique*
urbs, urbis (f.)	*la ville, la cité*
ut	*que, pour que, en sorte que*
utilis, e (+dat.)	*utile (à)*
usque.. ad	*jusqu'à*
uter, utra, utrum (gén.itrius)	*lequel (laquelle) des deux ?*
uterque, utraque, utrumque	*chacun(e) des deux*
utinam !	*plaise au ciel que ! si seulement !*
utor, uteris, uti, usus sum (+abl)	*user (de), se servir de, utiliser*
uva, ae (f.)	*le raisin*
uxor, oris (f.)	*l'épouse*
vado, is, ere (défectif)	*marcher, aller*
vadum, i (n.)	*le gué, le bas-fonds*
vale !	*salut ! bonjour ! au revoir !*
valeo, es, ere, valui, valitum	*se bien porter, être vigoureux*
vates, is (m.)	*le devin*
vel (conj.)	*ou, ou plutôt*
vendo, is, ere, vendidi, venditum	*vendre*
venio, is, ire, veni, ventum	*venir*
Venus, Veneris (f.)	*Vénus*
ver, veris (n.)	*le printemps*
verbum, i (n.)	*le mot, le nom, le verbe*
Vercingetorix, -rigis (m.)	*Vercingétorix*
vereor, eris, eri, veritus sum	*craindre respectueusement*
Vergilius, i (m.)	*Virgile*
vero (adv.)	*en vérité, en fait, mais*
verto, is, vertere, versi, versum	*tourner, changer*
verus, a, um	*véritable, vrai(e)*
vesper, i (m.)	*le soir*
veto, as, are, vetui, vetitum	*interdire, empêcher*
vetus, veteris	*vieux, vieille*
victoria, ae (f.)	*la victoire*
vicus, i (m.)	*le village*
video, es, ere, vidi, visum	*voir, regarder*
videor, eris, eri, visus sum	*paraitre, sembler*
vigeo, es, ere, vigui	*être vigoureux, être vert*
vigilia, ae (f.)	*la veille, le tour de garde*
vigilo, as, are, avi, atum	*veiller, être vigilant*
vinco, is, ere, vici, victum	*vaincre*
vinum, i (n.)	*le vin*
vir, viri (m.)	*l'homme (viril)*
virgo, virginis (f.)	*la jeune fille, la vierge*
virilis, e	*viril(e)*
virtus, virtutis (f.)	*le courage, la force d'âme, la vertu*
vis (f.) (défectif)	*la force*
vita, ae (f.)	*la vie*
vivo is, ere, vixi victum	*vivre*
voco, as, are, avi, atum	*appeler, faire venir, nommer*
volo, vis, velle, volui	*vouloir*
volo, as, are, avi, atum	*voler, s'envoler*
voluptas, -atis (f.)	*le plaisir*
vox, vocis (f.)	*la voix*
Vulcanus, i (m.)	*Vulcain*

LEXIQUE FRANÇAIS-LATIN

Afin de s'assurer de la véritable nuance de sens recherchée, il est recommandé de n'utiliser le lexique français-latin qu'en revérifiant systématiquement chaque mot dans le lexique latin-français (ou mieux dans un véritable dictionnaire)
Pour la traduction des articles, pronoms et pronoms -adjectifs, se reporter aux chapitres grammaticaux qui leur sont consacrés.

à cause de	*ob* (prép+acc.)
à côté de	*juxta* (prép.+acc.)
à partir de	*ab* (ou a) (prép.+abl.)
à partir de	*ex* (ou e) (prép. + abl.)
à peu près	*ferme* (adv.)
abandonné(e)	*desertus, a um* (p.p.p. de desero)
abandonner	*relinquo, is, ere, reliqui, relictum*
abandonner	*desero, is, ere, deserui, desertum*
abeille	*apis, is* (f.)
abondance	*copia, ae* (f.)
abuser (de)	*abutor, eris, i, usus sum* (+abl.)
accord	*consensus, us* (m.)
accuser	*accuso, as, me, avi, atum*
achevé complètement	*perfectus, a, um* (p.p.p. de perficio)
achevé (non)	*infectus, a, um* (ppp. de inficio)
achever	*conficio, is, ere, -feci, -fectum*
achever, complètement	*perficio, is, ere, perfeci, perfectum*
	mirabilis, e
admirable	*mirus, a, um*
admirer	*miror, aris, ari, miratus sum*
adolescent	*adulescens, ntis* (p. prés de adolesco)
adroit(e)	*dexter, dextra, dextrum*
adroit(e), habile	*sollers, sollertis*
advenir	*advenio, is, ire, -veni, ventum*
adversité (choses adverses)	*res adversae* (f.pl.)
affaire, occupation	*negotium, ii* (n.)
affaire, chose	*res, rei* (f.)
âge	*aetas, aetatis* (f.)
âgé (plus)	*senior, oris* (m.)
agir	*ago, is, ere, egi, actum,*
agissant, agent	*agens, ntis* (p. prés de ago)
agréable	*jucundus, a, um*
agréable (à)	*gratus, a, um* (+dat.)
agréablement	*jucunde* (adv.)
agriculteur	*agricola, ae* (m.)
aide	*auxilium, ii* (n.)
aider	*juvo, as, are juvi, jutum* (+acc.)
aider	*adjuvo, as, are, -juvi, jutum*
aimable, agréable	*jucundus, a, um*
aimer	*amo, as, are, avi, atum*
aînés	*majores, um* (m. pl.)
ainsi	*ita* (adv.)
ainsi	*sic*
air, visage	*facies, ei* (f.)
air, allure, apparence	*species, ei* (f.)
ajouter	*addo, is, ere, -didi, ditum*
aller	*cedo, is, ere, cessi, cessum*
aller	*eo, is, ire, ii (ou ivi), itum*
aller	*vado, is, ere* (défectif)
aller (dans)	*ingredior, eris, i, ingressus sum*
aller (s'en)	*decedo, is, ere, -cessi, -cessum*
aller (s'en)	*exeo, is, ire, ii, itum*
aller (s'en)	*proficiscor, eri, i, profectus sum*
aller voir	*inviso, is, ere invisi, invisum*
allié	*socius, ii* (m.)
alors	*tum*
alors que	*cum* (conj.+ ind. ou subj.)
ambassadeur	*legatus, i* (m.)
âme, esprit	*animus, i,* (m.)
amener	*adduco, is, ere, -duxi, -ductum*
ami	*amicus, i* (m.)
amical(e)	*amicus, a, um*
amitié	*amicitia, ae* (f.)
amour	*amor, amoris* (m.)
ancêtres	*majores, um* (m.pl.)
ancien(ne)	*antiquus, a, um*
âne	*asinus, i* (m.)
anéantir, détruire	*deleo, es, ere, evi etum*
angle	*angulus, i* (m.)
angoissant(e)	*angustus, a, um*
animal	*animal, animalis* (n.)
anisé(e)	*anisatum, a, um*
année	*annus, i* (m.)
anniversaire (jour)(adj.)	*anniversarius, a, um*
annoncer	*nuntio, as, are, avi, atum*
antique	*antiquus, a, um*

apercevoir	*conspicio, is, ere -spexi, spectum*
Apollon	*Apollo, Apollinis* (m.)
appeler (nommer)	*voco, as, are, avi, atum*
appeler	*appello, as, are, avi, atum*
applaudir	*plaudo, is, ere, plausi, plausum*
appliquer (s'...à)	*studeo, es, ere, studui* (+dat.)
apporter	*affero, fers, ferre, adtuli, adlatum*
apprendre	*doceo, es, ere, docui, doctum* (+acc.)
apprendre	*disco, is, ere, didici, discitum*
apprendre, (d'où au parf. : savoir)	*cognosco, is, ere, cognovi, -gnotum*
apprentissage	*discipula, ae*
âpre	*asper, era, erum*
après	*posterior, ius*
après	*post* (prép. + acc.)
après que	*postquam*, (conj.)
Aquitain, de Gaule aquitaine	*Aquitanus, i* (m.)
argent	*pecunia, ae* (f.)
argument	*argumentum, i* (n.)
armée	*exercitus, us* (m.)
armes	*arma, armorum* (n. pl.)
Armorique (d')	*aremoricus, a, um*
arrivée (occasionnelle)	*casus, un* (m.)
arriver, se produire	*accido, is, ere, -cidi*
arrière (en)	*retro* (adv.)
arriver, advenir	*advenio, is, ire, -veni, ventum*
arriver	*cado, is, ere, cecidi, casum*
arriver	*evenio, is, ire, eveni, eventum*
arriver, se produire	*contingo, is, ere, contigi, contactum*
arrogant(e)	*superbus, a, um*
art (l')	*ars, artis* (f.)
artisan	*faber, fabri* (m.)
as (monnaie)	*as, assis* (m.)
aspect	*facies, ei* (f.)
aspect	*species, ei* (f.)
assembler	*struo, is, ere, struxi, structum*
assez	*satis* (adv.)
assieger	*obsideo, es, ere, obsessi, obsessum*
assister	*adsum, es, esse -fui*
associé	*socius, ii* (m.)
assurément	*equidem*, (adv.)
assurer	*sustineo, es, ere, sustinui, -tentum*
astre	*astrum, i (n.)*
astucieux(se),	*ingeniosus, a, um*
Athènes	*Athenae, arum* (f.pl.)
attarder (s')	*moror, aris, ari, atus sum*

attendre	*spero, as, are, avi, atum*
attendre	*expecto, as, are avi, atum*
attendre (s...à)	*spero, as, are, avi, atum*
attention	*diligentia, ae* (f.)
au-delà	*per* (prép+acc.)
au-delà	*praeter (ou praete-rea)* (prép.+acc)
au-delà	*trans* (prép+acc.)
au-delà	*ulterior, ius*
au-dessus	*super* (prep +acc. ou abl.)
auberge	*mansio, mansionis* (f.)
aucun(e)	*nullus, a, um*
audacieux(se)	*audax, audacis*
auguste	*augustus, a, um,*
aujourd'hui	*hodie* (adv.)
aussi	*quoque*
aussi grand(e),	*tantus, a, um*
aussi	*etiam* (adv.)
aussi.. que	*quamvis*
aussitôt	*statim* (adv.)
autant	*tam*
automne	*autumnus, i* (m.)
autour (de)	*circa* (adv. ou prép. + acc.)
autour (de)	*circum* (adv. ou prép. +acc.)
autre	*alienus, a, um*
autre côté (de l'...)	*trans* (prép+acc.)
autre, différent	*alius, a, ud* (pron./ adj.) (gén. : alius)
autrefois	*olim* (adv.)
autrefois	*quondam*
autrement	*aliter* (adv.)
avancer (s')	*progredior, eris, i, progressus sum*
avant	*ante* (prép+acc.)
avant que	*antequam*
avec	*cum* (prép.+abl.)
avis	*consilium, ii* (n.)
avisé (e)	*prudens, prudentis*
avoir du jugement,	*sapio, is, ere, ii*
avoir confiance (en)	*confido, is, ere, confisus sum* (+dat.)
avoir coutume de	*soleo, es, ere, solitus sum*
avoir du goût	*sapio, is, ere, ii*
avoir mal,	*doleo, es, ere, dolui, dolitum*
baigner	*lavo, as, are, avi, atum*
balivernes	*nugae, arum* (f.pl.)
bas (le...de)	*imus, a, um*
bas (le...de),	*infimus, a, um*
bas (le...plus),	*infimus, a, um*
bas (plus)	*imus, a, um*
bas-fonds	*vadum, i* (n.)
bateau	*navis, is* (f.)
battre	*plaudo, is, ere, plausi, plausum*
bavard(e)	*loquax, loquacis*
bavarder	*colloquor, eris, i, collocutus sum*
beau, belle	*pulcher, pulchra, pulchrum*

beaucoup	*multum.* (adv.)
Belge, de Gaule belgique	*Belga, ae* (m.)
bétail	*pecus, pecoris* (n.)
bêtises	*nugae, arum* (f.pl.)
bien	*bene* (adv.)
bien (se) porter	*valeo, es, ere, valui, valitum*
bien que	*etsi* (conj.)
bien que	*tametsi* (conj.)
bien sûr	*sane*
bientôt	*mox* (adv.)
bienvenu(e)	*gratus, a, um* (+dat.)
bière	*cervisia, ae* (f.)
blanc (he)	*albus, a, um*
blé	*frumentum, i* (n.)
blesser	*ico, is, ere, ici, ictum*
bleu (e)	*caeruleus, a, um*
bœuf	*bos, bovis* (m.)
boire	*bibo, is, ere, bibi*
bon(ne)	*bonus, a, um*
bond	*saltus, us* (m.)
bonheur, joie	*gaudium, i* (n.)
bonheur, (les choses qui suivent)	*res secundae* (f.pl.)
bonjour !	*vale !*
border	*praetexo, is, ere, texui, -tectum*
bouger	*moveo, es, ere, movi, motum.*
boutique	*taberna, ae* (f.)
bref(ve)	*brevis, e*
Bretagne (Grande)	*Britannia, ae* (f.)
breton (ne)	*aremoricus, a, um*
brièvement	*breviter*
briller	*luceo, es, ere, luxi*
britannique, de (Grande)Bretagne	*britannicus, a, um*
cadeau, don	*donum, i* (n.)
calcul	*ratio, onis* (f.)
calculer	*computo, as, are, avi, atum*
Calendes	*Kalendae, arum* (f. pl.)
calme, tranquille	*tranquillus, a, um*
camp	*castra, orum* (n.pl.)
campagne, plaine	*campus, i* (m.)
campagne (de)	*rusticus, a, um*
campagne, espace rural	*rus, ruris* (n.) < locatif : ruri >
Capitole (mont)	*Capitolium, ii* (n.)
captif(ve)	*captivus, a, um*
car	*enim* (conj.)
car	*nam* (conj.)
carré (e)	*quadratus, a, um*
carrefour (à 3 voies)	*trivium, ii* (n.)
cas, évènement	*casus, un* (m.)
cause	*causa, ae* (f.)
cause juridique	*res, rei* (f.)
cavalier	*eques, equitis* (m.)
ce, cette, celui, celle	*hic, haec, hoc* (pron./adj.)
celui-là, celle-là, ce, cette	*ille, illa, illud* (pron./adj.)
celui-là, celle-là, ce, cette	*iste, ista, istud* (pron./adj.)
céder	*cedo, is, ere, cessi, cessum*
célèbre	*illustris, e*
Celte, de Gaule celtique	*Celta, ae* (m.)
central(e)	*medius, a, um*
cependant	*tamen* (adv.)
cercle	*circus, i* (m.)
certain(e)	*certus, a, um*
certain(e) (un(e)...)	*quidam, quaedam, quicidam*
certes	*certo* (adv.)
certes	*equidem,* (adv.)
certes	*sane*
César	*Caesar, aris* (m.)
chacun(e)	*quicumque quaecumque, quodcumque*
chacun(e)	*quique, quaeque, quidque*
chacun(e) des deux	*uterque, utraque, utrumque*
chambre (à coucher)	*cubiculum i* (n.)
champ	*ager, agri* (m.)
chance	*fortuna, ae* (f.)
changer	*muto, as, are, avi, atum*
changer	*verto, is, vertere, versi, versum*
chant	*carmen, carminis* (n.)
chanter	*cano, is, ere, cecini, cantum*
chaque fois que	*quoties*
chaque jour	*quotidie*
chaque	*omnis, e*
charge	*munus, muneris* (n.)
charge,	*honos, honoris* (m.)
charger (qq'un) de	*mando, as, are, avi, atum* (+dat.)
chat	*felis, is* (f.)
chaud(e)	*calidus, a, um*
chef	*caput, capitis* (n.)
chef d'accusation	*crimen, criminis* (n.)
chef	*dux, ducis* (m.)
chemin	*iter, itineris* (n.)
chêne	*quercus, us* (f.)
cher(e),	*carus, a, um*
chercher à savoir	*quaero, is, ere, quaesivi, quaesitum*
chercher à savoir	*cognosco, is, ere, cognovi, -gnotum*
chercher	*quaero, is, ere, quaesivi, quaesitum*
chéri(e)	*carus, a, um*
chérir	*diligo, is, ere, dilexi, dilectum*
cheval	*equus, i* (m.)
chevalier,	*eques, equitis* (m.)
chevelure	*cometes, is* (f.)
chèvre	*capra, ae* (f.)
chez	*apud* (prep.+acc)
chien	*canis, is* (m.)
choir, tomber	*cado, is, ere, cecidi, casum*
choisir, élire	*eligo, is, ere, elegi, electum*
chose	*res, rei* (f.)
chose publique	*res publica* (f.)
chute	*occasus, us* (m.)

Cicéron	*Cicero, onis* (m.)
ciel	*caelum, i* (n.)
cirque	*circus, i* (m.)
cité, ville	*urbs, urbis* (f.)
cité (la)	*civitas, civitatis* (f.)
citoyen	*civis, is* (m.)
clamer	*clamo, as, are, avi, atum*
clan, famille	*gens, gentis* (f.)
clore	*claudo, is, ere, clausi, clausum*
coin	*cornu, us* (n.)
colline	*collis, is* (m.)
colporter	*fero, fers, ferre, tuli, latum*
combat (aux poings)	*pugna, ae* (f.)
combattre, se battre (aux poings)	*pugno, as, are, avi, atum*
combien	*quot*
combien grand(e)	*quantus, a, um*
comédie	*comœdia, ae* (f.)
comète	*cometes, is* (f.)
commandant	*imperator, oris* (m.)
commandement	*imperium, ii* (n.)
commander à	*praesum, es, esse, fui (+ dat)*
commander	*impero, as, are, avi, atum*
comme	*quasi*
comme, alors que	*cum (conj.+ ind. ou subj.)*
commencer	*incipio, is, ere, cepi, -ceptum*
comment	*quomodo*
commentaire (le)	*commentarius, ii* (m.) < ou -ium, ii, (n.) >
commerçant	*mercator, oris* (m.)
compagnon (d'armes)	*comes, comitis* (m.)
comprendre	*intellego, is, ere -lexi, -lectum*
comprendre, savoir	*sapio, is, ere, ii*
compter, escompter	*computo, as, are, avi, atum*
compter, énumérer	*numero, as, are, avi, atum*
conduire (jusqu'à)	*perduco, is, ere, perduxi, -ductum*
conduire au-delà	*traduco, is, ere, traduxi, traductum*
conduire vers	*adduco, is, ere, -duxi, -ductum*
conduire	*duco, is, ere, duxi ductum*
conjoin t (e)	*conjuctus, a, um* (p.p.p. de conjungo)
conjuguer	*conjungo, is, ere -junxi, junctum*
connu(e)	*clarus, a, um*
connu(e) (de)	*notus, a, um* (p.p.p de nolo) (+dat.)
consacré (e)	*sacer, sacra, sacrum*
consacrer (à)	*dedico, as, are, avi, atum,* (+dat.)

conseil	*consilium, ii* (n.)
conserver	*servo, as, are, avi, atum*
considéré(e)	*spectatus, a, um* (p.p.p. de specto)
considérer	*specto, as, are, avi, atum*
construire	*struo, is, ere, struxi, structum*
consul (magistrat suprême)	*consul, consulis* (m.)
contempler	*conspicio, is, ere -spexi, spectum*
contraindre	*cogo, is, ere coegi, coactum*
contraire	*contrarius, a, um* ad (prép.+acc.)
contre	*adversus (prép.+acc.)*
convenable	*decorus, a, um*
convenable	*idoneus, a, um*
convient (il)	*decet* (impersonnel)
convoiter	*cupio, is, ire, ii (ou ivi), itum*
coq	*gallus, i* (m.)
coquille, crâne	*testa, ae* (f.)
corne	*cornu, us*(n.)
corps	*corpus, corporis* (n.)
corrompre	*corrumpo, is, eres -rupi, -ruptum*
couchant	*occidens, occidentis* (p. prés de occido)
coucher (se)	*occido, is, ere, occidi, occasum*
coude	*cubitus, i* (m.)
coudée	*cubitus, i* (m.)
coulant	*liquidus, a, um*
couler (autour)	*circumfluo, is, ere, fluxi, fluxum*
couler	*fluo, is, ere, fluxi fluxum*
coupe (à boire)	*poculum, i* (n.)
couper la parole	*interloquor, eris, i, interlocutus sum*
courage	*animus, i,* (m.)
courage	*virtus, virtutis* (f.)
courageux(se)	*fortis, e*
courir	*curro, is, ere, cucurri, cursum*
courir (au-devant)	*occurro, is, ere, occurri, occursum*
cours (d'eau)	*fluvius, ii* (m.)
coutume	*mos, moris* (m.)
couvrir	*tego, is, ere, texi, tectum*
craindre	*metuo, is, ere, metui, metutum*
craindre	*timeo, es, ere, timui*
craindre respectueusment	*vereor, eris, eri, veritus sum*
crâne	*testa, ae* (f.)
crasseux(se)	*sordidus, a, um, avi, atum*
crier	*clamo, as, are, avi, atum*
crime	*scelus, sceleris* (n.)
croire	*credo, is, ere, credidi, creditum*

croître	*adulesco, is, ere, adolevi, adultum*
cueillir	*carpo, is, ere, carpsi, carptum,*
cueillir	*eligo, is, ere, elegi, electum*
cueillir de	*excerpo, is, ere, excerpsi, exerptum*
culture	*humanitas, humanitatis* (f.)
d'abord	*primum* (adv.)
d'où ?	*unde ?*
danger	*periculum, i* (n.)
dans	*in* (+acc. ou abl.)
danser	*salto, as, are, avi, atum*
de	*de* (prép. + abl.)
de	*ex* (ou e) (prép. + abl.)
de là	*inde* (prép.)
de	*ab (ou a)* (prép.+abl.)
dé	*alea, ae,* (f.)
déambuler	*ambulo, as, are avi, atum*
débattre	*disputo, as, are, avi, atum*
début (le...de)	*primus, a, um*
décéder	*decedo, is, ere, -cessi, -cessum*
décevoir	*decipio, is, ere, -cepi, -ceptum*
décider	*instituo, is, ere -tui, -tutum*
déclin	*occasus, us* (m.)
dédier (à)	*dedico, as, are, avi, atum,* (+dat.)
déduire	*deduco, is, ere, deduxi, deductum*
déesse	*dea, ae* (f.)
défendre	*defendo, is, ere, defensi, defensum*
défilé boisé	*saltus, us* (m.)
défier (se...de)	*diffido, is, ere, diffisus sum (+dat.)*
degré	*gradus, us* (m.)
déjà	*jam* (adv.)
demain	*cras* (adv.)
demander	*interrogo, as, are, avi, atum*
demander	*postulo, as, are, avi, atum*
demander	*rogo, as, are, avi, atum*
demander (se...si)	*dubito, as, are,avi, atum (an)*
demeure, gîte,	*mansio, mansionis* (f.)
demeurer	*maneo, es, ere, mansi, mansum*
demi(e)	*dimidius, a, um*
dénombrer	*numero, as, are, avi, atum*
dent	*dens, dentis* (m.)
déployer	*pando, is, ere, pandi, pansum*
déposer	*depono, is, ere, deposui, depositum*
depuis combien de temps ?	*quamdudum ?*
depuis longtemps	*jamdiu* (adv.)
dernier (e) (le, la),	*postremus, a, um*
dernier(e),	*ultimus, a um*
dérober	*furor, aris, ari -atus sum,*
derrière	*post* (prép. + acc.)
désastre	*clades, is* (f.)
descendre	*descendo is, ere, descendi, descensum*
descendre (faire)	*deduco, is, ere, deduxi, deductum*
déserté(e)	*desertus, a um* (p.p.p. de desero)
déserter	*desero, is, ere, deserui, desertum*
désirer	*cupio, is, ire, ii (ou ivi), itum*
désireux(se) (de)	*cupidus, a, um* (+gén.)
dessein	*consilium, ii* (n.)
dessous	*sub* (prép +acc. ou abl.)
désunion	*discordia, ae* (f.)
déterminé(e)	*certus, a, um*
détourner de	*abduco, is, ere, -duxi, -ductum*
détruire, corrompre	*corrumpo, is, eres -rupi, -ruptum*
détruire	*deleo, es, ere, evi etum*
devant	*ante* (prép+acc.)
devant	*ob* (prép+acc.)
devant	*prae* (prép + abl.)
devant	*pro* (pré +abl.)
devenir	*fio, fis, fieri factus sum,*
devin	*vates, is* (m.)
devoir, charge	*munus, muneris* (n.)
Diane	*Diana, ae* (f.)
dieu	*deus, i* (m.)
différent	*alius, a, ud* (pron./adj.) (gén. : alius)
différent(e)	*alienus, a, um*
différer	*differo, fers, ferre, distuli, dilatum*
difficile	*difficilis, e*
digne (de+ un verbe)	*dignus, a, um* (qui+subj.)
digne (de+un nom)	*dignus, a, um* (+abl.)
diligence	*diligentia, ae* (f.)
dîner	*cena, ae* (f.)
dire	*dico, is, ere dixi, dictum*
diriger	*praesum, es, esse, fui* (+dat.)
diriger	*regno, as, are, avi, atum*
diriger	*rego, is, ere, rexi, rectum*
dis-je, dis-tu, dit-il	*inquam, inquis, inquit* (en incise)
disciple	*discipulus, i* (m.)
discipline	*disciplina, ae*
discordant	*discordo, as, are, avi atum*
discorde	*discordia, ae* (f.)
discours	*oratio, onis* (f.)
discours	*sermo, onis* (f.)
discuter	*colloquor, eris, i,collocutus sum*

discuter	*dispūto, as, are, avi, atum*
dissemblable	*dissimilis, e*
distinguer	*diligo, is, ere, dilexi, dilectum*
district	*regio, onis* (f.)
doigt	*digitus, i* (m.)
domaine, maison	*domus, us* (f.) < locatif : domi >
don	*donum, i* (n.)
donc	*ergo* (conj.)
donner	*do, das, dare dedi, datum*
dormir	*dormio, is, ire, ii (ou ivi) itum*
douleur	*dolor, doloris* (m.)
doute	*dubium, ii* (n.)
douter	*dubito, as, are, avi, atum (an)*
doux(ce)	*dulcis, e*
dresser	*erigo, is, ere, erexi, erectum*
droit(e)	*rectus, a, um* (p.p.p. de rego)
du haut de	*de* (prép. + abl.)
dur(e)	*durus, a, um*
eau	*aqua, ae* (f.)
échoir	*contingo, is, ere, contigi, contactum*
échoppe	*taberna, ae* (f.)
éclairer	*luceo, es, ere, luxi*
école	*ludus, i* (m.)
écouter	*audio, is, ire, ivi, itum*
écrire,	*scribo, is, ere, scipsi, scriptum*
écrit (l'), écrit (e)	*scriptus, a, um* (p.p.p. de scribo)
édifier	*aedifico, as, are, avi, atum.*
effectuer	*efficio, is, ere, effeci, effectum*
effet	*effectus, us* (m.)
effrayer	*terreo, es, ere, terrui, territum*
égarer (s')	*erro, as, are, avi, atum*
égout	*cloaca, ae* (f.)
Egypte	*Aegyptus, i* (f.)
eh bien	*atqui* (conj.)
élève	*discipulus, i* (m.)
élevé(e)	*altus, a, um*
élire	*eligo, is, ere, elegi, electum*
éloigner (s')	*decedo, is, ere, -cessi, -cessum*
éloigner (s')	*abeo, is, ire, -ii, itum*
emmener	*abduco, is, ere, -duxi, -ductum*
empêcher	*obsto, as, are, obstiti* (+dat.)
empêcher	*veto, as, are, vetui, vetitum*
empêcher	*impedio, is, ire, ivi, itum*
empire	*imperium, ii* (n.)
empoignade	*pugna, ae* (f.)
emporter	*aufero, fers, ferre, abstuli, ablatum*
emporter	*effero, fers, ferre, extuli, elatum*
enceinte (carcérale)	*carcer, eris* (m.)
encore	*etiam* (adv.)
endroit	*locus, i* (m.)
endurance	*patientia, ae* (f.)
endurer	*patior, eri, i, passus sum*
énergique	*acer, acris,* (adj.)
énergiquement	*acriter* (adj.)
enfance	*pueritia ae* (f.)
enfant	*puer, pueri* (m.)
enfants	*liberi, -orum* (m. pl.)
enfin	*tandem* (adv.)
enlever	*aufero, fers, ferre abstuli, ablatum*
enlever	*rapio, is, ere,*
ennemi	*hostis, is* (m.)
ennemi (personnel)	*inimicus, i* (m.)
enseignant	*magister, magistri* (m.)
enseigner (à qq'un)	*doceo, es, ere, docui, doctum* (+acc.)
ensuite	*deinde* (adv.)
ensuite	*postea* (adv.)
entamer	*incipio, is, ere, cepi, -ceptum*
entier(e)	*totus, a, um (gén. totius)*
entourer (par l'eau)	*circumfluo, is, ere, fluxi, fluxum*
entre	*inter* (prép. + acc.)
entre temps	*interim* (adv.)
entrer (dans)	*ingredrior, eris, i, ingressus sum*
entrer (dans)	*ineo, in, ire, ii (ivi), itum*
énumérer	*numero, as, are, avi, atum*
envie	*invidia, ae* (f.)
envoler (s')	*volo, as, are, avi, atum*
envoyé (e)	*mandatus, a, um* (p.p.p. de mando)
envoyé (l')	*legatus, i* (m.)
envoyé(e)	*missus, a, um* (p.p.p. de mitto)
envoyer	*mitto, is, ere, misi, missum*
épargner (qqun)	*parco, is, ere, peperci, parsum* (+dat.)
épine	*spina, ae* (f.)
époque	*aetas, aetatis* (f.)
épouse	*uxor, oris* (f.)
éprouver	*experior, iris, i, experitus sum*
ériger	*erigo, is, ere, erexi, erectum*
errer	*erro, as, are, avi atum*
esclave	*servus, i* (m.)
Espagne	*Hispania, ae* (f.)
espèce	*genus, generis* (n.)
espérance	*spes, ei* (f.)
espérer	*spero, as, are, avi, atum*
espoir	*spes, ei* (f.)
esprit, âme	*animus, i,* (m.)
esprit	*mens, mentis* (f.)
est-ce que (par hasard) ?	*num. ?*

est-ce que.. ne pas ?	*nonne*
estimé(e)	*spectatus, a, um* (p.p.p. de specto)
estimer, penser	*puto, as, are, avi*
estival (e)	*aestivus, a, um*
et ne...pas,	*nec*
et que...ne pas	*neve* (conj.)
et, de plus	*immo* (adv.)
État (l')	*res publica* (f.)
État (l')	*civitas, civitatis* (f.)
été	*aestas. aestatis*(f.)
été (d')	*aestivus, a, um*
étendre	*pando, is, ere, pandi, pansum*
étendre (s')	*pateo, es, ere, patui*
éternellement	*perpetuo* (adv.)
étoile, astre	*astrum, i* (n.)
étonnant(e)	*mirabilis, e*
étonnant(e)	*mirus, a, um*
étonner (s'...de)	*miror, aris, ari, miratus sum*
étranger	*peregrinus, i* (m.)
étranger(e)	*alienus, a, um*
être là	*adsum, es, esse, -fui*
être (en désaccord)	*discordo, as, are, avi, atum*
être absent	*absum, es, esse, -fui*
être attentif	*diligo, is, ere, dilexi, dilectum*
être couché(e)	*cubo, as, are, avi, atum*
être différent	*differo, fers, ferre, distuli, dilatum*
être dressé (e)	*sto, stas, stare, steti, statum*
être esclave	*servio, is, ire, i, itum*
être fait(e)	*fio, fis, fieri factus sum,*
être humain, homme	*homo, hominis* (m.)
être loin de	*absum, es, esse, -fui*
être paisible	*requievi, -etum*
être présent,	*adsum, es, esse, -fui*
être utile (à)	*prosum, prodes, prodesse, profui* (+dat.)
être vert	*vigeo, es, ere, vigui*
être vigilant	*vigilo, as, are, avi, atum*
être vigoureux	*valeo, es, ere, valui, valitum*
être vigoureux	*vigeo, es, ere, vigui*
étroit(e)	*angustus, a, um*
étude	*discipula, ae*
étudier	*studeo, es, ere, studui* (+dat.)
évacuer	*educo, is, ere, eduxi, eductum*
évidemment	*scilicet* (adv.)
exhorter	*hortor, aris, ari, hortatus sum*
expulser	*exago, is, ere exegi, exactum*

extérieur (e)	*exterior, ius*
extraire	*excerpo, is, ere, excerpsi, excerptum*
extrême	*extremus, a, um*
extrémité (l'...de)	*extremus, a, um*
extrémité (l'... de)	*ultimus, a, um*
fable	*fabula, ae* (f.)
facile	*facilis, e*
facilement	*facile* (adv.
face (en...de)	*adversus (prép.+acc.)*
façon	*modus, i* (m.)
faculté	*facultas, atis* (f.)
faim	*fames, is* (f.)
faire	*ago, is, ere, egi, actum*
faire	*facio, is, ere, feci, factum*
faire confiance	*credo, is, ere, credidi, creditum*
faire (des études)	*disco, is, ere, didici, discitum*
faire assez	*satisfacio, is, ere, satisfeci, -fectum*
faire avancer	*ago, is, ere, egi, actum*
faire complètement	*conficio, is, ere, -feci, -fectum*
faire du tort (à)	*noceo, es, ere, nocui, nocitum* (+dat.)
faire en sorte que	*efficio, is, ere, effeci, effectum*
faire grâce (à)	*parco, is ere, peperci, parsum* (+dat.)
faire l'ascension de	*ascendo is, ere, -di, -sum*
faire obstacle (à)	*obsto, as, are, obstiti (+dat.)*
faire passer	*traduco, is, ere, traduxi, traductum*
faire plaisir (à)	*juvo, as are, juvi, jutum* (−acc.)
faire tomber	*occido, is, ere, occidi, occisum*
faire venir	*voco, as, are, avi, atum*
fait(e)	*actus, a, um* (p.p.p de ago)
fait (en)	*vero* (adv.)
fallacieux (se)	*fallax, fallacis*
famille	*familia ae* (f.)
famille	*gens, gentis* (f.)
fatigue	*labor, oris,* (m.)
faux (fausse),	*falsus, a, um*
faveur (en...de)	*pro* (prép.+abl.)
favoriser	*adjuvo, as, are, -juvi, -jutum*
féliciter	*laudo, as, are, avi, atum*
femme	*femina, ae* (f.)
femme, épouse	*mulier, mulieris* (f.)
fermer	*claudo, is, ere, clausi, clausum*
féroce	*ferox, ferocis*
feu	*ignis, is* (m.)
fève	*faba, ae* (f.)
fiction	*fabula, ae* (f.)
fidélité	*fides, fidei* (f.)
fier (se...à)	*fido, es, ere, fisus sum* (+dat.)

fille (jeune)	*virgo, virginis* (f.)
fils	*filius, ii* (m.)
fin (de)	*postremus, a, um*
fin, limite, terme	*finis, is* (f.)
fini (e)	*actus, a, um* (p.p.p. de ago)
fleur	*flos, floris* (f.)
fleuve	*flumen, fluminis* (n.)
flot	*fluvius, ii* (m.)
fluide	*liquidus, a, um*
flûte	*tibia, ae* (f.)
foi	*fides, fidei* (f.)
folie	*furor, furoris* (m.)
fond (au ...de)	*intimus, a, um*
force	*vis* (f.) (défectif)
force d'âme	*virtus, virtutis* (f.)
forêt	*silva, ae* (f.)
fort(e)	*fortis, e*
fortune, sort	*fortuna, ae* (f.)
forum,	*forum, i* (n.)
foudre	*fulmen, fulminis* (n.)
foule	*multitudo, multitudinis* (f.)
foyer	*atrium, ii* (n.)
franchir	*transeo, is, ire, ii (ivi), transitum*
frapper	*ico, is, ere, ici, ictum*
frère	*frater, fratris,* (m.)
froid(e)	*frigidus, a, um*
fromage	*caseus, i* (m.)
froment	*frumentum, i* (n.)
fuir	*fugio, is, ere, fugi*
fureur	*furor, furoris* (m.)
futur (e)	*futurus, a, um* (p. fut de esse)
gage	*obsis, obsidis* (m.)
gai (e)	*laetus, a, um*
gaieté	*laetitia, ae* (f.)
garantie	*obsis, obsidis* (m.)
garder, conserver	*servo, as, are, avi, atum*
gardien	*custos, custodis* (m.)
gâter	*corrumpo, is, eres -rupi, -ruptum*
Gaule	*Gallia, ae* (f.)
Gaulois	*Gallus. i* (m.)
gaulois(e)	*gallicus, a, um*
général	*imperator, oris* (m.)
genre	*genus, generis* (n.)
gentil(le), doux	*dulcis, e*
germain(e)	*germanicus, a, um*
giron	*gremium, ii* (n.)
gîte	*mansio, mansionis* (f.)
glisser	*labor, eris, i, lapsus sum*
gloire	*gloria, ae* (f.)
gorge (géogr)	*saltus, un* (m.)
goûter, déguster	*gusto, as are, avi, atum*
gracile	*gracilis, e*
grand(e)	*magnus, a, um*
grand(e) (le...plus, très)	*maximus, a, um*
grand(e) (plus)	*major, majoris*
grandement	*magnopere* (adv.)
grandeur (de telle)	*tantus, a, um*
grandir, croître	*adulesco, is, ere, adolevi, adultum*
gravité	*gravitas, tatis* (f.)
grec(que)	*graecus, a, um*
Grèce	*Graecia, ae* (f.)
grêle	*gracilis, e*
grief	*crimen, criminis* (n.)
gué	*vadum, i* (n.)
guérir	*salvo, as, are, avi, atum*
guerre	*bellum, i* (n.)
guerrier(e)	*militaris, e*
guide	*dux, ducis* (m.)
guider	*rego, is, ere, rexi, rectum*
habile	*sollers, sollertis*
habitant	*incola, ae* (m.)
habiter	*incolo, is, ere, incolui* (+acc.)
hasard	*alea, ae,* (f.)
hâter (se)	*festino, as, are avi, atum*
haut (le...de),	*summus, a, um*
haut (plus)	*summus, a, um*
haut (plus)	*supremus, a, um*
haut(e),	*altus, a, um*
hébreu(e)	*hebraïcus, a, um*
Héduens (les) (peuple gaulois)	*Haedui, orum* (m. pl.)
heure	*hora, ae* (f.)
heureux (se)	*beatus, a, um*
heureux (se),	*prosper, a, um*
heureux(se)	*felix, felicis*
heurter	*offendo, is, ere, offensi, offensum.*
hier	*heri* (adv.)
histoire	*historia, ae* (f.)
hiver	*hiems, hiemis* (f.)
hommage	*honos, honoris* (m.)
homme	*homo, hominis* (m.)
homme (jeune)	*adulescens, ntis* (p. prés de adolesco)
homme (plus âgé)	*senior, oris* (m.)
homme (viril)	*vir, viri* (m.)
honneur	*honos, honoris* (m.)
honorablement	*honeste* (adv.)
honteux(se)	*turpis, e*
horrible	*horribilis, e*
hors de	*ex (ou e)* (prép. + abl.)
huître	*ostrea, ae* (f.)
humain(e)	*humanus, a, um*
humanité	*humanitas, humanitatis* (f.)
humble	*humilis, e*
humus	*humus, i* (m.)
ici (sans mouvement)	*ibi* (adv.)
Ides (les)	*Idus, uum* (f .pl.)
idiot (e), imbécile	*stultus, a, um*
idoine	*idoneus, a, um*
ignare	*ignarus, a, um*
ignorant(e)	*ignarus, a, um*
ignorer	*nescio, is, ire, ii (ivi) itum*
il convient	*oportet* (impersonnel)

il est opportun *oportet* (impersonnel)
il est permis *licet* (impersonnel)
il plaît *libet* (impersonnel)
il pleut *pluit* (défectif)
il tonne *tonat* (impersonnel)
île *insula, ae* (f.)
illustre *clarus, a, um*
illustre *illustris, e*
imiter *imitor, aris, ari, atus sum*
impur(e) *pollutus, a, um* (p.p.p. de polluo)
incroyable *incredibilis, e*
inférieur *inferior, ius*
infime *infimus, a, um*
influent(e) *potens, potentis* (adj.)
ingénieux(se) *ingeniosus, a, um*
ingénieux(se)
inique *iniquus, a, um*
injuste *iniquus, a, um*
inscrire *scribo, is, ere, scipsi, scriptum*
inspecter *specto, as, are, avi, atum*
instituer *instituo, is, ere -tui, -tutum*
intelligemment *sapienter*
intelligence *sapientia, ae* (f.)
intelligent (e), *ingeniosus, a, um*
intelligent(e) *sapiens, sapientis* (p. prés. de sapio)
interdire *veto, as, are, vetui, vetitum*
interdit (ce qui est) *nefas* (nom indéclinable)
intérieur *interior, ius*
intermédiaire *medius, a, um*
interroger *rogo, as, are, avi, atum*
interroger *interrogo, as, are, avi, atum*
interrompre *interloquor, eris, i, interlocutus sum*
inventer *invenio, is, ire, inveni, inventum*
Italie (d'), italique *italicus, a, um*
jadis *olim* (adv.)
jalousie *invidia, ae* (f.)
jamais *nunquam* (adv.)
jardin *hortus, i* (m.)
jeter *jacio, is, ere, jeci, jactum*
jeter devant, *objicio, is, ere, objeci, objectum*
jeu (de dés) *alea, ae,* (f.)
jeu *ludus, i* (m.)
jeune fille *puella, ae* (f.)
jeune homme *junior, oris* (m.)
jeune homme *juvenis, is* (m.)
jeunesse *juventus, juventutis* (f.)
Jeux Olympiques *Olympiae, arum* (f.pl.)
joie *gaudium, i* (n.)
joie *laetitia, ae* (f.)
joindre *conjungo, is, ere -junxi, junctum*
joueur de flûte *tibicen, tibicinis* (m.)
jouir (de) *fruor, eris, i, fructus sum* (+abl.)
jour, journée *dies, diei* (m. parfois f.)
jour (un) *aliquando* (adv.)
jour (un) *quondam*
joyeux(se) *laetus, a, um*
juger *judico, as, are, avi, atum*
juif (ve), de Judée *judaeus, a, um*
Junon *Juno, Junonis* (f.)
Jupiter *Jupiter, Jovis* (m.)
jusqu'à *usque.. ad*
jusqu'où *quousque*
justement *juste* (adv.)
l'autre (de 2) *alter, a, um* (pron./adj.) (gén : alterius)
lac *lacus, us* (m.)
laisser *relinquo, is, ere, reliqui, relictum*
langue, langage *lingua, ae* (f.)
laquelle ? *quis, quae, quod ?*
large *latus, a, um*
largeur *latitudo, latitudinis* (f.)
larme *lacrima, ae* (f.)
latin(e) *latinus, a, um*
Latium *Latium* (n.)
laurier *laurus, i* (f.)
laver *lavo, as, are, avi, atum*
leçon *lectio, onis* (f.)
légion *legio, legionis* (f.)
lendemain *postridie* (adv.)
lequel (laquelle) des deux ? *uter, utra, utrum* (gén. utrius)
lequel ? *quis, quae, quod ?*
lettre (de l'alphabet) *littera, ae* (f.)
lettre, missive *epistula, ae* (f.)
levant *oriens, orientis* (p. prés. de orior)
lever (se) *orior, iris, iri, ortus sum*
lever (se) *surgo, is, ere, surrexi, surrectum*
liberté *libertas, -tatis* (f.)
libre *liber, libera, liberum*
lié(e) ensemble *conjunctus, a, um* (p.p.p. de conjungo)
lieu *locus, i* (m.)
lieu de séjour *mansio mansionis* (f.)
limite, terme *finis, is* (f.)
limpide *liquidus, a, um*
lire *lego, is, ere, legi lectum*
lit *lectus, i* (m.)
littérature *litterae, arum* (f.pl.)
livre *liber, libri* (m.)
livre (poids) *libra, ae* (f.)
loge (de théâtre) *taberna, ae* (f.)
loi *lex, legis* (f.)
loin *longe* (adv.)
long(ue) *longus, a, um*
longueur *longitudo, longitudinis* (f.)

loquace	*loquax, loquacis*
lorsque	*ubi* (conj.)
louer	*laudo, as, are, avi, atum*
loup	*lupus, i* (m.)
louve	*lupa, ae* (f.)
Lucrèce	*Lucretius, i* (m.)
lui, elle, le, la, ce, celle	*is, ea, id* (pron./adj.)
lui-même, elle-même	*ipse, ipsa, ipsud* (pron./adj.)
luire	*luceo, es, ere, luxi*
lumière	*lux, lucis* (f.)
lune	*luna, ae* (f.)
Lutèce	*Lutetia, ae* (f.)
magistrat	*magistratus, us* (m.)
magnifique	*magnificus, a, um*
main	*manus, us* (f.)
maintenant	*nunc* (adv.)
maintenir	*teneo, es, ere, tenui, tentum*
mais	*at* (conj.)
mais	*vero* (adv.)
mais	*autem* (conj.)
maison	*domus, un* (f.) < locatif : domi >
maître	*magister, magistri* (m.)
maître (de maison)	*dominus, i* (m.)
mal	*male* (adv.)
mal (très)	*pessime* (adv.)
maladie	*morbus, i* (m.)
malheureux(se)	*miser, misera, miserum*
mandaté(e)	*mandatus, a, um* (p.p.p. de mando)
mandater	*mando, as, are, avi, atum* (+dat.)
manger	*edo, is, ere, edi*
manière	*ars, artis* (f.)
manière	*modus, i* (m.)
manquer (à)	*desum, es, esse, fui* (+dat.)
manteau	*pallium, ii* (n.)
marchand	*mercator, oris* (m.)
marcher	*cedo, is, ere, cessi, cessum*
marcher(devant), progresser	*progredior, eris, i, progressus sum*
marcher, aller	*vado, is, ere* (défectif)
mariage	*matrimonium, ii* (n.)
mariage, noces	*nuptiae, arum* (f.pl.)
marin	*nauta, ae* (m.)
Mars	*Mars, Martis* (m.)
Marseille	*Massilia, ae* (f.)
massacre	*caedes, is* (f.)
mauvais (e)	*malus, a, um*
mauvais(e) (très)	*pessimus, a, um*
mauvaise situation	*maleficium, ii* (n.)
méchanceté	*invidia, ae* (f.)
méchant (e)	*malus, a, um*
méditerranéen, (ne)	*mediterraneus, a, um*
méfait	*maleficium, ii* (n.)
meilleur(e)	*melior, melius*
meilleur(e) (le, la)	*optimus, a, um*
même (de)	*item* (adv.)
même (le ou la)	*idem, eadem, idem* (pron./adj)
même si	*etsi* (conj.)
même si	*tametsi* (conj.)
même	*etiam* (adv.)
mémoire (le)	*commentarius, ii* (m.) < ou -ium, ii, (n.) >
mener	*duco, is, ere, duxi ductum*
mener hors	*educo, is, ere, eduxi, eductum*
meneur, chef	*dux, ducis* (m.)
mensonger (e)	*falsus, um*
mer	*mare, maris* (n.)
mère	*mater, matris* (f.)
mère (de famille)	*matrona, ae* (f.)
méridional(e)	*meridianus, a, um*
messager	*nuntius, i* (m.)
méthode	*ratio, onis* (f.)
mettre à l'épreuve	*experior, iris, i, experitus sum*
mettre devant, préférer	*praefero, fers, ferre, praetuli, -latum*
mettre en cause	*accuso, as, are, avi, atum*
mettre sous	*subjicio, is, ere, subjeci, subjectum*
mettre un terme	*desino, is, ere, desii, desitum.*
meurtre	*caedes, is* (f.)
midi, (du)	*meridianus, a, um*
mieux	*melius* (adv.)
mieux (le)	*optime* (adv.)
milieu (au)	*medius, a, um*
militaire,	*militaris, e*
Minerve	*Minerva, ae* (f.)
minime	*minimus, a, um*
misérable	*miser, misera, miserum*
missive	*epistula, ae* (f.)
missive	*litterae, arum* (f.pl.)
mode	*modus, i* (m.)
mœurs	*mos, moris* (m.)
moins	*minus* (adv.)
mois	*mensis, is* (m.)
moitié (de), demi (e)	*dimidius, a, um*
monde	*terra, ae*
monter	*ascendo, is, ere, -di, -sum*
montrer	*monstro, as, are, avi, atum*
mort	*mors, mortis* (f.)
mort (e)	*mortuus, a, um* (p.p.p. de morior)
mot	*verbum, i* (n.)
mourir	*intereo, in, ire, ii (ivi), itum*
mourir	*morior, iris, iri, mortuus sum,*
mouvoir, émouvoir	*moveo, es, ere, movi, motum.*
multitude	*multitudo, multitudinis* (f.)
musicien (flûte)	*tibicen, tibicinis* (m.)
muter	*muto, as, are, avi, atum*
naître	*nascor, eris, i natus sum,*
naître	*orior, iris, iri, ortus sum*

Naples	*Neapolis, is* (f.)
narrer	*narro, as, are, avi, atum*
natal(e),	*natalis, e*
nature	*natura, ae* (f.)
naufrage	*naufragium, ii* (n.)
navigateur	*nauta, ae* (m.)
naviguer	*navigo, as, are, avi, atum*
navire	*navis, is* (f.)
ne pas savoir	*nescio, is, ire, ii (ivi) itum*
ne pas vouloir	*nolo, non vis, nolle, nolui,*
ne.. pas, non	*non* (conj.)
néanmoins	*nihilominus* (adv.)
nécessaire	*necesse* (adj. indéclinable)
né(e) (de)	*natus, a, um* (p.p.p. de nascor)
négoce	*negotium, ii* (n.)
ni l'un (e), ni l'autre	*neuter, neutra, neutrum*
Nîmes	*Nemausum, i* (n.)
noble	*nobilis, e*
noces	*nuptiae, arum* (f.pl.)
noir (e)	*ater, tra, trum*
nom (propre)	*nomen, nominis* (n.)
nom (mot)	*verbum, i* (n.)
nombre	*numerus, i* (n.)
nombreux(ses)	*multi, ae, a*
nombreux(ses) (plus)	*plures, plura*
nommer	*voco, as, are, avi, atum*
Nones	*Nonae, arum* (f.pl.)
noter	*noto, as, are, avi, atum*
nouveau (nouvelle)	*novus, a, um*
nuire (à)	*noceo, es, ere, nocui, nocitum* (+dat.)
nuit	*nox, noctis* (f.)
nul(e)	*nullus, a, um*
obéir (à)	*pareo, es, ere, parui, paritum* (+dat.)
objecter	*objicio, is, ere, objeci, objectum*
obscur(e)	*obscurus, a, um*
obséder	*obsideo, es, ere, obsessi, obsessum*
observer, respecter	*observo, as, are, avi, atum*
occident	*occidens, occidentis* (p. prés de occido)
occuper	*teneo, es, ere, tenui, tentum*
œuf	*ovum, i* (n.)
œuvre	*opus, operis* (n.)
offrir	*offero, fers, ferre, obtuli, oblatum*
oiseau	*avis, is* (m.)
olive	*olea, ae* (f.)
olivier	*olea, ae* (f.)
Olympiades	*Olympiae, arum* (f.pl.)
omettre	*omitto, is, ere, omisi, omissum*
onguent	*unguentum, i* (n.)
opposé(e)	*contrarius, a, um*
oppresser	*opprimo, is, ere, oppressi, -pressum*
opprimer	*opprimo, is, ere, oppressi, -pressum*
opulent (e)	*dives, divitis*
or (conj.)	*atqui* (conj.) *at* (conj.)
or (l')	*aurum, i* (n.)
orateur	*orator, oris* (m.)
ordonner	*impero, as, are, avi, atum*
ordonner (à)	*jubeo, es, ere, jussi, jussum* (+acc.)
ordre	*imperium, ii* (n.)
orgueilleux(se)	*superbus, a, um*
orient	*oriens, orientis* (p. prés de orior)
originaire de	*natus, a, um* (p.p.p. de nascor)
origine	*origo, originis* (f.)
oser	*audeo, es, ere, ausus sum*
otage	*obsis, obsidis* (m.)
ou	*aut* (conj.)
ou	*vel* (conj.)
où ?	*ubi ?*
ou bien	*aut* (conj.)
ou plutôt	*vel* (conj.)
oublier	*obliviscor, eris, i, oblitus sum*
oublier	*omitto, is, ere, omisi, omissum*
oui	*ita* (adv.)
ouvrage	*opus, operis* (n.)
page (la)	*pagina, ae* (f.)
pain	*panis, is* (m.)
paix	*pax, pacis*
paix (en...)	*quietus, a, um* (p.p.p de quiesco)
Palatin (mont)	*Palatium, i* (n.)
par où ?	*qua ?*
par, à travers,	*per* (prép + acc.)
paraitre	*videor, eris, eri, visus sum*
parce que	*quia*
parce que	*quod*
pardonner (à)	*ignosco, is, ere, ignovi, ignotum* (+acc.)
pareillement	*item* (adv.)
parfaire	*perficio, is, ere, perfeci, perfectum*
parfait (e)	*perfectus, a, um* (p.p.p. de perficio)
parfum	*unguentum, i* (n.)
Pâris (prince troyen)	*Paris, Paridis*
parler	*dico, is, ere, dicos, dictum*
parler	*loquor, eris, i, locutus sum*
parler	*oro, as, are, avi, atum*
parler (avec)	*colloquor, eris, i, collocutus sum*
parmi	*inter* (prép. + acc.)
parole	*sermo, onis* (f.)
participer (à)	*intersum, es, esse, fui* (+dat.)
partie	*pars, partis* (f.)

partir de	*abeo, is, ire, -ii, -itum*
partir	*proficiscor, eri, i, profectus sum*
pas, degré	*gradus, us* (m.)
pas	*passus, us,* (m.)
pas (du tout)	*minime* (adv.)
pas encore	*nondum*
passé (e)	*praeteritus, a, um* (p.p.p. de praete-reo)
passer au-delà	*praetereo, is, ire, ii (ivi), itum*
passer au-delà	*pereo, is, ire, ii (ivi) itum*
passer l'été	*aestivo, as, are, avi, atum*
patience	*patientia, ae* (f.)
patrie	*patria, ae* (f.)
pauvre	*pauper, eris*
pauvreté	*paupertas, -atis* (f.)
paysan	*agricola, ae* (m.)
peindre	*pingo, is ere, pinxi, pictum*
peine, travail	*labor, oris,* (m.)
peine, soin	*cura, ae* (f.)
peiner, travailler	*laboro, as, ares avi, atum*
pendant combien de temps ?	*quamdiu ?*
pendant que	*dum* (conj.)
pénétrer	*ineo, in, ire, ii (ivi), itum*
pensée, esprit	*mens, mentis* (f.)
penser, réfléchir	*cogito, as, are, avi, atum*
penser, supputer	*puto, as, are, avi*
père	*pater, patris,* (m.)
périr	*intereo, in, ire, ii (ivi), itum*
périr	*pereo, is, ire, ii (ivi) itum*
permis (ce qui est)	*fas* (indéclinable)
perpétuellement	*perpetuo* (adv.)
persécuter	*persequor, eris, i, -cutus sum*
personne	*nemo, neminis* (pron.)
petit (plus)	*minor, minus*
petit caillou	*scripulus* (ou scrupulus), *i* (m.)
petit(e)	*parvus, a, um*
petit(e) (le...plus,très)	*minimus, a, um*
peuple	*plebs, plebis* (f.)
peuple	*populus, i* (m.)
peut-être	*fortasse* (adv.)
pièce (de théâtre)	*fabula, ae* (f.)
pied	*pes, pedis* (m.)
pierre	*lapis, lapidis* (f.)
piller	*spolio, as, are, avi, atum*
pire (au)	*pessime* (adv.)
pire (le, la)	*pessimus, a, um*
place forte	*oppidum, i* (n.)
place publique	*forum, i* (n.)
plaine	*campus, i* (m.)
plaire	*placeo, es, ere placui, placitum*
plaise au ciel que !	*utinam!*
plaisir	*voluptas, -atis* (f.)
plan	*ratio, onis* (f.)
Plaute	*Plautus, i* (n.)
plèbe	*plebs, plebis* (f.)
pleurer	*fleo, es, ere, evi etum*
pleurer	*lacrimo, as, are, avi, atum*
pluie	*imber, imbris* (f.)
plus	*magis* (adv.)
plus jeune	*plus*
plus profond	*junior, oris* (m.)
plusieurs	*intimus, a, um*
quelque, un	*nonnullus, a, um*
plutôt	*potius* (adv.)
poème	*carmen, carminis* (n.)
poésie	*poesis, is* (f.)
poète	*poeta, ae* (m.)
poids	*gravitas, tatis* (f.)
poing	*pugnus, i* (m.)
poisson	*piscis, is* (m.)
pomme	*malum, i* (n.)
pommier	*malus, i* (f.)
pont	*pons, pontis* (m.)
porte (de ville)	*porta, ae* (f.)
porter	*fero, fers, ferre, tuli, latum*
porter (ensemble)	*confero, fers, fere, contuli,*
porter (hors de)	*effero, fers, ferre, extuli, elatum*
porter devant	*profero, fers, ferre, protuli, -latum*
porter devant	*offero, fers, ferre, obtuli, oblatum*
porter son regard vers	*adspicio, is, ere, -spexi, -spectum*
posé(e),situé(e)	*positus, a, um* (p.p.p. de pono)
poser	*pono, is, ere, posui, positum*
poser devant	*antepono, is, ere, -posui, positum*
posséder	*habeo, es, ere, habui, habitum*
possibilité	*facultas, atis* (f.)
postérieur(e)	*posterior, ius*
postuler	*postulo, as, are, avi, atum*
pot	*testa, ae* (f.)
poule	*gallina, ae* (f.)
pour	*ob* (prép+acc.)
pour que...ne pas	*ne* (conj.)
pour cette raison	*ideo* (conj.)
pour que	*ut*
pour, devant	*pro* (pré +abl.)
pourquoi	*quare*
pourquoi ?	*cur ?*
pourquoi (c'est...)	*quare*
poursuivre	*persequor, eris, i, -cutus sum*
pourtant	*atqui* (conj.)
pousser (hors de)	*exago, is, ere exegi, exactum*
pousser à	*cogo, is, ere coegi, coactum*
pousser	*cogo, is, ere coegi, coactum*
pouvoir (le)	*imperium, ii* (n.)
pouvoir	*possum, potes, posse, potui*
pouvoir (le)	*potestas, -atis* (f.)
préférer	*antepono, is, ere, -posui, positum*

préférer	*malo, mavis, malle, malui*
préférer	*praefero, fers, ferre, praetuli, -latum*
premier	*primus, a, um*
premier de 2 (la première)	*prior, ius*
première	*primus, a, um*
prendre	*capio, is, ere, cepi, captum,*
prénom	*praenomen -nominis* (n.)
préparer	*paro, as, are, avi, atum*
près de	*ad* (prép.+acc.)
près de	*apud* (prép. + acc)
près de	*juxta* (prép.+acc.)
présenter	*profero, fers, ferre, protuli, -latum*
préserver	*servo, as, are, avi, atum*
presque	*paene* (adv.)
prétexte , (toge)	*praetexta, ae* (f.)
preuve	*argumentum, i* (n.)
prier, supplier	*oro, as, are, avi, atum*
printemps	*ver, veris* (n.)
pris(e)	*captus, a, um* (p.p.p. de capio)
prison	*carcer, eris* (m.)
prisonnier(e)	*captivus, a, um*
prix	*praemium, ii* (n.)
proche	*propinquus, a, um*
proche (plus)	*propior, propius*
proche (très)	*proxime* (adv.)
proche (très)	*proximus, a, um*
proclamer	*clamo, as, are, avi, atum*
produire (se)	*evenio, is, ire, eveni, eventum*
produire (se)	*contingo, is, ere, contigi, contactum*
produire (se)	*accido, is, ere, -cidi*
proférer	*profero, fers, ferre, protuli, -latum*
progresser	*progredior, eris, i, progressus sum*
prolonger	*perduco, is, ere, perduxi, -ductum*
promener (se)	*ambulo, as, are avi, atum*
prompt(e)	*celer, is, ere*
propos	*sermo, onis* (f.)
propre	*purus, a, um*
propre à	*idoneus, a, um*
prospère	*prosper, a, um*
protéger	*defendo, is, ere, defensi, defensum*
protéger	*tego, is, ere, texi, tectum*
proverbe	*proverbium, ii* (n.)
province	*provincia, ae* (f.)
prudent(e)	*prudens, prudentis*
public (que)	*publicus, a, um*
puissant(e)	*potens, potentis* (adj.)
pur(e),	*purus, a, um*
purification	*suffimentum, i* (n.)
quand ?	*quando ?*
quand	*ubi* (conj.)
que	*quam*
que	*quod*
que	*ut*
que.. ne.. pas	*quominus*
que...ne pas	*ne* (conj.)
quel(le)	*qui, quae, quod*
quel(lle)	*qualis, e*
quelle qualité (de...)	*qualis, e*
quelqu'un(e)	*quidam, quaedam, quicidam*
quelqu'un	*aliquis, a id* (pronom)
quelque chose	*aliquis, a id* (pronom)
quelque, un(e)	*ullus, a, um* genitif : ullius)
quelque, un, plusieurs	*nonnullus, a, um*
quelque.. que	*quamvis*
quelquefois (pas jamais)	*nonnunquam*
que... ne.....pas	*quin*
qui	*qui, quae, quod*
qui ?	*quis, quae, quod ?*
qui peut	*potens, potentis* (adj.)
quiconque	*quicumque, quaecumque, quodcumque*
quoique	*quanquam*
quotidiennement	*quotidie*
raconter	*narro, as, are, avi, atum*
raisin	*uva, ae* (f.)
raison, cause	*causa, ae* (f.)
raison	*ratio, onis* (f.)
raisonnable	*sapiens, sapientis* (p. prés. de sapio)
ramener	*reduco, is, ere, reduxi, reductum*
rapide	*celer, is, ere*
rapidement	*breviter*
rappeler	*revoco, as, are, avi, atum*
rapporter	*fero, fers, ferre, tuli, latum*
rapporter	*refero, fers, ferre, retuli, relatum*
rapprocher	*confero, fers, fere, contuli,*
rare	*rarus, a, um*
recevoir	*accipio, is, ere, -cepi, -ceptum*
recevoir	*recipio, is, ere, recepi, receptum*
récompense	*praemium, ii* (n.)
reconduire	*reduco, is, ere, reduxi, reductum*
reconnaître	*recognosco, is, ere, -gnovi*
redonner	*reddo, is, ere, -didi, ditum*
redouter	*metuo, is, ere, metui, metutum*
réduire	*reduco, is, ere, reduxi, reductum*
réfléchir	*cogito, as, are, avi, atum*
regarder	*adspicio, is, ere, -spexi, -spectum*
regarder	*conspicio, is, ere -spexi, spectum*

regarder, voir	*video, es, ere, vidi, visum*
regarder,	*specto, as, are, avi, atum*
régiment	*legio, legionis* (f.)
région	*regio, onis* (f.)
régir	*rego, is, ere, rexi, rectum*
registre	*tabula, ae* (f.)
régner	*regno, as, are, avi, atum*
réjouir (se)	*gaudeo, es, ere, gavisus sum*
relâcher	*remitto, is, ere, remisi, remissum*
relater	*refero, fers, ferre, retuli, relatum*
remède	*remedium, ii* (n.)
remettre	*remitto, is, ere, remisi, remissum*
Rémus	*Remus, i* (m.)
rencontrer	*occurro, is, ere, occurri, occursum*
rencontrer, heurter, offenser	*offendo, is, ere, offensi, offensum.*
rendre	*reddo, is, ere, -didi, ditum*
renommée (la)	*fama, ae* (f.)
rentrer	*redeo, is, ire, ii (ivi), itum*
répondre, se reporter à	*respondeo, es, ere, respondi,*
repos, oisiveté	*otium, ii* (f.)
reposer	*cubo, as, are, avi, atum*
reposer (se)	*requienco, is, ere,*
république	*res publica* (f.)
réputation	*fama, ae* (f.)
réputé(e)	*clarus, a, um*
respecter	*observo, as, are, avi, atum*
rester	*maneo, es, ere, mansi, mansum*
résultat	*effectus, us* (m.)
retarder	*differo, fers, ferre, distuli, dilatum*
retarder	*moror, aris, ari, atus sum*
rêve	*somnium, i* (n.)
revenir	*revenio, is, ire, ii (ivi), atum*
revenir	*redeo, is, ire, ii (ivi), itum*
rêver	*somnio, as, are,*
révoquer	*revoco, as, are, avi, atum*
Rhin	*Rhenus, i* (m.)
Rhône	*Rhodanus, i* (m.)
riche	*dives, divitis*
rien	*nihil* (pron.)
rigoureux (se)	*asper, era, erum*
rire	*rideo, es, ere, risi, risum*
rocher	*saxum, i* (n.)
roi	*rex, regis* (m.)
romain(e)	*romanus, a, um*
Rome	*Roma, ae* (f.)
Romulus	*Romulus, i* (m.)
rose	*rosa, ae* (f.)
rouge	*ruber, rubra, rubrum*
rude	*asper, era, erum*
rude	*durus, a, um*
ruisseau	*rivus, i* (m.)
rural(e)	*rusticus, a, um*
rustique	*rusticus, a, um*
écouler (s')	*fluo, is, ere, fluxi fluxum*
égarer (s')	*erro, as, are, avi atum*
éloigner (s')	*abeo, is, ire, -ii, -itum*
en aller (s')	*abeo, is, ire, -ii, -itum*
sable	*arena, ae* (f.)
sacré(e)	*sacer, sacra, sacrum*
sacrilège	*nefas* (nom indéclinable)
sage	*sapiens, sapientis* (p. prés. de sapio)
sage	*prudens, prudentis*
sagement	*sapienter*
sagesse	*sapientia, ae* (f.)
sain(e)	*sanus, a, um*
sale	*pollutus, a, um* (p.p.p de polluo)
sale	*sordidus, a, um, avi, atum*
saluer	*saluto, as, are, avi, atum*
salut !	*salve !*
salut !	*vale !*
sanglier	*aper, apri* (m.)
sans	*sine* (prép. + abl.)
satisfaire	*satisfacio, is, ere, satisfeci, -fectum*
sauf	*praeter* (ou praeterea) (prép.+acc)
saut	*saltus, us* (m.)
sauter	*salto, as, are, avi, atum*
sauvage	*ferox, ferocis*
sauver	*salvo, as, are, avi, atum*
savamment	*docte* (adv.)
savant (e)	*doctus, a, um* (p.p.p. de doceo)
savoir	*scio, is, ire, ii, itum*
scène	*scaena, ae* (f.)
scribe	*scriba, ae* (m.)
scrupule	*scripulus (ou scrupulus), i* (m.)
second (de 2)	*alter, a, um,* (pron./adj.) (gén : alterius)
seconder	*juvo, as, are, juvi, jutum* (+acc.)
secrétaire	*scriba, ae* (m.)
sédition	*seditio, onis* (f.)
séduire	*decipio, is, ere, -cepi, -ceptum*
sein, giron	*gremium, ii* (n.)
Seine	*Sequana, ae* (m.)
semblable	*similis, e*
sembler	*videor, eris, eri, visus sum*
Sénèque	*Seneca, ae* (m.)
sensé(e)	*sanus, a, um*
séparer	*abduco, is, ere, -duxi, -ductum*
séparer	*deduco, is, ere, deduxi, deductum*
service	*munus, muneris* (n.)

servir	*servio, is, ire, i, itum*
servir (se... de)	*utor, uteris, uti, usus sum* (+abl.)
setier (mesure)	*sextarius, i* (m.)
seul(e)	*solus, a, um* (génitif : solius)
si	*nec*
si	*si*
si seulement !	*utinam !*
si.. ne pas	*nisi* (conj.)
Sicile	*Sicilia, ae* (f.)
siècle	*saeculum, i* (n.)
signal	*signus, i* (m.)
signe	*signus, i* (m.)
simple	*simplex, simplicis*
sinistre	*sinister, sinistra, sinistrum*
situé au-dessus	*superior, ius*
situé (e) à gauche	*sinister, sinistra, sinistrum*
situé(e) à droite	*dexter, dextra, dextrum*
situé(e) en deça	*citerior, ius*
si... ne pas	*an* (conj.)
Socrate	*Socrates, is* (m.)
soif	*sitis, is* (f.)
soin	*cura, ae* (f.)
soir	*vesper, i* (m.)
soldat	*miles, militis*
soleil	*sol, solis* (m.)
solitaire	*solus, a, um* (génitif : solius)
sommeil	*somnus, i* (m.)
sommet	*summus, a, um*
sommet (adj.)	*supremus, a, um*
songe	*somnium, i* (n.)
sort	*fortuna, ae* (f.)
sortir (de)	*educo, is, ere, eduxi, eductum*
sortir (de)	*egredior, eris, i, egressus sum*
sortir (de)	*exeo, is, ire, ii, itum*
souci, soin	*cura, ae* (f.)
souffrir	*doleo, es, ere, dolui, dolitum*
souffrir, subir	*patior, eri, i, passus sum*
souhaiter	*opto, as, are, avi, atum*
souillé(e)	*pollutus, a, um* (p.p.p de polluo)
soumettre	*subjicio, is, ere, subjeci, subjectum*
sous	*sub (prép +acc. ou abl.)*
soutenir	*sustineo, es, ere, sustinui, -tentum*
souvenir (se... de)	*memini,meminisse* (+gén.)
souvent	*saepe* (adv.)
spectacle	*spectaculum, i* (n.)
spolier	*spolio, as, are, avi, atum*
statue	*statua, ae* (f.)
subitement	*subito* (adv.)
suivant(e)	*posterior, ius*
suivre	*sequor, eris, i, secutus sum*
sujet (au...de)	*de* (prép.+abl.)
sujet (au...de)	*super* (prép.+acc.ou abl.)
superbe	*superbus, a, um*
supérieur(e)	*superior, ius*
supplier	*oro, as, are, avi, atum*
supporter	*patior, eri, i, passus sum*
supputer	*computo, as, are, avi, atum*
supputer	*puto, as, are, avi*
suprême	*supremus a, um*
sur	*super (prep +acc. ou abl.)*
sûr(e)	*certus, a, um*
sûrement	*certo* (adv.)
sûrement	*sane*
surgir	*surgo, is, ere, surrexi, surrectum*
surnom	*cognomen, -minis* (n.)
survivre (à)	*supersum, es, esse, fui* (+dat.)
Syracuse	*Syracusae, arum.* (f.pl.)
tableau	*tabula, ae* (f.)
tablette	*tabella, ae* (f.)
taire (se)	*taceo, es ere, tacui, tacitum*
tandis que	*autem* (conj.)
tant de	*tot*
tard	*tarde* (adv.)
tardivement	*tarde* (adv.)
taverne	*taberna, ae* (f.)
tel (le)	*talis, e*
temple	*templum, i* (n.)
temps	*tempus, temporis* (n.)
temps (de la vie)	*aetas, aetatis* (f.)
tendre (adj.)	*dulcis, e*
tendre (verbe)	*pando, is, ere, pandi, pansum*
tenir	*teneo, es, ere, tenui, tentum*
tenir (se)	*sto, stas, stare, steti, statum*
tenir par dessous	*sustineo, es, ere, sustinui, -tentum*
tenir pour,`avoir	*habeo, es, ere, habui, habitum*
Térence	*Terentius, ii* (m.)
terme, fin	*finis, is* (f.)
terminer (se)	*desino, is, ere, desii, desitum.*
terre	*terra, ae* (f.)
terre	*humus, i* (m.)
terrifier	*terreo, es, ere, terrui, territum*
territoire	*ager, agri* (m.)
tête	*caput, capitis* (n.)
théâtre	*scaena, ae* (f.)
théâtre	*theatrum, i* (n.)
tibia	*tibia, ae* (f.)
Tibre	*Tiberis, is* (m.),
tiède	*tepidus, a, um*
tirer de	*excerpo, is, ere, excerpsi, exerptum*
toge	*toga, ae* (f.)
tomber	*cado, is, ere, cecidi, casum*
tomber	*accido, is, ere, -cidi*
tomber	*occido, is, ere, occidi, occasum*

toucher	*tango, is, ere, tetigi, tactum*
tour de garde	*vigilia, ae* (f.)
tourner	*verto, is, vertere, versi, versum*
tous (les autres)	*ceteri, ae, a*
tout (au long)	*per* (prép+acc.)
tout (e)	*omnis, e*
tout (e)	*totus, a, um* (gén. totius)
traduire	*traduco, is, ere, traduxi, traductum*
tranquille	*quietus, a, um* (p.p.p de quiesco)
transmettre	*trado, is, ere, tradidi, traditum*
travail	*negotium, ii* (n.)
travail	*labor, oris,* (m.)
travailler	*laboro, as, ares avi, atum*
traverser	*transeo, is, ire, ii (ivi), transitum*
très bien	*optime* (adv.)
très bon(ne)	*optimus, a, um*
très nombreux (nombreuses)	*plurimus, a, um*
très peu	*minime* (adv.)
trier	*eligo, is, ere, elegi, electum*
triomphe	*triumphus, i* (m.)
trompe	*tuba, ae* (f.)
tromper, décevoir	*decipio, is, ere, -cepi, -ceptum*
tromper (se)	*erro, as, are, avi atum*
trompette	*tuba, ae* (f.)
trompeur (se)	*fallax, fallacis*
trop	*nimis* (adv.)
troupes	*copiae, arum* (f. pl.)
trouver, inventer	*invenio, is, ire, inveni, inventum*
tuba	*tuba, ae* (f.)
tuer	*occido, is, ere, occidi, occisum*
tuile	*tegula, ae* (f.)
ultérieur(e)	*ulterior, ius*
ultime	*ultimus, a, um*
un peu	*paulum,* (adv.)
un(e), unique	*unus, a, um* (génitif : unius)
union	*consensus, us* (m.)
unique	*unus, a, um* (génitif : unius)
unir	*conjungo, is, ere -junxi, junctum*
usage	*mos, moris* (m.)
user (de)	*utor, uteris, uti, usus sum* (+abl.)
utile (à)	*utilis, e* (+dat.)
utiliser	*utor, uteris, uti, usus sum* (+abl.)
va !	*age !* (impératif de ago)
vain (en)	*frustra* (adv.)
vaincre	*vinco, is, ere, vici, victum*
vase	*testa, ae* (f.)
veille (la) (adv.)	*pridie* (adv.)
veille, vigilance	*vigilia, ae* (f.)
veiller	*vigilo, as, are, avi, atum*
vendre	*vendo, is, ere, vendidi, venditum*
vénérable	*augustus, a, um,*
venir	*venio, is, ire, veni, ventum*
venir (à), futur (e)	*futurus, a, um* (p. fut de esse)
Vénus	*Venus, Veneris* (f.)
verbe	*verbum, i* (n.)
Vercingétorix	*Vercingetorix, -rigis* (m.)
véritable	*verus, a, um*
vers	*ad* (prép.+acc.)
vers, contre	*in* (+acc. ou abl.)
verser des larmes	*lacrimo, as, are, avi, atum*
vertu	*virtus, virtutis* (f.)
victoire	*victoria, ae* (f.)
vie	*vita, ae* (f.)
vieillard	*senex, senis* (m.)
vierge, jeune fille	*virgo, virginis* (f.)
vieux, vieille	*vetus, veteris*
vif (vive)	*acer, acris,* (adj.)
village	*vicus, i* (m.)
ville fortifiée	*oppidum, i* (n.)
ville,	*urbs, urbis* (f.)
vin	*vinum, i* (n.)
Virgile	*Vergilius, i* (m.)
viril(e), masculin	*virilis, e*
visage	*facies, ei* (f.)
visiter	*inviso, is, ere invisi, invisum*
vivement	*acriter* (adj.)
vivre	*vivo is, ere, vixi victum*
vivre à, habiter	*incolo, is, ere, incolui* (+acc.)
voir	*video, es, ere, vidi, visum*
voix	*vox, vocis* (f.)
voler (avec des ailes)	*volo, as, are, avi, atum*
voler (dérober)	*furor, aris, ari -atus sum,*
vouloir	*volo, vis, velle, volui*
voyage, chemin	*iter, itineris* (n.)
voyager (par voie d'eau)	*navigo, as, are, avi, atum*
voyageur	*peregrinus, i* (m.)
vrai(e)	*verus, a, um*
Vulcain	*Vulcanus, i* (m.)

INDEX*

* *Index :* → **index, indicis** (m./f.) adj. (de **indico**), *qui indique, révélateur. D'où la liste, le catalogue*, qui indique le contenu d'un livre.

A Index grammatical

B Index thématique

Photocomposition : P.F.C. -Dole

Impression réalisée sur Presse Offset par

BRODARD & TAUPIN

GROUPE CPI

25181 – La Flèche (Sarthe), le 16-07-2004
Dépôt légal : septembre 1989
Suite du premier tirage : juillet 2004

POCKET – 12, avenue d'Italie - 75627 Paris cedex 13
Tél. : 01.44.16.05.00

Imprimé en France